AF558832

SIE LEBEN!

Für Katharina und Markus

Anna Maria Wauters Hans Otto König

SIE LEBEN!

Akustische und visuelle Vermittlungen
aus anderen Seins-Ebenen

Die Geschichte einer wissenschaftlichen Forschung
über die Grenzen der Physik hinaus

OSIRIS
Verlag

1. Auflage August 2018

OSIRIS – Verlag, Marktplatz 10, D-94513 Schönberg
www.osiris-verlag.de

Französische Originalausgabe: „Nouvelles découvertes sur l'au-delà"

Übersetzung aus dem Französischen und textliche Überarbeitungen: Evelyn Meuren

Erarbeitet in Teamwork mit Prof. R. Craig Hogan, des „Afterlife Research and Education Institute",
Illinois, USA, zur Förderung dieser wichtigen Forschung von Hans Otto König

Umschlaggestaltung: Luna Design KG
Satz und Layout: Luna Design KG

ISBN: 978-3-947397-07-5

Dieser Titel ist auch als eBook erhältlich, ISBN (eBook): 978-3-947397-08-2

Gerne senden wir Ihnen unser Verlagsverzeichnis:
OSIRIS-Verlag
Marktplatz 10
D-94513 Schönberg
Email: info@osirisbuch.de
Tel.: (08554) 844
Fax: (08554) 942894

INHALTSVERZEICHNIS:

PRAEFATIO 7

PROLOG 12

ERSTER TEIL
DER WERDEGANG EINES EINZIGARTIGEN FORSCHERS 18
Einleitung 19
Die Zeit der Kindheit und der Beginn der Forschung *22*
Die Kraft der innigen Verbundenheit 24
Die Kraft eines freien Geistes 25
Die Kraft des Inneren Schauens 27
Die Liebe und der Respekt für die Natur 28
Die Liebe zur Musik 29
Die Leidenschaft für die Technik und die Physik 29
Der Durst nach Wissen 31
Die Zeit nach der Kindheit 33
Die Zeit der Forschung 34
Eine grundlegend ethische Frage und große Zweifel 34
Mehrere Angriffe 38
Ein Leben im Dienste der Forschung 40
Ein einsamer Weg 41
Das Treffen auf die Medienwelt 42
Das Treffen auf die Welt der Wissenschaft 44
Ein Weg, um dem Tod anderweitig zu begegnen 52
Ein Weg der Innerlichkeit und des Wissens 57
Die Begegnung mit anderen, paranormalen Phänomenen und übernatürlichen Erscheinungen 61
Das Interesse an der menschlichen Psyche, die Hypnose und die Trance 64
Die Entstehung von übersinnlichen Fähigkeiten 66

ZWEITER TEIL
DIE GESCHICHTE EINER AUSSERGEWÖHNLICHEN FORSCHUNG ÜBER DIE GRENZEN DER PHYSIK HINAUS 70
Beginn der Entdeckung des akustischen Phänomens 71
Die ersten Stimmen - empfangen über die herkömmlichen Methoden 72
Welcher Natur ist dieses Phänomen? 74
Charakteristische Merkmale bei konventionellen Radio-Einspielungen 76
Wer oder was bespielt das Band? 80
Kritik an der „Instrumentalen TransKommunikation“ 87

Ein neues Abenteuer kündigt sich an:
Der Beginn der Grundlagenforschung 89
Auf der Suche nach anderen Schwingungswelten - Eine Recherche anderer Ordnung 92
Eine experimentelle Forschung, die unser herkömmliches Bezugssystem umwälzt! 93
Eine Untersuchung in Zusammenarbeit mit der Geistigen Welt 97
Die Geistige Welt kommuniziert oft in einfachen Bildern 99
Die Geistige Welt spricht mit uns in Träumen 102
Der Verlauf der Grundlagenforschung 104
Die zwei Grundprinzipien der Kontaktbrücke 106
Die Erfindung des Multi-Oszillations-Systems 109
Sechs signifikante Frequenzen 111
Das Infrarot-System 118
Das System mit dem Rubin-Laser 122
Der TV-Generator 124
Das HRS-SYSTEM basiert auf Kristallen 132
Das UDS-System (Das System in Universalrichtung) 138

DRITTER TEIL

DIE BOTSCHAFTEN DER GEISTIGEN WELT 146
Einführung 147
Wer spricht da? Die Unsichtbare Welt ist voller unterschiedlicher und zahlreicher geistiger Wesen 148
Die Kommunikation mit Verstorbenen 149
Kommunikation mit der Tierwelt 150
Kommunikation mit außerirdischen Wesen 150
Können wir mit jedem Lebewesen aus unsichtbaren Universen in Kontakt kommen? 152
Vorläufiges Ergebnis: Wer spricht bitte? 159
Was teilen sie uns mit? 163
„Höre zu! Sagt allen Menschen, dass wir leben." 165
„Höre zu: Alles ist Eins. Versteht!" 172
„Höre zu: Die Verbindung ist wichtig!" 174
„Liebe ist Leben für immer!" 181
„Höre zu! Der Tod ist die Geburt eines neuen Lebens!" 184
Die Jenseitige Welt: „Die Vorstellung dominiert!" 187
Die schöpferische Kraft des Geistes, eine große Verantwortung 189
Eine Welt mit unterschiedlichen Schwingungsebenen 192
„Höre zu! Eure Inkarnation ist nicht an Euren Planeten gebunden." 196
Der Mensch ist nicht die Krone der Schöpfung! 200
Eine Warnung und eine Botschaft der Hoffnung 203
Epilog 206
DANKSAGUNG: 209

Praefatio

von Prof. R. Craig Hogan

Wir leben in einem bedeutsamen Zeitabschnitt der menschlichen Geschichte. Vor etwa siebzigtausend Jahren war eine kognitive Revolution der Auslöser, um die Fähigkeit der Menschen ihren Geist zu nutzen, Probleme zu lösen und zu beginnen kreativ zu denken, voranzutreiben. Große Meilensteine im Fortschritt des humanen, geistigen Wachstums folgten und entwickelten sich daraus Schritt für Schritt weiter.

Vor circa zwölftausend Jahren beendeten die Menschen den nomadischen Wanderstil als Jäger und Sammler. Sie wurden sesshaft, bauten Getreide an, züchteten Vieh und gründeten die ersten kleinen Gemeinden.

Das Rad wurde vor etwa sechstausend Jahren erfunden, und vor achttausend Jahren malten Menschen Symbole und Zeichen auf die Felswände, um Wörter zu präsentieren und Konzepte zu veranschaulichen. Große Fortschritte folgten, einer nach dem anderen: die Renaissance, vierzehntes bis siebzehntes Jahrhundert, dann die wissenschaftliche Revolution vom sechzehnten bis neunzehnten Jahrhundert, gefolgt vom industriellen Umsturz des achtzehnten und neunzehnten Jahrhunderts und zuletzt die technische Revolution zum Ende des neunzehnten Jahrhunderts. Die Quantenphysik - zu Anfang des zwanzigsten Jahrhunderts - veranlasste die Wissenschaft, das Wesen der Realität neu zu definieren, und ab 1950 hielt das Wissen um die Telekommunikation und die Digitalrevolution ihren Einzug in unsere Welt. Jeder dieser Meilensteine bedeutete eine große, fortschreitende Entwicklung in der humanistischen Evolution.

Genau hier und heute, in diesem Buch, dürfen wir Zeuge des nächsten, progressiven Sprungs in eine zukunftsorientierte Entwicklung der Menschheit sein. Aufgrund der „einzigartigen" Pionierarbeit von Hans Otto König können die Menschen heute mit hochentwickelten Wesen aus Unsichtbaren Welten kommunizieren. Diese Entitäten sind um das Wohl unserer Menschheit sehr besorgt, und dank der ständigen Verbindung mit Hans Otto König, konnten Kommunikations-Kanäle geöffnet werden, welche zu regelmäßigen Dialogen führten, um der Menschheit auf Erden zu helfen.

Ein ausschlaggebender Grund, warum Fortschritte solcher Art nicht in früheren Zeiten erfolgten, ist darin zu sehen, dass die erforderlichen technischen Kommunikationsmedien - die durch die Stromversorgung im neunzehnten Jahrhundert möglich gemacht und dann kontinuierlich weiterentwickelt wurden - erst seit einigen Jahrzehnten zur Verfügung stehen. Im Jahre 1837 nutzte Samuel Morse den elektrischen Strom, um seinen Telegraphen zu betreiben. Alexander Graham Bell konnte dank der Elektrizität, die Stimme über ein Telefon transferieren (1876). Oliver Lodge verwendete diese neue Energiequelle, um seine Radiowellen zu erzeugen und damit Informationen zu vermitteln (1894). Marconi übertrug danach die Stimme mit Hilfe dieser Radiowellen bereits über eine längere Strecke hinweg (1897) und setzte dann seine Recherchen fort, um zu Anfang des zwanzigsten Jahrhunderts drahtlose Signale zu entwickeln. Der erste Fernseher wurde 1929 von V.K. Zworykin in den Vereinigten Staaten gebaut. Mitte des zwanzigsten Jahrhunderts haben Walter Brattain, John Bardeen und William Shockley den ersten Transistor erfunden, und im Jahre 1958 entwickelte Jack Kilby mit Robert Noyce die integrierte Schaltung. 1962 wurde der berühmte Telestar-Satellit für die Übertragung der ersten Fernsehsignale zwischen Europa und den Vereinigten Staaten eingesetzt.

Als revolutionäre Resultate dieser Entwicklungen stehen nun, erstmals in der Geschichte der Menschheit, äußerst anspruchsvolle, elektronische Kommunikationsgeräte zur Verfügung. Einige Gruppen von engagierten Geisteswesen aus höheren Seins-Ebenen haben sich entschlossen, der Menschheit zu helfen, um mit ihren Welten über technische Geräte zu kommunizieren, die bisher nicht verfügbar waren. Diese geistigen Wesen haben ganz bestimmte, individuelle Personen auf der irdischen Ebene dazu auserwählt, um mit ihnen bei dieser wichtigen Aufgabe zusammenzuarbeiten. Der erfolgreichste Pionier auf unserem Planeten ist Hans Otto König, der in seinem Laboratorium seit achtundvierzig Jahren sein Leben ausschließlich der technischen Forschung widmet und ständig neue, verbesserte Geräte entwickelt, um mit den geistigen Wesen zu kommunizieren. Die Erkenntnisse aus seiner Forschung werden, für die Wissenschaft im Allgemeinen und in der Grundlagenforschung im Besonderen, jetzt und in den kommenden Jahren von großem Interesse sein.

Hans Otto König entdeckte erstmals im Jahre 1974 diese paranormalen Stimmen von Geistwesen, die eine Kommunikation mit der Menschheit auf der Erde entfalten wollten. In den nächsten Jahrzehnten erforschte er die akustischen Phänomene, welche die Stimmen auslösten, über seine dafür eigens konstruierten, technischen Apparaturen, mit denen er in der Reichweite weit über das hinausging, was als möglich erachtet wurde. Er optimierte die Signalstärke derart, dass er mit den geistigen Wesen klar und deutlich kommunizieren konnte. Sie waren immer bestrebt, ihm Wissen mitzuteilen, indem sie aktiv an den Konstruktionsphasen und den Verbesserungen der technischen Apparate, welche Hans Otto König entwickelte, teilnahmen. Heutzutage befindet er sich über die Verbindungen, die von den unsichtbaren Welten sehr gerne als „Kontaktbrücken“ bezeichnet werden, in einem regen, wie auch regelmäßigen Kontakt mit den geistigen Einheiten. In diesem nun vorliegenden Buch sollen alle wichtigen empfangenen Aussagen an andere Forscher und an die Menschheit weitergeleitet werden.

Viele seiner Botschaften aus Parallel-Welten tragen Zeugnis davon, dass es auch geistige Entitäten aus höheren Seins-Ebenen gibt - aus der fünften bis zur siebten Ebene - die zu ihm durchdringen. Diese Geisteswesen blieben während seiner gesamten Forschungszeit in stetigem Kontakt mit Hans Otto König.

Sie hören nicht auf, weitere Botschaften an uns zu senden, und sie wünschen nichts mehr, als dass die Menschen ihnen **zuhören:**

- Wir sind ewige Wesen. Der physische Tod ist nicht das Ende des individuellen Geistes. Niemand hört auf zu existieren. Jedes Leben ist für immer! ...so sagen sie.

- Das Universum muss durch die Kräfte des Geistes durchdrungen und geleitet werden. Darum ist der Mensch eine Notwendigkeit im ewigen Plan des Göttlichen.

• Die Geisteswesen sind in großer Sorge, wegen all dem, was auf der Erde passiert. Sie senden ihre Macht der Liebe, um uns zu helfen.

• Sie haben Hans Otto König mitgeteilt, dass die Zeit reif für eine Erweiterung des Bewusstseins ist.

• Die Verbindungen werden stärker werden und die Kontaktbrücken werden weiterwachsen, in Kraft und Leistungsfähigkeit.

• Viele Menschen, die einst auf Erden lebten, wollen mit uns Kontakt aufnehmen. Ganz besonders unsere Angehörigen.

• Die Geistige Welt weist darauf hin, dass uns auch außerirdisches Leben - andere Lebensformen - kontaktieren werden.

• Gute Verbindungen mit anderen Seins-Ebenen erfordern jedoch eine innere Vorbereitung und einen spirituellen Fokus. Nicht jeder kann gute Kontakte mit ihnen durch die speziellen, fortgeschrittenen Geräte herstellen. Die innere Einstellung und die geistige Reife sind die essenziellen Voraussetzungen.

• Alles ist eins! Wir sind mit ihnen in Liebe verbunden. Wir sind alle eine Einheit des Lebens, auch Tiere und Pflanzen. Bedeutung und Wert des gesamten Lebens basieren auf der allumfassenden Liebe und der Vereinigung mit allem was lebt.

• Geistige Wesen kennen unsere Gedanken. Sie berichten, dass sie uns beobachten!

• Wenn wir die Welt verändern wollen, so sagen sie, dann muss jeder als Einzelperson seine eigene Welt in sich selbst ändern.

Sie versichern uns, dass der Geist die Materie überwindet! Diese tiefgründigen Einsichten wurden Hans Otto König von den Geistwesen zum Wohl und Nutzen der Menschheit durchgegeben. Hans Otto König möchte sein Wissen an uns weitergeben, damit alle Menschen davon profitieren können, indem sie den Wunsch und die Absicht der Geisteswesen erfüllen, sich mit uns auf der Erde zu verbinden.

Dieses Buch enthält die Essenz dieser Realitäten.

Prof. R. Craig Hogan, Ph.D.,
Präsident des „Afterlife Research and Education Institute", Illinois, USA, 2017

Hans Otto König in seinem Labor (1982)

Prolog

ALLES IST GEIST! Alles wird aus dem Geist geboren. Die Grundsubstanz von ALLEM WAS IST entspringt aus einer rein geistigen Natur. Und wenn wir eines Tages in der Lage sind zu begreifen, dass wir ALLE geistige Wesen sind, die hier auf Erden die Gestalt eines menschlichen Körpers annehmen, dann werden wir auch geistig dazu bereit sein, über die Grenzlinien einer konventionellen, physikalischen Wissenschaft hinauszugehen. Alle geistigen Einheiten können miteinander kommunizieren, ob sie an einen physischen Körper gebunden sind oder nicht.

ALLES IST EINS! Das „Hier unten" und das „Jenseits" sind gar nicht voneinander getrennt. Sie bilden ein- und dieselbe Welt, nur aus unterschiedlicher, materieller Beschaffenheit bestehend. Und dieses Jenseits befindet sich auch nicht irgendwo „da oben", so wie es im Allgemeinen geortet wird, selbst wenn wir es mit unseren fünf Sinnen nicht wahrnehmen können. Nein, es ist genau da, wo auch wir leben! Für den Menschen von heute dürfte es im Prinzip doch gar nicht so schwierig sein, seine Weltanschauung über die berühmten fünf Sinne hinaus zu erweitern, denn in der Zwischenzeit wurde eindeutig bewiesen, dass Schwingungen, beziehungsweise Frequenzen, Wände und Häuser durchdringen, ohne dass man sie sieht oder hört. Wir werden von Informationen überflutet, die wir absolut nicht alle erfassen können. Die Wissenschaft im heutigen einundzwanzigsten Jahrhundert hält sich jedoch immer noch an ihre Grenzwerte: Es ist schon lange überfällig, diese Grenzen zu überschreiten! **Für mich persönlich ist ein Weiterleben unseres Bewusstseins nach dem physischen Tod mittlerweile eine Tatsache geworden, zu viele Hinweise sprechen dafür!**

Parallele Welten in anderen Dimensionen existieren, davon bin ich fest überzeugt, sonst hätten nicht alle meine technischen Anlagen und Geräte diese erstaunlichen Ergebnisse erbracht. Und in den Dimensionen, die über unsere fünf Sinne hinausgehen, existieren unzählig viele Informationsfelder, die sich uns vermitteln können, wenn wir sie mit adäquat ausgerichteten Geräten dabei unterstützen.

Hans Otto König, Antwerpen

„Sagt allen Menschen, dass wir leben!"

Es gibt ein Wissen, eine Kenntnis, ein Lehre, ja, eine Kunde, die unser menschliches Dasein von Grund auf verändern würde:

Das Wissen um ein Weiterleben nach dem physischen Tod! Mit der konstitutiven und metaphysischen Frage: „Gibt es ein Leben nach dem Tod?" beschäftigt sich die Menschheit schon seit eh und je. Sie tritt in jeder Kultur, in jeder Religion oder in vergleichbaren, spirituellen Lehren auf. Sie bekam schon unendlich viele Antworten auf diese Frage, welche in die unterschiedlichsten Worte und Begriffe gekleidet waren. In unserer Welt von heute ist eine tiefwirkende Inkongruenz zwischen der Wissenschaft und der Spiritualität entstanden, zwischen der Physik und einer Metaphysik, sowie zwischen dem Wissen und einem Glauben.

Die konventionelle Wissenschaft unserer Zeit vertritt eine grundlegende Meinung: Das Bewusstsein stirbt mit dem Gehirn, und somit bleibt der Gedanke von einem Weiterleben nach dem physischen Tod nach wie vor eine Frage des persönlichen Glaubens.

Aber handelt es sich in diesem Zusammenhang wirklich nur um eine Glaubensfrage? Kann der Mensch kein Wissen über ein Weiterleben nach dem Tod erlangen? Erweist sich eine im Laufe der Geschichte entstandene Gegensätzlichkeit zwischen Wissen und Glauben somit nicht nur als reine Illusion?

Doch in der Zwischenzeit - und ungeachtet dieser aufgetretenen Polarität - ist in unserem heutigen, von Materialismus, Technologie und Elektronik dominierten Zeitalter ein einzigartiges, akustisches Phänomen entstanden: Durch Stimmen, die sich dazu bekennen, von Verstorbenen zu sein. Diese Stimmen wünschen diese Kontakte mit den Menschen, um ihnen dann bedeutende Informationen aus anderen, parallelen Welten zu vermitteln.

Hans Otto König **(im weiteren Verlauf des Buches meist nur noch als „der Forscher" bezeichnet)** hörte solche Aussagen im Jahre 1974 zum ersten Mal, in einer damals aktuellen Fernsehsendung. Der junge Physiker, ein durch und durch realistisch denkender Mensch, war von diesen seltsamen Stimmen geradezu fasziniert, jedoch genauso davon überzeugt, dass derart sonderbare Erscheinungsformen ihren wahren Ursprung im Unterbewusstsein desjenigen Menschen bilden würden, der dieses Experiment durchführte. Seit über achtundvierzig Jahren erforscht er nun jene wissenschaftliche Abnormitäten - eine Regelwidrigkeit, die sich den Gesetzen von Naturwissenschaften in keiner Weise unterordnet.

„Höre zu!"

Zwei kleine, doch so bedeutsame Worte, die während der vielen Jahre in allen seinen Einspielungen immer wieder auftreten. Ja, unser offengeistiger Forscher hat ganz intensiv zugehört und versucht, auf seine folgenden Fragen Antworten zu erhalten:

Wie kommt dieses elektroakustische Phänomen zustande?

Was ist es?

Warum ist es so?

Aufgrund zahlreicher Versuche, systematischer Überprüfungen und Auswertungen, aber auch dank seiner persönlichen Eigenschaft, ein unermüdlicher Zuhörer mit Herz und Verstand zu sein, ist es diesem Naturwissenschaftler gelungen, unendlich viele Botschaften aus völlig anderen Seins-Ebenen zu empfangen und dann deutlich hörbar zu machen. Tausende von Nachrichten und Aussagen wurden ihm aus der Geistigen Welt zugesandt, und in stetiger Zusammenarbeit mit diesen geistigen Wesen entwickelte er immer wieder innovative, technische Systeme und neue „Kontaktbrücken", wie das Jenseits dieses geistige Band bezeichnet.

Derartige technische Kontaktbrücken ermöglichen es vielen geistigen Strukturen aus übersinnlichen Sphären, sich so für das menschliche Ohr verständlich zu machen. Sie geben uns sehr deutliche, reelle Hinweise und helfen damit der Menschheit, mehr Wissen über ihre geistige Natur zu erlangen.

Solche technologischen Entdeckungen - mit ihren objektiv messbaren Resultaten und diesen akustisch so deutlich hörbaren Aussagen aus der Geistigen Welt - beschreiben uns einen sichtbaren Weg, um die Kluft zwischen der Wissenschaft und eines Glaubens zu verringern, den Schleier zwischen Dies- und Jenseits kurz zu lüften und uns somit verstehen zu lassen, dass **ALLES EINS IST!**

Diese konstante, konsequente Erforschung eines „Stimmen-Phänomens" stellt die konventionelle Wissenschaft gleichzeitig vor eine bedeutende Herausforderung und löst damit nahezu eine Revolution in ihr aus, weil hier ihre Prämissen und ihr Weltbild in Frage gestellt werden. Was passiert uns denn eigentlich nach dem physischen Tod?

Hier geht es letzten Endes nicht allein nur um die Frage des Todes, sondern prinzipiell um eine Frage des Lebens! Was ist das Leben? Was ist der Mensch? Ein lebendiges **„SEIN"** im sichtbaren wie auch im unsichtbaren Bereich, im Kleinen sowie im Großen und sowohl im Diesseits als auch im Jenseits?

Zum ersten Mal spricht Hans Otto König hier persönlich in einem Buch über alle seine Erfahrungen und Entdeckungen, seine Sichtweise und seine Forschung, welche heutzutage immer noch nicht zu klassifizieren ist. Man hat sicher schon des Öfteren über diesen Experimentator gesprochen und sogar geschrieben, in den meisten Fällen jedoch wurde seine Forschungsarbeit entweder nicht richtig wiedergegeben oder eventuell nicht richtig verstanden. Dieses Buch, welches auf den vielen, endlosen und interessanten Gesprächen mit dem Forscher selbst basiert, soll den gesamten Werdegang seiner wahrhaft einzigartigen Studien beschreiben. Es soll aber auch die innere Entwicklung zum geistigen Wachstum des Menschen Hans Otto König zeigen, die eine entscheidende Voraussetzung bildete, um derartige Erfolge mit sensationellen und einmaligen Resultaten in der „Instrumentalen TransKommunikation" zu verwirklichen. Die Arbeit dieses „Archäologen in der Geistigen Welt" unterscheidet sich von allen anderen deswegen, weil er bis heute der einzige Forscher auf jenem Gebiet ist, der unermüdlich und erfolgreich immer wieder neue Systeme zur Kontaktaufnahme entwickelt und sie von Mal zu Mal verbessern kann, indem er sich intensiv bemüht, alle technischen Komponenten und Details seiner neuen Kommunikationsanlagen zu erforschen und zu verstehen. Deshalb begleiten wir nun diesen begnadeten Erfinder auf seinen abenteuerlichen Reisen zu uns unbekannten Welten, von seiner Kindheit an bis in die Zeiten seiner Grundlagenforschung, die ihm nach achtundvierzig Jahren erlaubt, der Menschheit ausreichende Fakten und bedeutende Hinweise zu liefern, dass ein persönliches Bewusstsein nach einem Körpertod in anderen, parallelen Welten weiterexistiert.

„Höre zu!
Viele leben im Gedanken des Verlustes eines Menschen, eines absoluten Verlustes. Trotzdem ist es kein Verlust, der dem System der Tatsache entspricht. Niemand ist nie, jedes Leben für immer!“

„Die Relevanz in einer wissenschaftlichen Theorie” - so der Forscher – *„hängt letztendlich nicht davon ab, ob diese korrekt oder unkorrekt ist, sondern nur ganz entscheidend davon, inwieweit sie geläufige Vorstellungen in ihrer Zeit zu verändern vermag. Eine der wichtigsten Prämissen der Wissenschaftszweige lautet: Nur sichtbare und reproduzierbare Phänomene sind für gültig und valide zu erklären!*

Dieser Ansatz steht in einem völlig veralteten Gegensatz und somit im Kontrast zur „Instrumentalen TransKommunikation“. Einzelwissenschaften erkennen die Folge von Abläufen, Hergängen und einzelnen Entwicklungsstadien lediglich in der Chemie als die kleinste und wichtigste Grundlage (Materie - Funktion - Chemie) an. Alle weiteren Schichten besitzen für sie - bis zum heutigen Tag - noch keine Gültigkeit.

In der „Instrumentalen TransKommunikation” werden jedoch weit größere Dimensionen erfahren und Phänomene erlebt, auf die die Wissenschaft immer noch keine Antwort geben will und kann. In der Philosophie zeichnet es sich schon lange durch die Problematik der Trennung von Geist und Materie und deren Überwindung aus. Die Anforderung, diese geistige Erkenntnis in die Realität umzusetzen, wurde nie verwirklicht. Den Philosophen war und ist bekannt, dass der Geist der Materie übergeordnet ist.

Die Erkenntnis, dass der Geist die Materie beeinflusst, fand ihre Anwendung allein in esoterischen Kreisen. Das Umgehen und Arbeiten damit, wurde aus öffentlichen Ritualen herausgenommen oder mitunter sogar rigoros verboten und das allgemeine Wissen, das die alltäglichen Handlungen beeinflusste, von diesem Einfluss gereinigt. Sie trat daher unwiderruflich in den sogenannten Bereich des Verborgenen, und die Esoterik zog sich in ihre Geheimlehren zurück.

Heutzutage wird es wieder möglich, besonders durch eine ITK (Instrumentale TransKommunikation), dieses Wissen neu zu erfahren, ohne dabei einer bestimmten religiösen Richtung anzugehören.

Die diesbezügliche Sachlage stellt eine ungeheure Chance für die heutige Wissenschaft dar, endlich wieder aus dieser Sackgasse herauszukommen und dann - der Zukunft folgend - voranzuschreiten. Universitäre Wissenschaften sind jedoch nach wie vor in den Fesseln einer isolierten, leblosen Wissensbank, die kaum den entscheidenden Impuls als Antrieb für eine menschliche Befreiung und Weiterentwicklung auslösen kann, gefangen.

Vielfach ist eine Beschäftigung mit unserer sogenannten „Wissenschaft" ein definitives Zurückschauen in die Vergangenheit, ein Fokussieren auf Gewesenes, ein Schwärmen von alten Zeiten und eine Beweihräucherung von Altem. Wenn es meist auch nur ziemlich verfälschte Rekonstruktionen sind, sehen wir sie in einer völlig anderen Relation, womit sie ihre wahre Bedeutung verlieren.

Die Vergangenheit kann Wurzeln aufzeigen, darf aber nicht das Ziel sein. Das Erkennen eines menschlichen Wesens und seiner geistigen Entwicklung ist deswegen nicht nur allein physisch oder physiologisch möglich, dazu bedarf es höherer Bewusstseinsebenen. Diese sind nicht in physischer Form vorhanden, beeinflussen jedoch selbige."

Anmerkung: Alle Originalaussagen aus der Geistigen Welt erscheinen in dem vorliegenden Buch fettgedruckt.

Erster Teil :

Der Werdegang eines einzigartigen Forschers

Auf der kosmischen Skala hat nur der Fantast die Chance,
wahrhaft zu sein.
(Pierre Teilhard de Chardin)

Einleitung

Als Kinder leben wir in den Märchen, die uns vorgelesen werden. Mit leuchtend großen Augen und offenen Ohren verfolgen wir das Schneewittchen bei den sieben Zwergen, den gestiefelten Kater, Blaubart, die kleine Meerjungfrau und viele, viele andere, lustige Märchenfiguren. Und wir empfinden es als vollkommen normal, dass Zwerge im Wald leben, Tiere sprechen können, Tote weiterleben, dass Dinge einfach durch die Luft fliegen, und dass die ganze Natur ein sprühendes, lebendiges Um-uns-herum ist und natürlich mit uns kommunizieren kann! Die Seele eines Kindes weiß um die Engel, die uns beschützen, um all die Tiere, die uns lieben, die mit uns fühlen und uns begleiten, um den Wald, wo die kleinen Feen, die Trolle, die Zwerge und die wilden Monster wohnen. Das Kind ist von der Realität einer Unsichtbaren Welt durchdrungen, und das Außergewöhnliche erscheint ihm völlig normal!

Aber dann kommen die weisen Erwachsenen, um mit ihren klugen Worten das Kind zu überzeugen und es so - langsam und allmählich - von seinem natürlichen Empfinden zu entfernen. Sie erklären ihm, dass die Realität ein anderes Gesicht hat, dass die Engel und Elfen Produkte der Fantasie sind, und dass die Toten tatsächlich gestorben sind und auch nicht mehr wiederkommen - es sei denn, der Mensch hält sie in seinem Herzen lebendig.

Und dennoch: Welches wunderbare Wissen um unsere wahre Natur liegt in der betörenden Magie dieser zauberhaften Erzählungen verborgen? Vergessen die Großen nicht, uns darauf aufmerksam zu machen, dass ausgerechnet diese, so wundersamen Erzählungen den Menschen mit seinem Ursprungsland, mit seiner innerlichen Heimat verbindet, dort wo eine Vereinigung zwischen Himmel und Erde einstmals vollzogen wurde und diese für immer bestehen bleibt?

Warum erkennen wir in unserem materialistischen Zeitalter nur noch manchmal, ab und an und damit viel zu selten, diese geheimnisvollen Erscheinungen und märchenhaften Ereignisse, die sich genau dort, an den Grenzlinien des Natürlichen zu diesem genialen Übernatürlichen ereignen? Übrigens: „Könnte es nicht sein, dass dieses famose Paranormale vielleicht gar nichts anderes ist als das Normale, welches wir nur nicht sehen möchten, weil es uns so unsäglich stört?", um R. Chauvin hier an dieser Stelle so treffend zu zitieren?

Also, derjenige, der sich aufmachen will und beginnt, dem leisen Flüstern seines Inneren Selbst wieder zuzuhören und so in die Welt des Geistes einzutauchen, kann dann einiges, das viele nur für eine fantasievolle Einbildung halten, als effektive Realität annehmen und würdigen. Er wird lernen, dass sich Materie durch die unglaubliche Macht des Geistes verwandeln kann. Dass Kristalle lebendige Wesen sind, die Informationen speichern und weiterleiten. Dass die Menschen nach ihrem physischen Tod auf anderen Seins-Ebenen weiterleben, dass sie alle unsere Gedanken verstehen und mit uns kommunizieren können. Er wird spüren, dass **„Alles Sein"** rein geistiger Natur ist und dass das persönliche Bewusstsein die Grenzen des menschlichen Gehirns durchdringt, um dann durch die Öffnung zum unendlichen Leben des Geistes emporzusteigen.

Genau das Gleiche ist auch Hans Otto König widerfahren, ein deutscher Forscher, der zugleich die Hauptfigur eines bekannten Märchens mit dem Titel „Ein einsamer König, der anderen Welten zuhörte!", sein könnte.

Halten wir deshalb hier an dieser Stelle einen Moment inne und betrachten den persönlichen Werdegang dieses Pioniers, der sich im Allgemeinen sehr zurückhaltend zu seinem privaten Leben äußert. Wir werden daraufhin sehr viele, charakteristische Merkmale eines Märchens wiederfinden, das magische Geheimnis des Übernatürlichen spüren und die unzähligen Hindernisse und Prüfungen miterleben dürfen, die so sehr typisch für diese wundervollen Geschichten sind, die uns das so feinsinnige, subtile, nicht greifbare Leben des Unsichtbaren in unser Ohr flüstern. Wir werden erfahren, dass der Weg in der Tiefe der Materie und zum Geistigen hin, steil, steinig und enorm schwierig sein kann, und dass diese Entdeckung eines noch weithin unbekannten Landes häufig einen Tribut von dem Reisenden selbst abverlangt, der viele Kämpfe durchstehen muss. Mehr als einmal hat Hans Otto König an der Schwelle gestanden, um ganz zu verstummen und sich dann vollkommen und definitiv aus der Szene der Öffentlichkeit zurückzuziehen.

Aber zum Glück wurde er auf seiner Reise nicht nur von der Unsichtbaren Welt begleitet, sondern auch von seiner lieben Frau Margaret, die über viele Jahre mit ihrem Mann gemeinsam alle seine Gedanken, seine Zweifel, seine Freuden und auch seine Sorgen während der Forschungsphase teilte. Sie unterstützte ihn in allen Situationen und inspirierte oft mit ihrem starken Charakter und ihrem offenem Geist. Auch wenn sich der größte Teil der Arbeit in einer fruchtbaren Einsamkeit vollzieht, wird es gerade dann besonders wichtig einen Partner an seiner Seite zu haben, dem man voll vertrauen kann, der dir beisteht und dich ergänzt und deine Ideen unterstützt. Ein Partner, der sich mit dir über alle diese neu entdeckten Erkenntnisse freut und sich aber auch gleichzeitig stark für dich macht, um die vielen Angriffe mit dir zu ertragen und sich einer äußerst kritischen Öffentlichkeit zu widersetzen, welche seiner Forschungsarbeit in den 1980er und 1990er Jahren oft sehr feindselig gegenüberstand.

Margaret war ihrem Mann bei den unzähligen, übernatürlichen Begebenheiten und Vorkommnissen, immer nahe. Sie erlebte die wundervollen Ereignisse mit, die sich bei ihm ereigneten, zu denen sich der Forscher jedoch öffentlich nur selten äußerte, weil er dafür keine Erklärungsmuster finden konnte. Margaret wurde oft Zeugin seiner übersinnlichen Fähigkeiten, sie erlebte das Erwachen seiner außersinnlichen Wahrnehmungen, seiner Medialität und seiner Gabe, in Trance zu fallen. Sie selbst fand ihren eigenen, inneren Weg der Erfahrung, des Bewusstseins und einer Erkenntnis zu geistigem Wissen, beteiligte sich aktiv an allen Einspielungen und war immer mit der Unsichtbaren Welt verbunden. Gemeinsam hatte das Ehepaar vielen trauernden Menschen geholfen, unheilbar Kranke auf ihrem letzten Weg begleitet und diejenigen unterstützt, die sich mit Fragen über das Leben, den Tod und dem „Danach“ auseinandersetzen wollten. Wenn Margaret nicht unerwartet so schwer erkrankt wäre, was dann letztendlich zu ihrem irdischen Tod führte, hätte sie mit Sicherheit ein Buch über die Arbeit ihres Ehemannes geschrieben. Hans Otto König betont immer wieder: „Ohne die Unterstützung von Margaret hätte sich meine Forschung niemals in dieser Form entwickeln können!“ Das gemeinsam getragene Leben dieser beiden außergewöhnlichen Menschen stand im Dienst der Forschung: Ein Kampf, eine stetige Konfrontation mit dem Unbekannten, eine innere Reise in die Erkenntnis und in ein wundervolles Abenteuer des Geistes!

Wenn man so über die Lebensgeschichte dieses Forschers nachdenkt, fragt man sich wieder einmal, ob der Mensch - oder besser gesagt - ob es vielleicht ganz gewisse Menschen gibt, die mit einem vorher bestimmten Lebensplan geboren werden, den sie hier in ihrem Erden-Dasein dann verwirklichen müssen. Als wäre der Forscher für seine Arbeit prädestiniert, begann er bereits in seiner Kindheit, alle notwendigen Fähigkeiten zu entwickeln, die er später benötigen würde, um seine Pionierarbeit durchzuziehen. Wenn wir dann dieses Kind genauer betrachten, können wir vielleicht etwas besser verstehen, weshalb genau dieser Mann mit diesem wissenschaftlichen Geist, der erfolgreich für große deutsche Unternehmen arbeitete, jenes kaum hörbare Flüstern aus dem Nichts so ernst nahm. Weshalb hatte er die Geduld, die Ausdauer und den enormen Mut - manche würden es lieber Wahnsinn nennen - eine derart umfangreiche und grundlegende Forschungsarbeit durchzuführen, mit dem großen Risiko, daraufhin zum Gespött der herkömmlichen Wissenschaftler zu werden. Solche Wissenschaftler, welche sich nach wie vor so oft von ihrem Teleskop wegdrehen, ohne die Realität des Himmels mit den eigenen Augen zu betrachten. Sein Parcours zeigt wieder einmal mehr, wie sehr ein Wunsch, der Durst nach Wissen, Geduld und Ausdauer, eine innerliche Bereitschaft und die unentwegten Bemühungen eines neugierigen Kindes, uns zu anderen Horizonten und einem neuen Morgen führen können.

Die Zeit der Kindheit und der Beginn der Forschung

Hans Otto König wurde in Düsseldorf-Ratingen (Nordrhein-Westfalen) Mitte des zwanzigsten Jahrhunderts geboren. Er hatte eine warmherzige Mutter. Sie war eine begnadete Opernsängerin und talentierte Schauspielerin. Er hatte einen strengen Vater, dieser war Ingenieur und ausgezeichneter Schachspieler, der die Musik über alles liebte. Er betrieb das einzige Radio- und Fernsehgeschäft in der kleinen bürgerlichen Vorstadt, nicht weit von den Rheinufern entfernt. Allerdings ist schon sehr bald der Tod in die Familie König eingetreten, um das neue Leben zu umarmen. In der Tat, nur kurz bevor der kleine Hans Otto das Licht der Welt erblickte, verstarb seine kleine Schwester Marie ganz unerwartet im Alter von nur fünf Jahren durch eine blitzartig aufgetretene Krankheit. Kurz vor ihrem Tod hatte sie ihrer Mutter noch gesagt: *„Ich* *werde einen kleinen Bruder bekommen, ich werde ihn niemals kennenlernen, aber du sollst ihn Hans Otto nennen!"* Ihre Mutter hatte die kleine Marie gar nicht verstanden und lachte über diese Worte, die von den Lippen eines kleinen Kindes kamen. Für sie war ihre geliebte Tochter kerngesund: *„Natürlich wirst du dein neues Brüderlein kennenlernen, du kleiner Witzbold!"*

Sie ahnte damals noch nicht, dass ihr dieses kleine Mädchen schon kurz darauf für immer genommen werden würde, während bereits neues Leben in ihrem Leib heranwuchs. Tod, Schmerz und Trauer haben deshalb immer wieder die Jugendzeit des Jungen begleitet, auch in Form von Bombeneinschlägen, Schießereien und allen Grausamkeiten des Zweiten Weltkriegs.

Von seiner frühen Kindheit an, spielte besonders eine Person eine sehr bedeutende Rolle im Leben des Jungen: Sein Großvater! Dieser Mann, ein kultivierter Autodidakt, war von Beruf Schreinermeister, aber auch mit Leib und Seele Gast-Regisseur am Düsseldorfer Theater. Eine durch und durch rechtschaffende Person mit einem riesengroßen Herzen und einem außerordentlich starken Charakter. Dieser so freie, weltoffene Mensch mit seinem überaus wachen Geist liebte es vor allem, dem jungen Hans Otto Geschichten zu erzählen. In den Winternächten bei Kerzenschein, erzählte er vom Leben des „Schinder-Hannes", einem gutherzigen Rebell, der es strikt ablehnte, sich einer offiziellen Autorität unterzuordnen, jedoch den Armen gelobte, die Ungerechtigkeiten, denen sie stetig unterworfen waren, zu beseitigen. Er brachte Hans Otto das Messerwerfen bei und lehrte ihn, Garten- und Handarbeiten jeglicher Art zu verrichten. Aber hauptsächlich förderte er bei dem Jungen die Unabhängigkeit seines Geistes und formte ihn so für sein späteres Leben. In den ausgiebigen und langen Gesprächen, in denen er all die Erfahrungen weitergab, die er selbst erlebt hatte, geleitete er seinen kleinen Enkelsohn in die Tiefe zu seinem Inneren Selbst und lehrte ihn, alle seine gewonnenen Eindrücke bewusst in sich aufzunehmen, um auf diese Art und Weise eine empfindsame, persönliche Denkweise zu entwickeln. Er erzählte viel und oft aus seinem eigenen Leben, insbesondere aus der Zeit des Ersten und Zweiten Weltkrieges.

Oder er lud den Jungen ein, ihn gedanklich auf all seinen vielen Reisen rund um die Welt, zu begleiten. Hans Otto kann sich noch sehr gut an die spannenden Geschichten über China erinnern, wo sein Großvater als deutscher Soldat, im Jahre 1901, gekämpft hatte. Dort, wo er mehr als einmal dem Tod ins Auge sah, hatte er jedoch selbst nie einem Menschen das Leben genommen. In China studierte er die martialische Kampfkunst, erwarb sich ein fundiertes Wissen über den buddhistischen Glauben und die Riten, und er lernte zu meditieren! Dieser deutsche Katholik zog sich nun täglich für zwanzig Minuten völlig in seine innere Stille zurück. In solchen Momenten ließ er sich von nichts und niemandem stören, er suchte dieses Alleinsein, wo er wieder zu sich selbst finden konnte. Er und seine treuselige Ehefrau Hannchen waren ein eingespieltes und harmonisch vereintes Ehepaar, um Freud und Leid in ihrem Leben gemeinsam zu teilen. Die Großmutter meinte oft mit einem Lächeln zu Hans Otto:

„Höre nicht zu sehr auf ihn! Der Vatter ist ein spezieller!"

Aber der kleine Enkelsohn liebte es, ihm zuzuhören. Frei und aufgeschlossen schreckte dieser Großvater vor keiner Frage zurück, die ihm das neugierige Kind stellte und er zögerte nicht, alle auch nur erdenklichen Themen offen anzuschneiden, um sie mit dem Jungen gründlich zu erörtern.

Am Ende seines Lebens versprach er Hans Otto, ihn durch sein ganzes Leben zu begleiten. Erst viel später würde der Junge die wirkliche Bedeutung und Tiefsinnigkeit dieser bedeutsamen Worte völlig verstehen und sich dann bewusst werden, dass ihn der Großvater bereits auf seine spätere Lebensaufgabe vorbereitet hatte: Die Pionierarbeit in der der transzendentalen Physik!

Die Kraft der innigen Verbundenheit

Dieser Großvater mit seinen wachen Adleraugen versuchte seinem Enkelsohn verständlich zu machen, welche Kraft wir aus der tiefen und innigen Beziehung schöpfen können, die wir mit einem anderen Wesen nach beliebiger Wahl eingehen. Wir können diese Verbundenheit nicht erzwingen: Sie ist ganz einfach da, oder auch nicht! Wir können sie hegen und pflegen oder sie verkümmern lassen. Wir sprechen von einer Verbundenheit, in der Ehrbarkeit und Aufrichtigkeit höchste Gebote sind. Keiner von beiden würde auch nur einen Augenblick zögern, sein Leben für den anderen herzugeben. Eine solche Verbindung ist ein Geschenk des Himmels, eine Gnade, die man wertschätzen muss und die größte Sorgfalt verdient.

Der Junge, der von Natur aus gegen jeglichen Zwang und jede Obrigkeit rebellierte, konnte jederzeit auf seinen Großvater zählen, der trotz seines fortgeschrittenen Alters in seinem Herzen und seinem Geist jung geblieben war. Er war es, der immer wieder alle Unstimmigkeiten ausgleichen konnte, wie zum Beispiel bei dem Vorfall, der in der Kirche stattfand. Mit dreizehn Jahren war Hans Otto Messdiener in der katholischen Kirche seiner kleinen Stadt. Zur damaligen Zeit galt das religiöse Gebot, als Laie nicht die heilige Monstranz zu berühren: Wer es dennoch wagt, würde sofort tot umfallen! Hans Otto glaubte nicht daran und hielt es für nichts anderes als ausgesprochenen Humbug. Zum Beweis nahm er die Monstranz in seine Hand und meinte dann zu seinen Kameraden: *„Schaut mal, es passiert mir ja überhaupt gar nichts!"* Die anderen Jungen hatten zweifellos nichts Eiligeres zu tun, als diesen Vorfall so schnell wie möglich im ganzen Ort zu verbreiten!

Mein Gott, was für eine kolossale Entweihung! Der Bischof von Köln musste herbeigerufen werden, um die Monstranz der Kirche wieder neu einzusegnen, und unser kleiner Gotteslästerer wurde daraufhin angeklagt, einen Pakt mit dem Teufel geschlossen zu haben.

Viele Leute wechselten auf die andere Straßenseite, wenn sie den Jungen sahen, weigerten sich mit ihm zu reden, neben ihm auf der Kirchbank zu sitzen oder ihn in einem Laden zu bedienen. Doch sein Großvater lachte nur über diese ganze Angelegenheit: *„Du wolltest es Dir nur selbst beweisen, und das war wichtiger, als alles andere!"*

Die Kraft eines freien Geistes

Eines Tages kam Hans Otto aus der Schule und begab sich schnurstracks Richtung Schreinerwerkstatt, um seinen Großvater zu besuchen. Ohne auch nur irgendetwas vorher gesagt zu haben, fragte ihn der weise Mann, fast nebenbei: *„Na, was ist denn mit Deinem Schulfreund heute Morgen passiert, erzähl' mir doch mal!"*

Hans Otto erstaunt: *„Woher weißt Du denn das, Opa?"*

Episoden wie diese wiederholten sich öfters, so oft, dass der junge Bursche zu der Überzeugung kam, sein Großvater könne seine Gedanken lesen. Daraufhin folgten lange Gespräche über die Kraft der Gedanken und über die Telepathie. Sehr häufig passierte es, dass sein Großvater ihm verschiedene Dinge bereits im Voraus sagte. Also, was bedeutete denn dann - vom realistischen Standpunkt aus gesehen - der Begriff „Zeit"? War die Zeit wirklich „der dunkle Feind, der sich in unser Leben hineinfrisst", wie es der Dichter Baudelaire so treffend auszudrücken wusste? Die Definition der Zeit war eine der Fragen, die dem Jungen die größten Sorgen bereitete, und so ist es bis heute geblieben. Hans Otto ist nun so alt, wie damals sein geliebter Großvater und gerne erinnert er sich an weitere Episoden aus seiner Kindheit:

„An einem Tag hatte ich mich auf einem Spielplatz ganz schrecklich mit anderen kleinen Jungen geprügelt. Als ich dann später meinem Großvater davon erzählte, hat er mich nur gefragt:

„Warum kämpfst Du mit Deinem Körper?
Warum nutzt Du nicht die Kraft Deines Geistes?"

Ich fragte ihn: „Aber wie denn?"
Und er: „Als erstes lerne, Deinen Geist zu kontrollieren!"

„Und wie macht man das?" fragte ich ihn.
„Ganz einfach: Konzentriere Dich auf eine Kerze, zuerst eine halbe Stunde, dann eine ganze Stunde lang!"

„Eine ganz Stunde lang? Dazu werde ich niemals Geduld haben!"
„Beim ersten Mal wird es etwas schwierig sein, aber so etwas kann man lernen. Geduld ist alles im Leben, und dieses Mal musst Du sie aufbringen. Jeder verfügt über die Zeit, sich zumindest eine Stunde lang intensiv irgendeiner Angelegenheit zu widmen!"

Als ich ihm so am nächsten Tag berichtete, dass ich es zwar versucht, aber nur drei Minuten lang ausgehalten habe, meinte er nur:

„Sehr gut, nun weißt du ja, dass du es schaffen kannst! Jetzt musst du nur noch genau dort weitermachen, wo du aufgehört hast!"

Ich habe jeden Tag bis zum Umfallen geübt und am Ende habe ich es geschafft, mich so stark auf die Flamme meiner Kerze zu konzentrieren, dass ich es nicht einmal mehr bemerkte, wenn jemand mein Zimmer betrat oder sogar nach mir rief. Nach diesem Erlebnis diskutierten wir noch sehr lange über die Kraft des menschlichen Geistes, wo er mich über meine Beobachtungen und nach meinen persönlichen Erfahrungen zu diesem Geschehnis ausfragte und mich dabei erkennen ließ, wie immens groß diese Macht ist. Er erklärte mir, dass der menschliche Geist seine Kraft nutzen kann, um damit großartige und konstruktive Dinge zu erschaffen, aber leider auch Schreckliches und Destruktives. Jeder sollte wissen, was er tut! Er gab mir zu verstehen, dass niemand das Recht dazu habe, jemand anderem seine eigenen Gedanken aufzuzwingen, und dass jeder Mensch die Kraft haben sollte, nach sorgfältiger Abwägung selbst zu entscheiden, ob er die Gedanken der anderen Menschen, denen er auf seinem Lebensweg begegnen wird, akzeptieren oder ablehnen möchte."

Die Kraft des Inneren Schauens

Bei seinen vielen Erlebnissen im Krieg hatte der Großvater gelernt, dass die Überlebenschance auch von der Fähigkeit abhängen konnte, den Charakter eines Menschen zu erkennen. Hierbei spielte weder eine äußere Erscheinung, noch die Kleidung, kein sozialer Status und ganz bestimmt nicht die Gehaltsklasse der Person eine entscheidende Rolle. Allerdings war es wichtig zu ergründen, wie dieser Mensch, der nun vor ihm stand, innerlich aussah. Der so unglaublich sensitive Mann ließ sich nicht von Titeln oder von Auszeichnungen beeindrucken, von dem gesellschaftlichen Stand oder dem Erscheinungsbild der vor ihm stehenden Person irritieren. Und am allerwenigsten von der Freundlichkeit, die der andere ihm entgegenbrachte. Er hatte seinen geistigen Blick so geschult, dass er einen Körper visuell regelrecht durchdringen und dadurch in das Innere eines Menschen schauen konnte. Diese Gabe versuchte der Großvater dem kleinen Jungen Hans Otto bereits im frühen Kindesalter zu vermitteln. Die Kraft eines „Inneren Schauens" ist ein Talent, wobei der physische Körper, ganz unabhängig von allen Vorteilen, total ignoriert werden muss, damit sich das innere Wesen jenes anderen Menschen in unserem eigenen Geist manifestieren kann. Diese Fähigkeit kann man entwickeln, indem man beginnt, alles was man sieht, genauestens zu betrachten, zu untersuchen und bis ins kleinste Detail hinein zu erforschen. Und das mit äußerster Konzentration, Direktheit, Ehrlichkeit und ohne irgendwelche Zugeständnisse!

Die Liebe und der Respekt für die Natur

„Alles was Du siehst, beobachte und betrachte es ganz genau, schärfe deinen Blick und schaue tiefer in das hinein, was unsere Augen beim ersten Hinschauen erfassen können." So lautete die Anregung des gütigen Großvaters für seinen Enkelsohn, ein kleiner Junge, der viel lieber stundenlang alleine im Wald verbrachte, als die leidige Schulbank zu drücken. Er liebte die Natur, er wollte sie in ihrem Wachsen und Gedeihen erleben, und er wollte alles über sie wissen, wirklich alles! Stundenlang, ja oft tagelang, konnte er das emsige Treiben eines riesigen Ameisenvolkes beobachteten und fasziniert ihre fein abgestimmten Arbeitsabläufe auf ihrem Hügel verfolgen; eine Fuchsfamilie wurde so zutraulich, dass er selbst mit ihren Welpen spielen durfte. Wie wütend er werden konnte, wenn andere Kinder Baumblätter mit Holzstöcken zerschlugen, Blumen mit den Füßen zertrampelten oder aus reinem Vergnügen Tauben erschreckten. Er liebte es, das Erblühen einer Blume Tag für Tag mitzuerleben. Und wie interessant war es doch, einen Tropfen Wasser unter dem Mikroskop zu untersuchen. Einen Tropfen aus einem Teich, von einem Blatt, oder einfach nur so von der Erde; die berühmten Froschlaiche und so vieles schönes mehr. Voller Staunen erkannte er, dass sich ihm in der freien Natur ein kompletter Mikrokosmos eröffnete, eine in sich kleine, geheimnisvolle Welt, die normalerweise dem bloßen Auge verborgen bleibt. Eine faszinierende Entdeckung für den, der das Universum ganz aus der Nähe erforschen will. Menschen, die sich für derartige Themen nicht interessieren, werden niemals etwas über die tiefe Bedeutung unserer Mutter Erde erfahren.

Und wie viele andere geheimnisvolle, unsichtbare Welten gab es wohl noch zu erforschen? Erst viele Jahre später würden seine wunderbaren Kontakte mit der Geistigen Welt dem Liebhaber der Natur darauf antworten und ihm dann zu verstehen geben, dass das Wesentliche im Leben für unsere Augen immer unsichtbar bleibt und dass es neben dem großen Waldweg immer noch viele kleine Seitenwege gibt.

Die Liebe zur Musik

Während der junge Hans Otto weiterhin von seinem so sehr geschätzten Großvater und den Wundern der Natur Lebenslehren erhielt, setzte er seine große Leidenschaft fort, tagelang frei und ganz allein durch die Wälder zu streifen. Unten auf dem Waldboden zu sitzen, still und mit geschlossenen Augen, seinen Rücken an einen Baum gelehnt, konnte er den Rhythmus der Natur hören und er erkannte voller Erstaunen, dass jeder Ort, jede Stelle, jeder Fleck, seine eigene Klangfarbe hatte, die die Stille seines „Inneren Selbst" in ihm hören ließen. Er liebte es, den verschiedenen Melodien zu lauschen, die durch die Bäume, die Felder, die Blumen und durch die Winde erklangen.

Der musiktalentierte Junge bekam Klavierunterricht und dann brachte er sich selbst auch noch das Akkordeon-spielen bei. Er stammte aus einer passionierten Musikerfamilie, die mit Freuden an jedem Sonntagnachmittag zusammen kam, um miteinander zu singen und zu musizieren. Und gute Musiker spielen nicht vom Blatt ab, sondern natürlich alles aus ihrem Gedächtnis. Als unser junger Mann - im Alter von siebzehn Jahren - bereits seine eigene Band gründete, nahm er nur die Musiker bei sich auf, die Melodien direkt vom Gehör aus nachspielen konnten.

Das Musizieren ist und bleibt ihm eine schöne Erinnerung, jegliche Art von Musik, als Ausdruck einer unendlichen Liebe!

Genauso wie Nietzsche sagte: „Das Leben ohne Musik wäre einfach ein Irrtum, eine Kraftlosigkeit, ein Exil!" Jedes Ereignis im Leben wird von einer bestimmten Musik begleitet, das ihm somit eine besondere Bedeutung verleiht.

Die Leidenschaft für die Technik und die Physik

Wie bei seiner Liebe zur Musik, war der junge Hans Otto genauso begeistert vom Fach Physik und von allem, was sich um Technologie drehte.

Wenn auch seine Noten in den einzelnen Fremdsprachen nicht gerade die allerberühmtesten waren, so konnte er sich jedoch als bester Schüler in Physik, selbst mit einem „cum laude" in der gesamten Region, auszeichnen. Er liebte diese wissenschaftliche Materie über alles und suchte deshalb oft die Gemeindebibliothek auf, um nach Physik-Büchern zu stöbern: Er hoffte, in ihnen Antworten auf die Fragen zu finden, zu denen sein Lehrer in der Klasse bereits keine Antwort mehr hatte.

Im Alter von sechs Jahren baute der Junge das erste kleine Radio, ganz allein und nur mit Hilfe der Bücher, die er sich in der Gemeindebibliothek dafür ausgeliehen hatte. Seine große Liebe zur Funktechnik hatte er eigentlich nie aufgegeben. Mit achtzehn Jahren machte er sogar seine Amateurfunker-Lizenz. Er blieb oft nächtelang auf, um Nachrichten mit Menschen „von überall her" auszutauschen.

Schon aus Prinzip musste Hans Otto immer herausfinden, wie ein jedes Ding funktionierte. Er machte daher alle nur möglichen Experimente, sehr oft zum Ärger seiner Familie und den ganzen Verwandten. Wenn man irgendwo etwas explodieren hörte, konnte man sicher sein, dass der Junge nicht weit war. Er liebte es, mit sämtlichen Dingen und Sachen zu experimentieren, um zu sehen, wie sie auf diese oder jene Situation reagieren würden. Darüber hinaus fühlte er einen inneren Drang, herauszufinden, wie so ein Gerät denn von innen aussah. Er konnte daher nicht anders, als alle mechanischen Geräte bis auf das letzte Einzelteil zu zerlegen. Ob es dieser wunderschöne Wecker oder die brandneue, elektrische Lokomotive war, die er zu Weihnachten geschenkt bekam, alles blieb dort die folgenden Tage liegen, komplett zerlegt, in Hunderte von kleinen Federn, Schrauben, Muttern und Rädchen. Zum Glück gelang es ihm immer, wieder alles zusammenzubauen und all die Geräte funktionierten sogar, auch wenn er Wochen damit verbringen musste.

Für Hans Otto wurde es zu einer Leidenschaft, etwas Neues zu erschaffen, das für jemand anderen nützlich sein könnte.

Beispielsweise versuchte er im Alter von zehn Jahren, dem geliebten Großvater - dessen Gehör sich in den letzten Jahren erheblich verschlechtert hatte

- ein „Hörgerät“ zu basteln, lange bevor Hörgeräte offiziell erfunden wurden. Stolz und dem Gespött und Gelächter der Leute trotzend, spazierte der Großvater in Ratingen auf den Marktplatz, mit seinem schönen silbernen Stock in der Hand, mit einem gebastelten Hörapparat in den Ohren und einer Holzkiste auf seiner Brust, in welcher sich die Technik des Gerätes befand. Und dies alles von seinem Enkel erfunden und zusammengebaut. Auch war er stolz, als es dem sechzehnjährigen, jungen Burschen gelang, tatsächlich eine illegale Verbindung im damaligen Radionetzwerk einzurichten. Eine Angelegenheit mit Folgen, die von den öffentlichen Behörden stark angegriffen wurde. So drang eines Tages sogar eine Gruppe von bewaffneten Polizisten mit Pistolen und Maschinengewehren in das Haus der Familie König ein, um Hans Otto zu verhaften, weil sie ihn für einen gefährlichen Spion hielten. Zum Glück konnte die ganze Sache als Jungenstreich aufgeklärt werden.

Dennoch: *„Im Krieg wäre Ihr Sohn für so eine Missetat auf der Stelle erschossen worden!“,* so der Polizeikommandant zu seiner zu Tode erschrockenen Mutter.

Der Durst nach Wissen

Wie die meisten jungen Menschen war dieser Junge äußerst wissbegierig und aufnahmebereit für das, was ihm neu erschien. Besonders alles was mit Metaphysik zu tun hatte, interessierte ihn hochgradig, und er wollte nicht aufhören, immer wieder den Sinn und Zweck von dem, was er durch seinen stetigen Wissensdrang lernte, zu hinterfragen. Er konnte dann stundenlang am Ufer eines Flusses sitzen, nur um über die Bedeutung dieser oder jener Erfahrung, der einen oder anderen Tätigkeit, nachzudenken. Seinerzeit wollte er zum Beispiel nicht verstehen, warum viele seiner Mitschüler es so sehr liebten, einem lächerlichen Fußball nachzulaufen, ihn einem anderen Jungen zuzuspielen, den Spieler zu verfehlen, darauf zu versuchen, ihn ihm wieder abzunehmen, darum regelrecht zu kämpfen; und warum war dann die Freude so groß, wenn endlich der Ball genau zwischen den zwei Pfosten in ein Tor fiel? Und das sollte ein Spiel sein? Für ihn ergab das ganze Getue um einen Ball keinen Sinn! Andere Sportarten gefielen ihm dann schon eher, wie zum Beispiel Judo, ein Leibesübung, die ihn lehrte, seinen Körper zu beherrschen und sich bei Gefahr zu verteidigen.

Häufig fragte er sich, was einen Menschen denn wahrhaftig ausmacht, was ihn wirklich qualifiziert, ihn auszeichnet. So begann er das Verhalten, die Handhabungen und Gewohnheiten von vielen Personen genau zu beobachten und zu studieren. Er provozierte sie oft absichtlich mit Situationen, um dann ihre Reaktionen auf diese unerwarteten und unvorhersehbaren Momente zu beobachten. Er erkannte bereits den großen Unterschied zwischen dem, was die Menschen denken und dem, was sie gern lauthals zum Ausdruck bringen und äußerlich von sich zeigen. Im Alter von zehn Jahren fragte der neu- und wissbegierige Junge in der katholischen Kirche an, Ministrant zu werden, weil er sich für den Ablauf einer Messe interessierte. Er wollte nicht nur ein Zuhörer sein, nein, er musste mit eigenen Augen sehen, wie religiöses Leben hinter den Kulissen abläuft. Außerdem wollte er wissen, wie ein gläubiger Priester eigentlich gestrickt war. Entsprachen seine Handlungen tatsächlich auch seinen Worten? An was glaubte er nun wirklich? Und dann, wie dachte er selbst darüber? Wie funktioniert ein Gehirn denn eigentlich?

Daraufhin begann er, sich über die neuesten medizinischen Entdeckungen zu informieren. Der junge Hans Otto schrieb sogar einen Brief an einen berühmten Chirurgen, der zu jener Zeit seine erste Herztransplantation erfolgreich hatte durchführen können. Er bat ihn darin um detaillierte Informationen zu diesem Thema. Leider erhielt er darauf nie eine Antwort.

Er verschlang sämtliche Biografien der großen Pioniere und Exploratoren der Welt und teilte mit ihnen die Leidenschaft für ihre spannenden Abenteuer und großartigen Entdeckungen, die ihr Leben markierten.

Er hörte nicht auf, immer wieder und zu Allem Fragen zu stellen, ganz besonders was, warum und wieso die Dinge so sind, wie sie sind. Und alle diese Dinge, waren sie eigentlich mehr Schein oder Sein?

Er erinnert sich gerne daran, wie er auf der Wiese im Garten seiner Großeltern lag, um die unerkennbare Weite des Himmels zu betrachten: *„Wo ist nur das Ende der Welt?"* Das war die Frage, die ihn beschäftigte.

Mit der Phantasie eines vierjährigen Jungen dachte er, dass dort irgendwo ein großer Zaun existieren musste, der das Ende markiert, und dass dahinter völlige Dunkelheit sein würde. Aber dann schwor er sich im Geheimen, eines Tages zu versuchen, ein Loch durch jenen Zaun zu bohren, um mit seiner Taschenlampe loszugehen, und zu schauen, ob wirklich nichts in dieser riesigen Dunkelheit verborgen war.

Mit Interesse beteiligte er sich nun am Religionsunterricht, in der Hoffnung, hier Antworten auf alle seine so wichtigen Fragen zu bekommen. Eines Tages, als der Priester den Schülern erzählte, dass die Menschen auf die Erde kommen, um den Willen Gottes zu erfüllen, befand er diese Aussage als äußerst fragwürdig und seltsam. So erwiderte er dem Pastor, dass er diese Annahme stark bezweifelte, denn das würde bedeuteten, dass ein Mensch keinen freien Willen besäße. Und wie sollte dieser Mensch dann wissen, welcher Wille es war, welchen der liebe Gott für sein Leben bestimmt hatte? Der Priester, wie vom Blitz erschlagen, gab dem erschrockenen Jungen eine schallende Ohrfeige: „Wie er es denn wagen kann, das hl. Wort Gottes anzuzweifeln, wo uns doch sowohl die Kirche und auch die Bibel immer wieder den rechten Weg weisen würden!" Aber warum ist es dann so, dass bis jetzt noch niemand Gott gesehen hat? Wo können wir mit ihm reden? Woher wusste denn der Priester, dass die Bibel wirklich das Wort Gottes ist? Und wie ist diese Welt eigentlich entstanden? Woher kommen wir? Und wo sind wir nach unserem Tod? Was bedeuten Bezeichnungen wie „Himmel" und „Hölle"? Weshalb konnte sich der Klerus seiner Antworten so sicher sein?

Hans Otto störte den Schulunterricht unentwegt mit seinen vielen Fragen, er galt als frech und provokant. Selbst Jahre später, als er während seiner Forschungsarbeiten in der „Instrumentalen TransKommunikation" einen sehr regelmäßigen Kontakt mit der Geistigen Welt pflegte, gab er dennoch nicht auf, weiterhin nach Antworten auf alle seine Fragen zu suchen. Dabei konzentrierte er sich auf Beobachtungen, Erfahrungen und auf die unzähligen Nachrichten, die er von der Spirituellen Welt erhalten konnte.

Die Zeit nach der Kindheit

Im Alter von achtzehn Jahren entschied sich Hans Otto König, Physik an der Technischen Hochschule in Aachen zu studieren. Er belegte dort die Fachrichtung Hochfrequenztechnik, eine Disziplin, für die er sich am meisten interessierte. Das Studium finanzierte er sich durch Gelegenheitsjobs in der Welt der Musik. Seinen innigen Wunsch nach einem Doktortitel konnte er sich leider nicht erfüllen, persönliche und familiäre Gründe hatten damals leider Vorrang. Womöglich war dieser konsequente Studienabbruch Schicksal. Wäre er sonst auch weiterhin so frei und offengeistig in allen seinen Anschauungen geblieben, wenn er seine akademische Laufbahn fortgesetzt hätte?

Vielleicht hätten die Forschungsarbeiten eines Dr. Hans Otto König eine größere Anerkennung gefunden, als die eines Hans Otto König, in unserer, von Titeln besessenen Gesellschaft. Wie dem auch sei, unser junger Studienabsolvent musste nun unbedingt Geld verdienen, und so begann er deswegen als freier Mitarbeiter für verschiedene, große Unternehmen zu arbeiten. Da sich Deutschland nach dem Krieg - der Zeit des Wiederaufbaus - in einem wirtschaftlichen Aufschwung befand, war es für den jungen Physiker ein Leichtes, in den Arbeitsbereichen tätig zu werden, die ihn am meisten interessierten und sich mit seinen Arbeitgebern immer so zu einigen, dass sie seine Arbeitsbedingungen akzeptierten. Und in der Freizeit ging er all seinen diversen Lieblingsbeschäftigungen nach, wie der geliebten Musik und der Fotografie.

Im Jahre 1970 machte er sich selbständig. Es geschah genau zur gleichen Zeit, als er zum ersten Mal die paranormalen Stimmen hörte: Ein Geschenk, ein Talent und eine Genialität, entstanden aus dem Gedankengut eines wissbegierigen, kleinen Jungen, der für die Hochfrequenztechnik und Elektroakustik schwärmte.

Das Abenteuer ins Unbekannte konnte nun beginnen...

Die Zeit der Forschung

Eine grundlegend ethische Frage und große Zweifel

Eine grundlegend ethische Frage: „Haben wir das Recht, neues Land zu betreten?" An dem Tag, wo der Forscher sich fast sicher war, dass diese elektronischen Stimmen tatsächlich von physischen Strukturen verstorbener Menschen stammen könnten, stieß er auf ein gewaltiges Problem:

Besaß er überhaupt eine Berechtigung, Untersuchungen über dieses unsichtbare Land anzustellen, das nur durch den Schleier des physischen Todes von uns getrennt ist? Wie konnte man sich sicher sein, dass solche Kontakte die Bewohner von anderen Welten nicht vielleicht sogar störten? Sollte man nicht darauf bedacht sein, sie, wie man so gerne sagt, in ihrer „Ewigen Ruhe" zu lassen? War es richtig, ihnen über ihre Existenz Fragen zu stellen? Waren solche Kontakte, zwischen der sichtbaren Welt und der anderen Welt jenseits unserer Sinneswahrnehmungen, wünschenswert? Warum schien für ihn irgendwie eine ontologische Differenz zwischen diesen beiden Welten zu existieren?

Alle diese Themen bereiteten dem Forscher große Sorgen und belasteten ihn - moralisch gesehen - ganz enorm. Das war auch der Grund, warum er niemals jemanden bestimmten bei seinem Namen anrufen wollte, bevor er nicht bereits von ihm selbst Antworten auf die Thematik erhalten hatte.

Die allerersten Fragen, die er ihnen stellte, drehten sich deswegen immer um die gleiche Problematik:

„Habe ich das Recht, mit Euch in Kontakt zu treten?
Oder störe ich Euch vielleicht?"

Und dies waren die Antworten:
„Wir brauchen Eure Kontakte!"
„Kontakt bringt Großes!"
„Die Verbindung ist wichtig!"
„Kontakt ist Göttliche Schwingung!"

Niemals sagte ihm ein geistiges Wesen, dass die Kontakte es belästigen oder es gar in seinem neuen Leben auf irgendeine Art behindern würden. Nein, ganz im Gegenteil. Wäre es jedoch der Fall gewesen, so hätte H. O. König unverzüglich mit seiner ganzen Forschung aufgehört. Nun wagte er sie fortzusetzen, aber Zweifel waren ihm dennoch geblieben.

Wer antwortete ihm? Bei Radioeinspielungen kennt man oft seinen Gesprächspartner nicht. Und dann, wie soll man dann alle diese Aussagen interpretieren? Antworten auf derartige Fragen in Büchern von anderen zu finden, kam für ihn nicht in Frage, aber worauf beruhten die Aussagen? Kommunikationen mit denjenigen, die man „die Toten" nennt, basierten bis dato einzig und allein auf Vermutungen und weitläufigen Auffassungen. Das bedeutete, dass er nur dann eine realitätsbezogene Antwort bekommen konnte, wenn er mit den Versuchen weitermachen würde. So beschloss der Forscher, seine Experimente fortzusetzen, jedoch mit großer Achtung vor dieser anderen Welt.

Erst viele Jahre später würden die inneren Zweifel, dank der Kontakte mit seinen geistigen Freunden, mit denen er mittlerweile ein gutes Vertrauensverhältnis aufgebaut hatte, komplett verschwinden. Von ihnen wusste er nun, woher die Informationen kamen. Er hatte sie durch seine unzähligen Einspielungsversuche kennengelernt, und er konnte außerdem ihre spektrale Identität messtechnisch überprüfen. Sie sagten, dass sie mit ihm von einer hochentwickelten kosmischen Ebene aus kommunizieren würden. Und wie oft beruhigten sie ihn, immer wieder hinsichtlich seiner Zweifel, wie zum Beispiel hier, mit folgenden Durchsagen:
„Höre zu!
Der Ausspruch der christlichen Bibel ist falsch: Ihr sollt die Toten nicht befragen! Da wir nicht tot sind, können wir Euch Antworten geben!"

„Höre zu!
Wir wiederholen! Wir brauchen Eure Kontakte und Eure Liebe, so wie Ihr sie braucht!"

„Höre zu!
Unsere Entwicklung wird durch Euren Kontakt nicht beeinflusst!"
„Wir stehen hinter allem. Wir sind froh, dass es die Kontakte gibt.
Da gibt es Kontakte!"

Das waren also die Botschaften von jenen hochentwickelten, geistigen Wesen, wie ihm aus der Unsichtbaren Welt bestätigt wurde! Aber was war mit allen anderen? Hierzu seine Meinung, die er bei einer Konferenz an seine Zuhörer weitergab:

„Vergessen Sie niemals, dass wir uns nur in den Grenzbereichen jener Welten aufhalten können. Versuchen Sie nie, diese Grenzen zu überschreiten, ohne nicht vorher mit aller Demut und mit größtmöglichem Respekt darum zu bitten. Es sind die Bewohner selbst, die uns Eintritt gewähren werden. Versuchen Sie bitte auch nicht, sich an eine bestimmte Person zu binden, solange wir noch so wenig über das Wie und Warum dieser Kontakte verstehen. Wir müssen daher sehr vorsichtig sein! Wir wissen noch viel zu wenig! Deshalb: Wie sollten wir uns sicher sein, ob diese geistigen Einheiten es sich auch wirklich wünschen, auf unseren Anruf zu antworten?

Ich weiß, bei sehr vielen Geisteswesen tritt dieses Problem erst gar nicht auf, vor allem bei den höher entwickelten Energiestrukturen bin ich mir hierbei ganz sicher. Aber gilt das auch für alle anderen? Es gibt derartig viele geistige Strukturen und ebenso unzählig viele und verschiedene Informationsfelder. Deswegen nähern Sie sich ihnen respektvoll und dann stellen Sie ihnen Ihre Frage! Bitte fragen Sie ein besonderes Wesen, das Sie jeden Tag besuchen kommt, nicht über alles aus! Das wäre sicherlich nicht im Sinne und das Ziel einer „Instrumentalen TransKommunikation". Dies könnte sich sogar sehr nachteilig auswirken, sowohl für Sie selbst, wie für Ihren unsichtbaren Partner. Daher lassen Sie einfach los, damit sich ihre Situation völlig frei entfalten kann! Und wenn Ihnen jemand etwas Wichtiges mitzuteilen hat, kommt er von selbst, da können Sie ganz sicher sein! Bis dahin bleiben Sie bitte vor der Eingangstür stehen, und dann fragen Sie ganz einfach, ob jemand irgendeine Nachricht für Sie hat! Wenn dann nichts kommt, ist es nicht schlimm. Wenn eine Nachricht an Sie gesendet wird, seien Sie dankbar dafür, aber bitte setzen Sie dann Ihr Leben frei und unabhängig davon fort! Denn auch wenn diese Seelen, die nun von ihren physischen Körpern entbunden sind, unter uns leben, haben sie ihren Lebenskampf im Erden-Dasein bereits vollendet. Sie befinden sich nun auf einer anderen Bewusstseinsebene, wo sie ganz neuen Erfahrungen begegnen und ganz andere Interessen entwickeln, als wir hier im Bereich der Erde.

Daher nötigen Sie diese Wesen bitte nicht, um Ihre eigenen sentimentalen Bedürfnisse zu stillen und belangen Sie sie nur nicht mit den Aufgaben einer Detektei.

Solange wir noch so wenig wissen, unterliegen wir bei unseren TransKommunikationen einer enormen Sorgfaltspflicht gegenüber diesen Geisteswesen aus der Unsichtbaren Welt. Bitte wiederholen Sie nicht alle die gleichen Fehler, die so oft bei Entdeckungen von neuem Land auf unserem Planeten gemacht wurden. Daher nähern Sie sich ihnen nicht mit der Haltung eines Siegers, eines Missionars oder eines Bettlers, sondern mit dem größten Respekt, sowohl vor den Grenzen, wie auch gegenüber den Wesen, die diese Parallelen Welten bewohnen. Hochgeistige Einheiten, beobachten einen Experimentator für eine lange Zeit, bevor sie mit ihm in Kontakt treten, denn nur sie allein entscheiden, ob und wann Sie dessen würdig sind."

Mehrere Angriffe

Im Leben eines Menschen, der auf der Suche nach neuem Wissen ist, treffen wir auch auf einen Konflikt, der in unserem europäischen, spirituellen Brauchtum als „Kampf zwischen Licht und Finsternis" bezeichnet wird. Entweder man gewinnt diesen Kampf oder man lässt sich von den bösen Mächten niedermachen. Sie verschonten auch unseren Forscher und seine Familie nicht und attackierten ihn über viele Jahre hinweg, in erheblicher Weise. Im täglichen Leben gingen die aufreibendsten Schikanen meist von den Kollegen aus. In allen Jahrhunderten wiederholt sich immer wieder die alte Geschichte: Die Schlacht um die Macht und die Eifersucht! Fast fünfzehn Jahre lang mussten unser Forscher und seine Frau zu diesen unzählig vielen Beschwerdebriefen Stellung nehmen, die bei der Polizei gegen sie vorlagen. Es kam außerdem zu vier großen Prozessen bei Gericht. Jedes Mal wurde gegen Hans Otto König öffentliche Anklage wegen Betrugs erhoben. Einmal beschuldigte man ihn sogar, er hätte Millionen von Zuschauern an ihren Bildschirmen vorsätzlich getäuscht. Diese Klageschrift bezog sich auf eine ganz bekannte Fernsehsendung, in der unser Forscher ein Experiment in Direktübertragung bei einem Fernsehpublikum von über vier Millionen Menschen durchgeführt hatte. Ein anderes Mal unterstellte man ihm, dass seine Geräte wohl möglicherweise Krankheiten verursachen könnten und vieles andere mehr. Es gab auch diverse Morddrohungen, die ihn dazu zwangen, nur noch in Begleitschutz auszugehen, oder seine Familie wurde jeden Tag durch unterschiedliche Maßnahmen regelrecht terrorisiert.

Zusätzliche Problematik ließ gar nicht lange auf sich warten, diesmal kam sie aus der Geistigen Welt. Hier berühren wir ein heikles Thema, das bei vielen Menschen große Ängste auslöst: Die dunklen Mächte aus den unteren Jenseits-Ebenen! Bereits seit vielen Jahren bemerkte der Forscher, dass wirklich jedes Mal, wenn er bei seinen Experimenten einen großen Schritt weitergekommen war, bereits im Hintergrund unsichtbare Wesen danach strebten, dem mit aller Kraft entgegenzuwirken. Hierzu dieses Beispiel: Einige dieser sogenannten Wesen meldeten sich bei ihm und gaben vor, von der Zentrale zu sein. Doch der Forscher erkannte schnell, dass es sich hier um eine Täuschung handeln musste, dafür kannte er mittlerweile seine unsichtbaren Freunde viel zu gut. Diese falschen Geister wollten ihm sogar weismachen, dass er in Kürze, genau wie seine Mutter, an einem Herzinfarkt sterben würde.

Negative Kräfte haben immer wieder versucht, Momente der Dunkelheit in sein Leben zu bringen und auch seine Familie kontinuierlich in Angst und Schrecken zu versetzen. Nachdem das Ehepaar König all diese Prüfungen mit Bravour gemeistert hatte, meldeten sich seine wahren unsichtbaren Freunde, mit folgender Botschaft:
„Wir stellen eine Schutzgruppe für Hans König!"

Im Jahre 2006 ließen ihm seine Freunde aus der Geisteswelt diese Botschaft noch einmal zukommen. Diesmal mit den Worten:
„Der Mantel unserer Liebe schenkt Euch Schutz!"

Diese ganzen Missgeschicke brachten den Forscher an den Rand der Erschöpfung, und trotz alledem haben sie seinen Geist gleichzeitig gestärkt und bekräftigt. Er konnte nun verstehen, dass eine Polarität zwischen positiven und negativen Kräften nicht zugleich Aufhebung bedeutet, wenn einmal die Tore zur anderen Welt durchschritten worden waren. Wer also seinen Weg in die Innerlichkeit fortsetzen will, wird nicht nur auf Gegner stoßen, die einen physischen Körper besitzen, sondern auch auf körperlose Machteinheiten, die sich dir feindlich gesinnt entgegenstellen. Sie wollen den Fortschritt und die neuen Erkenntnisse mit aller Kraft unterbinden. Hans Otto König versichert uns: *„Es ist hierbei äußerst wichtig, sich nicht von ihren Machenschaften beeinflussen zu lassen, sondern sie als konsistent bedeutungslos zu betrachten! Dazu ist es notwendig, nicht* *nur seine Kräfte, sondern vor allem seine Schwächen zu kennen, seine Sinne zu schärfen und sein Wahrnehmungsvermögen voll einzusetzen, um die richtige Wahl zu treffen!"*

Ein Leben im Dienste der Forschung

Im Gegensatz zu vielen anderen Wissenschaftlern wurde und wird Hans Otto König für seine Recherchen nicht bezahlt. Er konnte und kann also von seiner Forschung seinen Lebensunterhalt nicht bestreiten. Gelder für die teuren Investitionen in seinem Laboratorium aufzutreiben und dann zusätzlich für seine Existenzsicherung zu sorgen, war mit Sicherheit keine leichte Aufgabe. Trotz dieser schwierigen Lebenssituation versuchte er dennoch, finanziell unabhängig zu bleiben, um seine Untersuchungen ohne Kredite, Anleihen oder Finanzierungen, sondern definitiv nur im Interesse der Wissenschaft durchführen zu können. Dieser Entschluss wirkte sich natürlich auf die materielle Situation seiner Forschungen und die seiner Familie aus. Hierzu eine recht aufschlussreiche Episode: Als es das Ehepaar König nun endlich finanziell geschafft hatte, sich ein neues, schönes Zuhause leisten zu können, hatte Hans O. König gleichzeitig einen Punkt in seiner Forschung erreicht, wo er erhebliche finanzielle Mittel benötigte, um sein neues Projekt - das Multi-Oszillations-System - weiter zu entwickeln. Wenn er das notwendige Finanz-Budget dafür nicht aufbringen konnte, würde seine ganze Forschungsarbeit zu einem totalen Stillstand kommen. Es handelte sich um eine relativ große finanzielle Investition, und es gab keinerlei Gewissheit ob sie erfolgreich sein wird. Konnte die neue Anlage wirklich bessere Resultate bei den Kontakten erbringen und verhalf sie ihm somit zum Zugang zu neuem Wissen? Er wusste immer noch nicht, wie er sich entscheiden sollte. Die Antwort darauf erhielt er von seiner Frau: „Dann kaufen wir uns eben kein neues Haus, dieses Geld wird für Deine Forschung benötigt." Bei derart schwierigen Lebensbedingungen muss eine Familie sehr viele Opfer bringen, sowohl in materieller wie auch in gesellschaftlicher Hinsicht. Bewundernswert, wie es das Ehepaar schaffte bezüglich dieser lukrativen Angebote, die ihnen mehr als einmal unterbreitet wurden und die sicherlich ihre Lebenshaltung und die Forschungsarbeit enorm erleichtert hätten, standhaft zu bleiben und jedes Geschäft diesbezüglich konsequent zu verweigern.

Ein einsamer Weg

In unserem materialistischen Zeitalter ist es nicht einfach, offen über die „Instrumentale TransKommunikation" zu sprechen. Wer ein solches Thema erörtert, erntet oft nur Hohn und Spott. In fast allen gesellschaftlichen Kreisen, die wir gewohnheitsmäßig frequentieren, reagieren die Personen, deren Verhaltensweise wir normalerweise relativ gut kennen, bei diesem Thema auf einmal ganz anders als sonst.

*„Im Allgemeinen"*so erläutert Hans Otto König, *„wird man als jemand seltsames angesehen. Oft will dein Gesprächspartner gar nichts darüber hören, weil das Diskussionsthema ihm irgendwie unangenehm ist oder ihm sogar Angst bereitet. Oder er tut so, als würde er die Sache ganz interessant finden, wechselt dabei aber sofort zu einem anderen Gesprächsthema über. In den meisten Fällen stoßen wir nur auf Missbilligung, auf Unverständnis und sehr oft sogar auf eine deutlich erkennbare Aversion. Menschen, die ein derartiges Phänomen entschieden von sich zurückweisen und somit vollkommen ablehnen, ohne sich in diesem Zusammenhang auch nur eine einzige akustische Dokumentation angehört zu haben, gehören leider immer noch zur überwiegenden Mehrheit. Andere wiederum versuchen sofort, die komplette Angelegenheit zu bagatellisieren, und zwar mit der simplen Begründung, dass diesbezüglich noch nichts wissenschaftlich bewiesen worden sei: Warum also noch länger darüber reden? Oder passt es ihnen etwa nicht, dass Themen, die eigentlich dem Bereich des Glaubens vorbehalten sind, einen triumphalen Einzug in die Wissenschaft halten könnten? Die Trennung zwischen Glauben und Wissen muss doch aufrechterhalten werden! Oft wird man auch als aktives Mitglied eines exoterischen Clans angesehen, die einen rentablen und lukrativen Nährboden gefunden haben, um den Trauerschmerz der Menschheit zu vermarkten. So unglaublich es auch klingen mag, aber mir schien es oft so, als ob ich mich bei meinen Gesprächspartnern im Prinzip für meine Entdeckungen entschuldigen musste. Aber weswegen sollte ich mich denn eigentlich schämen, offen und frei über eine Transkommunikation zu sprechen? Kommunikationen mit anderen Existenzen ist wirklich kein Gesprächsstoff, der leicht anzugehen ist! Wir müssen sehr vorsichtig sein, wie man ihn darstellt und erörtert, um weder sein Gegenüber zu verunsichern, noch um selbst als vollkommen verrückt erklärt zu werden. „Nichts*

als esoterischer Rauch!", so wie es gerne von rational denkenden Menschen bezeichnet wird.

Solange wir jedoch im Reich der Intuition, des Glaubens und der Medialität bleiben, geben wir niemandem Grund zur Auflehnung. Dann werden sie uns vielleicht belächeln, jedoch sicherlich nicht anfeinden. Wenn wir dann auf die eigentlichen Forschungsmethoden selbst zu sprechen kommen, nennen wir sie wissenschaftliche Forschung, da eine Forschung immer neue Ergebnisse erzielt, die auf Experimente mit realistischen Fakten basieren - hier akustische Dokumentationen, messbar wie auch überprüfbar - die eine Reproduzierbarkeit nachweisen können, selbst wenn sie in einer anderen Ordnung ablaufen, als wir sie von der herkömmlichen Wissenschaft kennen. Dann ändert sich auf einmal die ganze Situation, wie bei einem Umkehreffekt. Es kommt dann bei den Zuhörern entweder zu einem sehr heftigen Aufruhr oder es herrscht Totenstille!"

Das Treffen auf die Medienwelt

„Höre zu!
Wundergläubigkeit und Sensation haben Bestand bei den Menschen. Sie erkennen die Realität nicht!"

Diese sensationelle Botschaft, empfangen über die Infrarot-Anlage, wird offensichtlich, wenn wir in das spektakuläre Schauspiel der Medien eintauchen, das primär von gesellschaftlichen Sensationen geprägt wird. Unsere Medienwelt liegt immer noch an erster Stelle, wenn es darum geht, Meldungen oder Informationen über die „Instrumentale TransKommunikation" in abfälliger Weise zu verbreiten. Der Forscher kommentiert dazu, ganz klar umrissen:

„Fernsehprogramme zeichnen sich dadurch aus, dass sie die Kernaussage, die wahre Essenz der „Instrumentalen TransKommunikation" sehr oft und gerne ins Lächerliche ziehen und dann sprachlich so ausbauen, dass unwiderruflich Zweifel in Bezug auf ein mögliches Weiterleben nach dem physischen Tod entstehen. So etwas geschieht, indem sie zum Beispiel, die wichtigsten Stellen in einer Diskussion einfach herausschneiden und somit

das Thema der Forschung zu einem kleinen, ganz unbedeutenden Dialog reduzieren. Oder sie übertragen einfach nur die unklaren, undeutlichen Botschaften und lassen dabei die qualitativ am besten hörbaren Abschnitte vollkommen weg. Häufig laden sie Experten zu den Vorführungen ein, deren Wissen jedoch immer noch zu limitiert ist, um klar und überzeugend Stellung zu diesen komplizierten, technischen Themenbereichen, zu beziehen. Dann kommen diejenigen, die die Experimente durchführen sollen, aber unter solch schlechten Bedingungen, dass ein Misslingen bereits vorprogrammiert ist. Hierzu dieses aufklärende Beispiel: Wieso sollen wir es bewerkstelligen, wieder Kontakt mit einem Geisteswesen aufzunehmen, das sich schon vor fünfundzwanzig Jahren gezeigt hat und dazu auch noch bei einem anderen Experimentator? Warum sollte diese Lichtgestalt nochmals erscheinen, um die andere Person dort in einer Fernsehsendung wiederzutreffen? Die Chance, dass es sich nochmals manifestiert, ist minimal, ja quasi unmöglich. Es ist erstaunlich, wie wenig Wissen wir noch über diese Parallelen Welten und dem Zusammenwirken mit unserer Erde haben."

In der Medienwelt gibt es aber auch Journalisten, die sachlich und auf objektive Art und Weise die Menschen informieren. Allerdings gibt es davon leider nur sehr wenige. Friedrich Jürgenson hatte den Forscher bereits des Öfteren auf dieses Problem hingewiesen und auch nach seinem Übergang in eine andere Welt kontaktierte er ihn mit folgender Meldung:

„Hallo hier ist der Friedel.
Hans König, höre, hier Jürgenson.
Vergesse nicht, auf dem Mond gibt es rosarote Kühe.
Führe Deinen Weg zu Ende!
Die Kristalle weben das Universum!"

Diese, so bezeichnenden Worte, die im Jahre 2004 durch die Pforten des Todes gegangen sind, beziehen sich auf ein Gespräch zwischen Friedrich Jürgenson und Hans Otto König über die „sogenannten" Misserfolge mit Journalisten. Dabei handelte es sich um ein ganz spezielles Interview mit F. J. über die Entdeckungen in der Jenseitigen Welt, und so fragten sie den großen Liebhaber der Malerei, ob eventuell auch Tiere in anderen Sphären weiterleben könnten. Dieser intelligente Mann antwortete daraufhin einfach und schlicht: „Ich kann es mir vorstellen!"

Und daraus entstand dann die nachfolgende Schlagzeile:
„Jürgenson glaubt, dass es auf unserem Mond rosarote Kühe gibt!" Das war dann auch der Titel, den der Journalist für seinen Artikel in der Zeitung wählte.

Das sagt wieder mal alles! Erklärungen werden so miteinander verknüpft, indem man sie ganz einfach reduziert und dann bewusst ins Lächerliche zieht!

Das Treffen auf die Welt der Wissenschaft

Die Grundlagenforschung von Hans Otto König bewirkte kein besonderes Aufsehen bei seinem wissenschaftlichen Kollegium.

Die „Instrumentale TransKommunikation" generell erreichte jedoch in den siebziger Jahren auf universeller Ebene einen buchstäblich gigantischen Aufschwung, denn plötzlich fingen überall Menschen an, in diesem neuen Bereich zu experimentieren. Sie empfingen Nachrichten von „Irgendwoher", von Verstorbenen und anderen geistigen Wesen. In den achtziger Jahren wurden daher viele Vereine und Institutionen gegründet, sei es in Deutschland, in Frankreich, in Italien und Spanien, wo Menschen mit Hilfe eines einfachen Tonbandgerätes oder eines Radios bereits ihre ersten kleinen Erfolge nachweisen konnten. Zu glauben, dass nun angesichts dieser Vielzahl von effektiv hergestellten Kontakten mit der Jenseitigen Welt die Wissenschaft dieses Phänomen ernst nehmen würde, blieb auch weiterhin reines Wunschdenken, so wie wir es aus der Vergangenheit bereits zur Genüge kennenlernen durften.

Der Forscher meint hierzu: *„Wenn auch viele amtlich beauftragte Projektstudien hervorragende Erfolge erzielen konnten, so lehrt uns dennoch die Geschichte der Wissenschaft, dass selbst wenn so viele, wunderbare Erfindungen in der ganzen Welt gemacht wurden, es oft eine unheimlich lange Zeit dauerte, bevor sie offiziell und rechtlich anerkannt wurden. Man denke hier nur an Thomas Alva Edison, der auf einer Weltausstellung zum Gespött der Gelehrten wurde oder an Johann Philipp Reis, dem Pionier unseres Telefons, dem man für seine Erfindung in einer Ausgabe der Zeitschrift „The Globe", im neunzehnten Jahrhundert betrügerisches Vergehen* *vorwarf, um in diesem Zusammenhang hier nur zwei von vielen Namen anzuführen."*

Ist es dann so überraschend, dass die meisten Wissenschaftler die wachsenden Fortschritte und Entwicklungen der „Instrumentalen TransKommunikation" ganz bewusst ignorierten, sie sogar regelrecht diskriminierten? Ganz am Anfang seiner Forschung hatte Hans Otto König noch versucht, das Interesse von anderen Kollegen für seine Arbeiten zu gewinnen, aber seine Hoffnungen legten sich schon bald, als er ihre Geringschätzigkeit erkannte. Er stieß nur auf taube Ohren und redete ständig gegen eine Wand, um dann Gespött und Gelächter zu ernten.

Fast alle seine Kollegen aus dem Bereich der Physik, die er damals kontaktierte und höflich einlud, an einem seiner Versuche teilzunehmen, antworteten daraufhin, dass sie es sich einfach nicht leisten könnten, in einer derartigen Forschung zu internieren, weil sie damit ihren Ruf verlieren und ihren Arbeitsplatz riskieren würden. Andere wiederum wollten überhaupt nichts von alledem wissen und reagierten mit einer rigorosen Ablehnung, ohne sich auch nur ein einziges Mal mit diesem Phänomen befasst zu haben. Andere hingegen bezeichneten eine derartige Forschungsarbeit als geradewegs nutzlos und ineffektiv, weil hierbei keine rationalen, wirtschaftlichen Ziele für die Konsumgesellschaft von heute erzielt werden könnten. Und die Kollegen, die anfänglich noch Interesse zeigten, wandten sich jedoch mit der Zeit wieder davon ab, als sie erkannten, welcher enorme finanzielle Aufwand bei so einer Forschung auf sie und ihre Familien zukommen würde.

Im Jahre 1983, im Anschluss an eine Direktübertragung des Fernsehsenders RTL, versuchte der Experimentator gemeinsam mit dem Moderator Rainer Holbe, Kontakt zum berühmten Max-Planck-Institut aufzunehmen, um dort seine neueste Erfindung, das Multi-Oszillations-System mitsamt all seinen hervorragenden Resultaten aus den Einspielungsversuchen über diese Anlage zu unterbreiten. Beide Männer hofften, daraus ein gigantisches Projekt in Interessengemeinschaft mit diesem Institut zu konzipieren. Das erste Treffen verlief auch überraschend gut. Ihr Ansprechpartner, ein Physiker des Institutes, zeigte sich äußerst beeindruckt von der Forschungsarbeit, des technischen Systems und den damit erzielten Ergebnissen. Daher versprach er den beiden, die Anfrage seinem Kollegium bei der erst besten Gelegenheit vorzutragen. Die Männer wollten ihren Augen nicht trauen, als schon kurz darauf Rainer Holbe einen formlosen Absagebrief von der Fakultät erhielt. Der Inhalt war, dass das Institut es sehr bedauern würde, in dieses Projekt nicht einsteigen zu können.

Was würde mit ihrer Reputation geschehen, wenn es sich herausstellt, dass eine Kommunikation mit Verstorbenen effektiv realisierbar ist?

Eine ähnliche Situation ereignete sich an der Universität in Münster, wo H.O. König über eine längere Zeit hinweg bestimmte Versuche in einem ihrer Laboratorien durchführen durfte. Der Forscher legte auch hier mehreren Kollegen seine gesamten Studien und deren Resultate vor, aber keiner wollte sich dort öffentlich dazu bekennen, dass sie die Ergebnisse als ausschlaggebende Hinweise erkannten, die effektiv bezeugten, dass ein Weiterleben unseres Bewusstseins nach dem physischen Tod existiert; zu groß war ihre Angst vor beruflichen und gesellschaftlichen Konsequenzen. Hans Otto König erinnert sich besonders an einen Kollegen, der so ungeheuer treffend bemerkte: „Du bist wie ein Mensch, der einen Klumpen Gold in der Wüste gefunden hat! Aber was bringt es Dir?"

Das gleiche Szenario wiederholte sich im Laufe der darauffolgenden Jahre immer wieder, bis der Forscher letztendlich beschloss, in Zukunft auf weitere Untersuchungen von Seiten der Wissenschaft und einer offiziellen Anerkennung seiner Arbeit zu verzichten.

In der Zeitschrift „Die Parastimme", in einer Ausgabe aus dem Jahre 2007, finden wir den nachfolgenden Artikel von Hans Otto König, in welchem er uns mit seinen eigenen Worten die grundsätzliche Position der „Instrumentalen TransKommunikation" in der Welt der Wissenschaft und Forschung erklärt:

„Wer sich mit der Thematik einer „Instrumentalen TransKommunikation" intensiv befasst, wird sich am Ende unweigerlich die Frage stellen, warum unsere Wissenschaft solche Phänomene nicht anerkennen will? Warum

integriert sie diese reellen, akustischen Dokumentationen nicht in einen dafür vorgesehenen, spezifischen Forschungszweig, um auf diese Weise zwischen Tatsachen und Betrug unterscheiden zu können? Ganz sicher gibt es ausreichende Gründe, warum Wissenschaftler und öffentliche Doktrinen sich ausgerechnet in dem Bereich der „Instrumentalen TransKommunikation" so oft als unwissend zeigen. Diese Verhaltensweise scheint eher ein Symptom als ein Prinzip zu sein. Die Ursachen dafür müssen irgendwie tiefer sitzen. Aber wo?

Es ist zweifellos eine spontane Reaktion, die uns instinktiv dazu zwingt, alles das abzulehnen, was uns unbekannt und damit unerklärlich ist, trotz der Indizien, welche zu dessen Gunsten sprechen. Unser Konzept des Wahrscheinlichen basiert in der Regel auf dem, was uns üblich und gebräuchlich ist, und dies wird mehr durch unser Gefühl determiniert, als mit dem reinen Verstand. Stellen wir uns einmal vor, jemand erzählt uns freudig, eine verstorbene Person getroffen zu haben, mit der er sich nett unterhalten konnte. Ich bin überzeugt, dass viele Menschen über solch eine Aussage lachen werden, weil ihnen so etwas als vollkommen absurd erscheint. Doch gerade dieses Verhalten ist voreingenommen und völlig grundlos: Denn niemand kann von sich behaupten, zu wissen, ob solche Erscheinungen existieren oder nicht.

Aber was tun jedoch WIR? Entweder ziehen wir so eine Sache ins Lächerliche oder wir setzen sie mit auf die Liste der Wunder, aus dem einfachen Grund, weil sie sich so außerordentlich von dem Denkmuster unserer europäischen Welt unterscheidet. Wir beziehen die Wahrscheinlichkeit immer auf das, was uns aus menschlicher Sicht als vertraut erscheint. [...] Es ist bekannt, dass sich Menschen über das Verhalten von Fremden lustig machen, weil es für sie einfach ungewohnt ist. An einem Tag erzählte ein Franzose einem Hawaiianer von einer Gruppe von Kindern, die in der Winterzeit auf einem zugefrorenen Teich, nicht weit von seinem Haus entfernt, laut und fröhlich herumtobten.

Der Mann aus dem Süden konnte sich kaum halten vor Lachen. Der Gedanke an Kinder, die auf einem Eissee ausgelassen herumtollten, war für ihn derart unrealistisch und deshalb nur noch komisch. Seine innere, ihm vertraute Denkweise wurde durch diese kleine Erzählung total durcheinan-

dergebracht. Aber wir sollten uns davor hüten, uns über diesen Mann lustig zu machen, weil sogar höchst intelligente und kultivierte Personen, sehr berühmte Philosophen und Menschen aller Art sich auf genau die gleiche Weise verhalten, wenn sie von der „Instrumentalen TransKommunikation" hören. In solchen Momenten wird wohl ein gebildeter Mensch, genauso wie der ganz einfache Mann auf der Straße, wahrscheinlich von den gleichen emotionalen Impulsen in seiner Verhaltensweise gelenkt..."

Zum besseren Verständnis möchte ich an dieser Stelle einige Meinungsäußerungen zitieren, die ich von Wissenschaftlern als Reaktion auf meine Abhandlungen erhalten habe. Vorab sollte ich noch kurz darauf hinweisen, dass sich niemand auch nur eine akustische Aussage angehört hat, und keiner dieser „Herren" machte sich die Mühe, sich in irgendeiner Form mit der Thematik des Phänomens zu befassen:

„Ihre Repräsentationen mit den Untersuchungsergebnissen basieren auf der Aktivität Ihrer beindruckenden Phantasie und ihrer Einbildungskraft, gekoppelt mit einem auffallend großen Mangel an Wahrnehmung für Kritik und philosophischem Wissen."

Oder: *„Wenn eine „Instrumentale TransKommunikation" tatsächlich existieren sollte, würden wir eine irrationale Welt auf Kosten einer rationalen Welt applizieren!"*

Und zuletzt: *„Herr König, Ihre sogenannte, geistige Kommunikation mit den Toten ist so schwach wie die Stimmen der geistigen Wesen, die Sie zu hören behaupten." [...]*

Diese klugen Menschen, von denen man glaubt, sie würden mit ihrem wissenschaftlichen Intellekt agieren, handelten komplett voreingenommen. Diese Borniertheit und Uneinsichtigkeit scheint eine der wesentlichen Hauptmerkmale in der allgemeinen Haltung der Wissenschaft zu sein. Meiner Meinung nach haben verschiedene Fakten nicht das Recht zu existieren, weil sie die rationale Ordnung der Dinge zu sehr aufwühlen würden. Warum sollten deshalb passionierte Verehrer der konventionellen Wissenschaften an einer Grundlagenforschung zur „Instrumentalen

TransKommunikation" interessiert sein? Ich zitiere hierzu die Worte eines bedeutenden Gelehrten:

„Obwohl eine „Instrumentale TransKommunikation" wirklich zu existieren scheint, sind wir gezwungen, sie zu verdrängen und zu verbergen. Sie würde sonst all die essenziellen, konstitutiven Voraussetzungen, ohne die unsere herkömmliche Wissenschaft ihre Studien nicht weiter fortsetzen könnte, mit einem Mal zerstören!"

Selbstverständlich gibt es etliche Ausnahmen, Forscher wie zum Beispiel Professor B. Heim, Prof. A. Resch, Professor Bender, Professor Senkowski, Professor Schiebeler, Professor R. Chauvin, Professor W. von Lucadou und viele andere mehr. Hans Otto König erinnert sich: *„Auf dem langen Weg der Forschung führte ich mit vielen Wissenschaftlern sehr interessante Diskussionen. Die mit Professor B. Heim waren für mich besonders aufschlussreich. Seine Hypothese der zwölf Dimensionen eröffnete eine neue Art, die Welt zu interpretieren, die mich sehr beeindruckt hat. Dann gab es natürlich die unzähligen und interessanten Gespräche mit Professor Senkowski, ein großer Intellekt, mit einer erstaunlichen Redegewandtheit und zugleich ein Mensch von großer Güte. Er kontaktierte mich, nachdem er eine meiner Live-Einspielungen in einer Radiosendung gehört hatte. In der ITK besaß er exorbitante Erfahrungen und ein umfangreiches Wissen. Er experimentierte selbst sehr viel, aber leider hat er nie damit begonnen, eine eigene Grundlagenforschung des Phänomens durchzuführen oder neue Geräte und Apparaturen zur Kontaktaufnahme mit der Geistigen Welt zu entwickeln. Er war von einer „Instrumentalen TransKommunikation" jedoch völlig überzeugt. So wurde es für ihn zu einer Mission, die Forschungsarbeiten und die Experimentatoren substanziell und akribisch zu verfolgen, um sie dann, sowohl in Deutschland wie auch in der ganzen Welt, der Öffentlichkeit bekannt zu machen. Aus unterschiedlichen Gründen trennten sich jedoch unsere Wege an einem Punkt der vielen gemeinsam gelebten Momente von tiefer Reflexion und regen Gedankenaustausches."*

Die Vereinigten Staaten hingegen zeigten sich gegenüber dem Phänomen der TransKommunikation viel aufgeschlossener. Eine Entwicklung, die in den achtziger Jahren regelrecht boomte. Verschiedene wissenschaftliche Institutionen von dort kontaktierten H.O. König in Deutschland. Die Universität von Atlanta verlieh ihm im Jahre 1984 das Doktorat „ad honoris causa" für seine hervorragenden Forschungsarbeiten in der „Instrumentalen TransKommunikation". Viele Professoren wollten mit ihm im Team zusammenarbeiten, aber er selbst äußert sich folgendermaßen dazu:

„Die Informationen generell waren vorwiegend einseitig und die Arbeitsangebote nicht besonders interessant. Im Prinzip galt die alte Faustregel: Meine Resultate gegen Geld!"

Im Laufe der nächsten vierzig Jahre würden sich jedoch die Weltanschauungen ändern und die Bereiche der Wissenschaft sich weiterentwickeln. Von 1984 ausgehend erreichen wir nun das Jahr 2014. Es scheint, dass viele ITK-Experimentatoren der letzten fünfzehn Jahre in den Vordergrund gerückt sind, wie zum Beispiel Anabela Cardoso in Spanien, Marcello Bacci in Italien, oder Sonia Rinaldi und Carlos Nunes in Brasilien. Sie alle haben in Zusammenarbeit mit ihren wissenschaftlichen Teams unglaubliche Resultate in ihren Recherchen und Studien aufzuweisen. Mit großem Interesse verfolgte der Forscher die wissenschaftlichen Entwicklungen, vor allem in der Quantenphysik, die unserer Welt erstaunliche Ergebnisse offenbarten:

„Die neuartige Wissenschaft bestätigt zwei grundprinzipielle Fakten, die auch in der Forschung einer transzendentalen Physik fortwirkend wiederzufinden sind:

Alles das, was zu einem bestimmten Zeitpunkt miteinander verbunden war, wird für immer miteinander verbunden bleiben. Die Materie ist nicht so dicht, wie wir immer glaubten. Fazit: Alles ist Energie und ALLES IST GEIST! Das bedeutet, bezogen auf eine bereits angeführte Äußerung, dass derjenige, der in ein Mikroskop schaut, genauso wichtig ist, wie das Mikroskop selbst."

Der Forscher wird auch künftig den weiteren Verlauf dieser Entdeckungen mit Aufmerksamkeit verfolgen. Hans Otto König ist davon überzeugt, dass auch die Wissenschaft, die nun bereits so viele Erkenntnisse über die Kraft und die Macht der Gedanken gewonnen hat, eines Tages offiziell bestätigen wird, dass unser persönliches Bewusstsein den physischen Tod überlebt:

„Ich denke, es handelt sich nur noch um eine Frage der Zeit, denn die Materie ist nichts anderes als verdichteter Geist. Und unsere Welt ist lediglich die pure Verkörperung unserer Denkmuster! So wie es Wellen aus Wärme, Licht oder aus Elektrizität gibt, existieren auch Wellen, die aus Gedanken erzeugt werden. Gedanken besitzen eine enorme Kraft, die wir weitaus besser nutzen könnten, wenn wir etwas mehr Kenntnis über die Funktionsweise des Geistes hätten. Diese Kräfte würden sich dann durch das Verständnis und die Achtung vor unserem Geiste immer mehr steigern!"

Nach einem Augenblick der inneren Einkehr und Stille fügt er leise hinzu: *„Es gibt eine Reihe von Filtern zwischen uns und der Realität. Der erste ist der Filter unserer fünf Sinne. Ein Blinder zum Beispiel kann die Farbe Rot nicht sehen. Dabei handelt es sich hier um einen rein biologischen Filter, aber es gibt auch viele psychologische und geistige Filter. Wenn wir uns also eine Sache geistig vorstellen, werden wir nur das und genau das sehen, was in diese Vorstellung eingeht. Wir haben daher immer eine gewisse innere Erwartung von irgendetwas, und dann werden wir genau das erleben, was exakt dieser Erwartung entspricht. Es gibt Tausende von Dingen, bei denen wir in der Lage wären, sie wahrzunehmen, aber wir können nur einen kleinen Teil davon erfassen. Genau den, der in unsere Weltanschauung passt. Somit erreichen wir leider immer wieder, nur das zu sehen und das anzuerkennen, was wir bereits wissen!"*

Bezugnehmend auf alle Fragen, die sich der Forscher bereits im Jahre 1974 stellte „welcher Natur ist dieses Phänomen, wie und warum existiert es", fragt er sich das auch heute noch immer wieder. Denn obwohl er in seinen achtundvierzig Jahren langer, unermüdlicher Studien bereits vielfältige Antworten von der Geistigen Welt erhalten hat, weiß er nur zu gut, dass wir uns immer noch im Anfangsstadium einer Forschung befinden, die uns viele neue Erkenntnisse über die geistige Natur des Menschen und über das Wesen des Lebens eröffnen könnte. So fährt er fort:

„Ich müsste hier, auf dieser Erde, noch mindestens dreihundert Jahre leben, um die Forschungsprojekte, die ich bereits im Sinn habe, realisieren zu können. Aber so lange wird das mein physischer Körper, in welchem ich mich mittlerweile ziemlich eingeengt fühle, wohl nicht mehr durchhalten. Deshalb muss ich unbedingt darüber nachdenken, was für mich noch alles ausführbar und erreichbar ist, bevor ich eines Tages mein irdisches Gewand ablege."

Ein Weg, um dem Tod anderweitig zu begegnen

Fürchtet er sich vor dem Tod? Er lächelt:

„Wie könnte ich Angst haben vor etwas, das mir so vertraut geworden ist? Zudem ist meine Neugierde weitaus größer als meine Angst, etwas zu beenden, was mir bereits bekannt ist. Ich werde dann so viel Neues erleben, das ich unmöglich erfahren kann, solange ich noch an meinen physischen Körper gebunden bin. Ich werde persönlich das Ablegen meiner physischen Hülle als Befreiung erleben und diese als wahre Erlösung empfinden. Ich habe bereits ein wenig Gespür für derartige Situationen, durch meine Fähigkeit, in Trance zu fallen, so dass mir das Gefühl, nur im Bereich des Geistes zu sein, schon bekannt ist. Und eines schönen Tages, wenn der Zeitpunkt für mich gekommen ist, werde ich dann vollkommen bewusst den physischen Körper verlassen. Das bedeutet nichts Besonderes! Viele Menschen auf Erden, wie zum Beispiel die Yogis, wissen, wie sie über die Kraft ihrer Gedanken diese Welt zu einem bestimmten, von ihnen gewählten Zeitpunkt verlassen können. Ich habe das große Glück, schon lange ein Wanderer zwischen zwei Welten zu sein. Eines schönen Tages wird mein Geist für immer dort bleiben dürfen und nicht mehr zu meinem Körper zurückkehren. Das ist alles! Es wird sich sicherlich einiges für mich ändern, aber bestimmt kein völliges Auslöschen meines Seins bedeuten. Irgendeine Wandlung wird vonstatten gehen, jedoch niemals ein Dahinschwinden meines persönlichen Bewusstseins, meiner Seele. Ich glaube daher nicht, dass der Sterbeprozess in sich für mich schwierig sein wird, aber es wird mir nicht einfach fallen, diejenigen zu verlassen, die mir so lieb geworden sind und für die ich mich hier unten verantwortlich fühle. Nur wegen ihnen wird es mir sicherlich wehtun, für immer fortzugehen, für mich persönlich jedoch nicht im Geringsten."

Vielleicht, wenn wir eines Tages mehr darüber wissen, was der Tod wirklich bedeutet, wird der Schmerz um den Verlust eines geliebten Menschen seine

Heftigkeit verlieren und der Schrecken und die Angst vor dem Tod weichen. Negative Attribute, die wir diesem natürlichen Vorgang in unserer Welt sehr oft zuordnen.

Während ihrer karitativen Einsätze, neben der Forschung, konnten Hans Otto König und seine Frau Margaret oft feststellen, wie effektiv die „Instrumentale TransKommunikation" helfen kann, um die letzte Phase des Todes gelassener zu erleben, aber vor allen Dingen denjenigen wertvolle Hilfe zu leisten, die um den Verlust eines geliebten Menschen trauern.

Über Jahre hinweg begleitete das Ehepaar etliche trauernde Hinterbliebene oder todkranke Menschen während der Endphase ihres irdischen Lebens. Sehr oft waren sie in den Augenblicken zugegen, wenn ein Mensch aus seinem Erdenleben in eine andere Sphäre transzendierte. Ihre stetigen Hilfeleistungen konfrontierten sie gnadenlos mit Krankheit, dem Tod und den dazugehörigen Begleitumständen, wie Schmerzen und Angst, Wut und Ablehnung, Trauer und Verzweiflung. Es ist nicht einfach für uns Menschen, diese bitteren Erfahrungen zu bewältigen, und vielleicht werden wir sie auch nie ganz akzeptieren können. *„Seit ich mich mit der „Instrumentalen TransKommunikation" beschäftige"* erinnert sich Hans Otto König in diesem Zusammenhang, *„klingelte das Telefon so oft, wobei ich die Tränen bereits fühlte, bevor ich überhaupt erst antworten konnte. Die Personen in der Leitung waren dann meist nicht einmal mehr in der Lage, auch nur noch ein einziges Wort herauszubringen."*

„Wie diese Mutter, die mit einem Schlag ihre ganze Familie unter tragischen Umständen hergeben musste. Sie, ihr Mann und ihre drei Kinder, im Alter von drei, sechs und acht Jahren waren eines Tages mit ihrem Auto unterwegs. Es war ein sehr nebliger Morgen und daher die Sicht mehr als schlecht. So entschieden sie sich, für eine Weile anzuhalten und abzuwarten, ob sich vielleicht der Wetterzustand besserte. Weil man kaum etwas sehen konnte, stieg die Frau kurzerhand aus dem Auto, um ihren Mann an den Straßenrand heran zu winken. Kaum war sie draußen, krachte auf einmal ganz plötzlich ein Lastwagen von hinten in ihren Wagen hinein, der im gleichen Moment Feuer fing. Vor den Augen der jungen Mutter verbrannten ihr Mann und ihre drei Kinder, die im Fahrzeug in den Flammen um Hilfe schrien,

während die arme Frau diesem Schreckensszenario machtlos von draußen zusehen musste, ohne auch nur irgendetwas Hilfreiches für Ihre liebe Familie tun zu können. Der Schmerz ist in solchen Momenten unbeschreiblich groß und die Fragen nach dem „WARUM" endlos und ewiglich. Wie konnte denn nur so etwas Grausames passieren? War der Lastwagenfahrer vielleicht am Steuer eingeschlafen? Wieso war es nur ich, die einzige, die aus dem Auto gestiegen ist? Warum nicht die Kinder? Wie glücklich waren wir, nach der Geburt unserer drei Rabauken! Jeden Morgen wache ich mit den gleichen Bildern in meinem Kopf auf. Warum hat der dort oben im Himmel mich nicht mit meiner Familie zusammen sterben lassen? Was hat das alles für einen Sinn?" Das Schreien einer Seele ist grauenvoll... und wir, wir können nur zuhören und für sie da sein, in ihrem immensen Schmerz.

„Sie können doch mit den Toten sprechen!" Wie oft wurden mir, in solchen Augenblicken, diese Worte mit einem starken Ton des Vorwurfs ins Gesicht geschleudert. Ich verhalte mich daraufhin völlig still und versuche einfach nur zuzuhören, auch stundenlang. Dann sage ich ganz leise: „Ich spreche nicht mit den Toten, ich spreche nur mit Menschen, die ihren irdischen Körper verlassen haben und nun in einer anderen Dimension leben. Ich kommuniziere mit ihrem Geist, der sich in einer neuen Realität befindet."

Der Forscher denkt zurück an vergangene Zeiten, er besinnt sich auf so viele Namen, Gesichter und so viele Schicksale. Er hört immer wieder alle ihre Fragen, fühlt ihre Zweifel und denkt an ihre großen Übergänge in eine andere Welt.

Wie an eine Mutter, eine noch junge Frau, doch krank und stumm vor Schmerz, nachdem sie ihre drei Kinder verloren hatte, drei kleine Jungen, in einem Zeitraum von nur einem Monat. Sie wurde in ein Sanatorium eingeliefert, und es war der Psychiater persönlich, der den Forscher um dringende Hilfe bat. Dieser Arzt glaubte zwar nicht an ein Leben nach dem Tod, aber er war bereit, die gleichen Versuche zu starten, von denen er im Fernsehen gehört hatte. Begleitet von seiner Patientin stattete er unserem Forscher daher einen offiziellen Besuch ab und Hans Otto König willigte sogleich ein, für diese Frau, überwältigt von Kummer und Schmerz, einen Kontaktversuch durchzuführen; und tatsächlich konnte ein hilfreicher Kontakt für die trauernde Mutter hergestellt werden.

Einer ihrer drei Söhne kam sofort durch, meldete sich mit seinem Namen und sagte ihr:
„Mama, uns geht es allen gut!"
und
„Glücklich hier!"

Plötzlich öffnete sich diese Festung der Schmerzen ein wenig, in welche sich jene Mutter eingemauert hatte, und nach langer Zeit bewältigte es die Frau auch wieder, Schritt für Schritt einen Weg in ein neues Leben zu finden. Ergreifende Augenblicke dieser Art bewahrt man im Herzen und trägt sie für lange Zeit mit sich herum, bevor sie sich ihren eigenen Weg in das Innere Selbst bahnen, um dort Zuflucht und Frieden wiederzufinden.

In jenen schicksalshaften Jahren kam das Ehepaar zu der Erkenntnis, dass eine persönliche Erfahrung mit der greifbaren Berührung von geistigen Wesen aus anderen Seins-Ebenen für die meisten Menschen äußerst positive, innere Transformationen bewirken können.

Es ist ein so unbeschreibliches Erlebnis, zum ersten Mal den Namen von jemandem zu hören oder auch ein einfaches **„Hallo!".** Äußerlich betrachtet ist der Inhalt völlig banal, aber die Realisierung, einen Kontakt zwischen einem selbst und dem Geist eines Verstorbenen herzustellen, ist einfach phänomenal! Es erlaubt jedem, in seinem „Wahren Selbst" die beruhigende Sicherheit zu empfinden, dass der „Tod" nicht das letzte Wort ist. Ich rufe jemanden, und derjenige antwortet mir tatsächlich, vom anderen Ufer des Flusses aus, der unsere Welten voneinander trennt. Er nennt mir seinen Namen, seinen Vornamen oder ruft mich bei meinem Namen. Er möchte mich wissen lassen, dass er lebt, dass er immer noch mit mir innig verbunden ist, oder wie hier unten:
„Wir rufen Euch, alles ist in Ordnung!
Glaubt, Diana lebt!
Ja, Du hörst mich! Ich sehe Dich!"

Diese greifbaren Worte tragen den Menschen dann meist in andere Gedankenwelten. Dorthin, wo es keine Trennungen mehr gibt, sondern nur

Wandlungen, eine Vermählung von Leben und Tod, zwei Gesichter von ein- und derselben Wirklichkeit, die das Leben ist! Die Seele des Hörers wendet sich seinem Innersten zu, und wird von dort berührt von den zarten Flügeln der Liebe, die nur für einen kurzen Augenblick dieses geistige „Ich" des geliebten Menschen streifen, das nun bereits in eine andere Welt mit ihren unsichtbaren Bewohnern eingegangen ist. Diese so zarte, subtile Berührung ist sicherlich nicht vergleichbar mit einer Begegnung oder der Gemeinschaft von zwei physischen Körpern, doch sie hat die Macht, in sich ein neues Wissen zu erwecken, welches erlaubt, trotz des Verlusts des physischen Körpers weiterhin miteinander verbunden zu bleiben. Obgleich damit unser Bedürfnis nach Trost vielleicht noch nicht vollständig gestillt ist, so werden doch neue Samen in unserem Inneren aufgehen und auf diese Weise Ruhe und Kraft in uns erblühen lassen. Wenn sich die Perspektive des Lebens verändert, werden neue Interessen keimen und dann in dieser Innerlichkeit gedeihen. Das Sterben eines Menschen, so paradox es auch klingen mag, ist auch zugleich die Geburt in eine neue Lebenssphäre, erlebt als eine Art von Transformation und einer geistigen Entwicklung. Eine tiefe Trauer um den Verlust eines lieben Menschen führt auch die Hinterbliebenen zu einer Wiedergeburt und zu einem geistigen Wachstum, mit großen Schmerzen, wie bei Geburtswehen, und oft erst gegen den eigenen Willen, aber dann mit Akzeptanz und in dem Bewusstsein, nun einen neuen Weg zu begehen.

Die phänomenalen Entdeckungen dank der „Instrumentalen TransKommunikation" können vor allem für einen Menschen, der an einer unheilbaren Krankheit leidet, sehr wertvoll und hilfreich sein. Der Forscher erinnert sich lebhaft an einen sympathischen, jungen Mann, den er auf Anfrage und Bitte des dort diensthabenden Direktors oft im Krankenhaus besuchte. Peter lehnte den Gedanken, schon bald sterben zu müssen, ganz entschieden ab. Er wollte nichts von den Priestern wissen, die ihn täglich aufsuchten, um ihm seelisch beizustehen. Er sträubte sich, seine Situation, unheilbar krank zu sein, zu akzeptieren und weigerte sich zu glauben, dass er in den liebenden Armen Gottes enden würde, so wie man es ihn gelehrt hatte. Unser Forscher führte sehr lange Gespräche mit diesem jungen Mann, und er ließ ihn dabei viele seiner Aufzeichnungen der elektronischen Stimmen anhören. Deswegen schaffte es Peter, sich mit seinem Schicksal abzufinden und sich auf seinen großen Übergang vorzubereiten. Kurz bevor er verstarb, bat er den Forscher noch, für ihn ein Lied zu finden, das er ganz besonders gerne mochte. Hans Otto König machte sich sogleich auf die Suche und schaffte es gerade noch zum rechten Zeitpunkt, damit Peter bei seinen letzten Atemzügen von diesem Lied begleitet wurde. Er verstarb mit einem Lächeln auf seinen Lippen. Der Titel des Liedes lautete: „Niemals stirbt man so ganz!" Nach der Beerdigung meldete sich der junge Mann bei Hans Otto König mit den Worten:

„Hier ist Peter. Alles wie gesagt!"

Allen Menschen, die aufgrund einer unheilbaren Krankheit vor ihrem unvermeidlichen Ende des Erdenlebens stehen, können die konkreten Botschaften und Aussagen dank der „Instrumentalen TransKommunikation" helfen, ihnen den Übergang in andere Seins-Ebenen zu erleichtern, ohne einen inneren Kampf, sondern ruhig und gelassen, im vollen Vertrauen und mit der Gewissheit, dass das Abenteuer ihres persönlichen Bewusstseins, bereichert mit vielen, neuen Lebenserfahrungen, immer weitergehen wird. Sie werden wissen, dass es jemanden geben wird, der auf der anderen Seite des Ufers bereits auf sie wartet, wodurch sich neue Welten in und um ihn herum öffnen, gefüllt mit Liebe und Vertrauen.

Ein Weg der Innerlichkeit und des Wissens

Unser Forscher weist allerdings strengstens darauf hin, dass die „Instrumentelle TransKommunikation" nicht dazu da ist, um täglich Kontakte mit seinen verstorbenen Angehörigen zu pflegen. Ganz im Gegenteil, es ist sehr wichtig, die andere Seite frei zu lassen und ihnen nicht die eigene Trauer aufzubürden:

„Euer Schmerz ist unser Problem!"

Diese Aussage kommt sehr häufig durch. Viele Menschen entgegnen ihm dann: *„Warum sollen wir uns denn all diese Mühe machen, Einspielversuche durchführen und die Geduld aufbringen, um eine Nachricht zu empfangen, wenn man danach doch nicht täglich mit seinen Familienangehörigen Kontakt aufnehmen darf? Warum so viel Energie und Zeit verschwenden, nur um ein leises Gemurmel oder wenige Worte zu erhalten? Wäre es nicht besser, sich auf andere und wichtigere Dinge im Leben zu konzentrieren, als mit den Toten zu sprechen?"*

Der Forscher antwortet darauf: *„Die letzte Frage überrascht mich sehr, weil ich selbst von allem fasziniert bin, was irgendwie noch neu und unerklärlich ist. Insbesondere, was uns ein erweitertes Wissen über unser Dasein geben könnte. Offensichtlich sind diese Menschen zufrieden mit dem, was sie wissen, mit ihrem Glauben, den sie besitzen und ihrem Leben, das sie hier auf Erden führen. Trotz allem kann sich die ITK als sehr wertvoll erweisen, nicht nur für einen Forscher, sondern für jeden, der begriffen hat, worum es sich hier handelt und der einen Geist besitzt, der einen realen Weg beschreiten möchte, um seine eigene Kompetenz zu vertiefen."*

Da unsere Bildung - das Wissen, das uns gelehrt wird - meist unzureichend und begrenzt ist, fühlen wir uns oft dazu veranlasst, neue Quellen zu finden, die imstande sind, unseren Wissensstand unseren individuellen Wünschen und Bedürfnissen entsprechend zu expandieren. Dafür reisen viele Menschen sogar um die ganze Welt, lesen Unmengen von Büchern oder suchen die Antworten in sich selbst. Über den Tod und über das lebendige Sein kann uns die Wissenschaft leider nicht sehr viel sagen. Wer mehr darüber erfahren will, muss woanders recherchieren, in den Religionen, in esoterischen Lehren und Praktiken, in den großen spirituellen Traditionen, im Buddhismus und vielen ähnlichen Quellen.

In so einem Fall treffen wir dann auch auf die „Instrumentale TransKommunikation", die uns einen reellen Weg, frei von jeder Religion aufzeigt. Dann können wir eine Verbindung, die mit dem Jenseits bereits besteht, über einen direkten Kontakt mit geistigen Wesen herstellen. Dieser sogenannte „akustische Fußabdruck" kann ein Schlüsselerlebnis für uns sein. Einerseits um zu erkennen, dass der Geist eines Menschen in seiner Persönlichkeit weiterlebt und somit andererseits manch eine Person dazu zu ermutigen, diesen Weg des Wissens einzuschlagen. Jener Person werden dann die regelmäßigen Aufzeichnungen ihre persönliche Route markieren und ihr eine Komponente öffnen, worin sie versuchen kann, eine Verbindung in sich selbst herzustellen, zwischen dem „Ich" und dem „Höheren Selbst", das immer gleichbleibend mit der Unsichtbaren Welt verbunden bleibt. Somit kann sie kleine Botschaften aus dem geistigen Bereich erhalten, die sie mit dem Universum vereinen und ihr ungeahnte Welten und ungeahntes Wissen eröffnen.

Das „Innere Sein“ verbindet jeden mit einer unermesslichen Kraft, und die verschiedenen Etappen, die wir dann in unserem „Selbst“ bereisen, sind äußerst interessant und sehr bereichernd. Es kann passieren, dass wir dann eines Tages auf das Geisteswesen treffen, welches es sich zur Aufgabe gemacht hat, uns in unserem Erdenleben zu begleiten, als Schutzengel oder unser Geistführer, welcher uns bereits von Geburt an kennt. Wir werden spüren, wie seine Liebe uns durch die vielfältigen Eingebungen zur rechten Zeit zum rechten Ort führen werden. Persönliche Meditationen werden dann zu besonders privilegierten Momenten in unserem Alltagsleben. Wir werden beginnen, gedankliche Konversationen zu entwickeln und sie regelmäßig mit diesem wunderbaren Wesen zu führen, das auf eine höchst besondere Art mit uns verbunden ist. Wir können ganz genau fühlen, wie es uns in jeder Situation unseres Erdenlebens begleiten und beistehen wird. Nach und nach vertieft und intensiviert sich auch unsere Empfindsamkeit, wodurch sich neue Fähigkeiten in uns zeigen können und unsere Interessen erweitern. Mit einem Mal betrachten wir die Menschen, Tiere und die Pflanzen mit ganz anderen Augen. Die neue Wahrnehmung in unserem Inneren Selbst bewirkt in uns ein tiefes Gefühl von Frieden und Glückseligkeit und alle Früchte die dort blühen und wachsen, sind derart köstlich, so einzigartig und schimmern im glänzenden Licht.

„Ich habe herausgefunden“ so meint hierzu der Forscher, *„dass eine jede Kommunikation meine eigene Beziehung mit der Unsichtbaren Welt verstärkt, eine persönliche, intime Verbindung ohne Zwischenperson entsteht, die sich ständig weiterentwickeln und frei entfalten kann. Es sind dann meist die kleinen, geflüsterten Worte, die einen besonders berühren, weil sie dieser vertraulichen Verbindung von Herz zu Herz Zeugnis tragen“:*

„Hörst du mich?
Ich komme morgen um sieben!“
Und am nächsten Tag um 19:00 Uhr:
„Ich bin da! Hörst du mich?“

„Mit so kleinen, reellen Dialogen innerhalb eines Kontaktes kann sich diese freundschaftliche Beziehung zwischen „Hier und Da“ mehr und mehr vertiefen. Es scheint, als ob sich uns dabei ganz neue Welten auftun woll-

ten, die mit jedem Kontaktwechsel über die Grenzbereiche unserer Sinne hinaus erneut wachsen. Diese Kontakte sind wie Samen, die gesät wurden. Die Zweifel, die sich in jedem von uns verbergen, wie: Lebt denn unsere Seele nach dem Tod tatsächlich weiter? Und gibt es denn wirklich noch andere, für uns unsichtbare, Welten? verschwinden dann ganz allmählich mit der Zeit, dank der Realität dieser greifbaren Erfahrungen. Langsam wird man „Eins" mit der Geisteswelt. Der Glaube an ein Leben nach unserem physischen Tod wird uns Gewissheit, und unser Wesen kann sich durch den Kontakt mit der überirdischen Welt entfalten und festigen, je mehr sich diese Verbindung intensiviert. Mit den zunehmenden Kontakten werden wir zudem feststellen, dass jeder übertragene Ausdruck von großer Bedeutung sein kann. Alle diese kleinen, aneinandergereihten Worte erlaubten mir zu lernen, das Leben von einer anderen Perspektive aus zu sehen, die parallelen Welten besser zu verstehen und alle meine großen Anlagen zu konstruieren, um dann Kontaktaufnahmen durchführen zu können."

Die konventionelle Methode der Radioeinspielungen führt uns zu einer individuellen Erfahrung eines direkten Kontaktes mit der Geistigen Welt. Alle Aussagen - empfangen wie edle, kostbare Perlen, auf einer langen Kette aufgereiht - bezeugen objektiv die Realität dieser eigenen, persönlichen Verbindung. Sie sind wie die Muscheln am Meeresstrand, deren Innenseiten in allen erdenklichen Regenbogenfarben glitzern und schimmern, wie unzählige kleine Diamanten, die die Schönheit des Daseins in sich tragen und sie auf uns reflektieren. Um solche Perlen zu entdecken, muss man der geräuschvollen Welt entfliehen, und wieder neu lernen, die Stille zu empfinden, sich zu sammeln und zu konzentrieren, um wieder all das zu hören, was so fein klingt, so zart, im Einklang mit seiner eigenen Welt und sich selbst. Man entfernt sich von seinem Außen und strebt nach seinem Innen, um dort den unvergleichlichen Klang seiner individuellen Stimme zu finden und seine persönliche Melodie zu singen, begleitet von einer anderen Stimme aus der Unsichtbaren Welt.

Der Forscher präzisiert: *„Ich glaube, dass wir uns falsche Vorstellungen von Wert und Bedeutung der Radiokontakte machen, wenn wir erwarten, Informationen in einer ausführlichen Art und Weise über die Jenseitige Welt zu erhalten. Das ist deshalb nicht möglich, weil uns dazu leider die notwendige*

Technik fehlt. Aber dank dieser Einspielmethode ist heute jedoch jeder in der Lage, sich selbst mit einem einfachen Radiogerät seine eigenen Kontakte aufzubauen und diese zu vertiefen. Es ist ein Fenster für unzählige geistige Wesen, die dank des sehr breiten Frequenz-Spektrums zu uns durchdringen können und uns ihre persönlichen Botschaften übermitteln."

Die Begegnung mit anderen, paranormalen Phänomenen und übernatürlichen Erscheinungen

Auf dem jahrelangen Weg seiner Pionierarbeit wurde unser Forscher durch seine persönliche Erfahrung oder über Geschichten, die ihm zugetragen wurden, vielen übernatürlichen Phänomenen gewahr. Einige von ihnen sind derartig erstaunlich, dass er nie über sie sprechen wollte, aus Angst, alle seine Entdeckungen und seine Arbeit in der Grundlagenforschung damit zu gefährden. Er äußert sich hierzu wie folgt:

„Eine „Instrumentale TransKommunikation" ist für unser materialistisches Zeitalter revolutionär! Sie bedarf einer völlig neuen Denkweise und einen offenen Geist. Man könnte sie deswegen auch als „Kopfsprung ins Unbekannte" bezeichnen, was bei manch einem große Angst auslösen und somit auf strikte Ablehnung stoßen kann. Aber dennoch erlaubt sie es jedem, über konventionelle Methoden zuhause selbst auszuprobieren, solche akustischen Aussagen zu empfangen, sie zu hören und dann an Spektralanalysen teilzunehmen. Bei allen anderen noch so unglaublichen Geschichten, kann ich Ihnen zwar mein Wort geben, dass sie stimmen, aber sie bleiben trotzdem immer eine Frage des Glaubens. Weil es den meisten Menschen im Umgang mit diesen Phänomenen, im Prinzip nur an persönlichen Erfahrungen fehlt, sind sie daher noch nicht in der Lage, die feinen, aber notwendigen Differenzierungen herauszufinden. Mit einem Mal bringen sie plötzlich alles durcheinander, um sich dann überhaupt nicht mehr zurechtzufinden. Daher wird es uns Menschen leider nur recht schwerlich gelingen, aus dem Bereich des Glaubens in den Bereich des Wissens voran zu schreiten!"

Es scheint daher angemessener, sich darüber auszuschweigen, als wohlmöglich zu riskieren, den Fortschritt der „Instrumentalen TransKommunikation" in Verruf zu bringen! Der Forscher erinnert sich an die unzähligen Hilferufe von verzweifelten Personen, die ihn eindringlich baten, sie doch in ihren Häusern aufzusuchen, in denen es angeblich spukte, oder bei Situationen einzugreifen, wo Stühle ganz von allein auf dem Fußboden hin und her rutschten, wenn verschiedene Gerätschaften sich von selbst bewegten oder x-beliebige Objekte ganz plötzlich herunterfielen, und das alles ohne irgendein menschliches Zutun.

Er sah zu, wie eine Schere in seinem Labor herumwirbelte, wann immer er die Frage stellte, ob jemand mit ihm zusammen im Raum sei. Oder seine Tonbandgeräte liefen einfach los, ohne dass sie jemand angestellt hatte. Er verfolgte mit eigenen Augen, wie ein altes Telefon, ohne W-LAN-Anschluss und ohne Stecker, auf einmal grundlos anfing, von selbst zu klingeln. Er erlebte sehr oft, wie sich Geisteswesen vor ihm materialisierten, er hatte zahlreiche Erscheinungen und konnte paranormale Fotografien mit einer unbegreiflichen Klarheit empfangen. Jedes Mal versuchte der Forscher, Erklärungen für all das zu finden, zuerst natürliche und dann die Übernatürlichen. Seiner Auffassung nach gilt bei vielen übernatürlichen Phänomenen die Hypothese des Animismus. In einem jedem Menschen sind unerschöpfliche Kräfte verborgen, die unter bestimmten Voraussetzungen ausgelöst werden können, um außergewöhnliche Reaktionen zu verursachen.

Und so hatte sich die Geschichte einer Familie zugetragen, die unser Forscher in ihrem Zuhause aufgesucht hatte, weil dort äußerst seltsame und beängstigende Ereignisse stattfanden. Bücher flogen regelrecht durch den Raum, oder irgendwelche Möbelstücke und sonstige Dinge verrückten sich völlig von alleine. Hans Otto König stellte dieser entsetzten Familie Fragen, um so zu versuchen, den Grund herauszufinden, warum und wieso das geschah. Nach sorgfältigen Beobachtungen bemerkte er mit einem Mal, dass sich diese Phänomene immer nur dann manifestierten, wenn ein junges Mädchen den Raum betrat. Unbewusst löste die Jugendliche, die in einer großen inneren Spannung lebte, all die Phänomene aus. Nachdem er lange Zeit mit dem jungen Mädchen gesprochen hatte und sie dabei über verschiedene Dinge aufklären konnte, hörte plötzlich der seltsame Spuk ganz von alleine auf.

Aber es gab auch andere Begebenheiten, wo sich die Theorie eines Animismus als völlig unzureichend erwies, wie im folgenden Beispiel:

Eines Tages wurde Hans Otto König zu einer jungen Frau in ihre Mietwohnung gerufen, wo sich sehr beunruhigende Dinge ereigneten. Die Frau sah sich gezwungen, aus diesem Apartment auszuziehen, weil die Situation dort für sie unerträglich wurde. Unser Forscher untersuchte die Wohnung eingehend, konnte aber nicht die Ursache für diese seltsamen Geräusche herausfinden. Als er jedoch mit seiner Frau gemeinsam einen ersten Kontaktversuch in dieser Wohnung durchführen konnte, erhielten sie folgende Meldung:
„Verlasse meine Wohnung!"

Der Forscher zog bei dem Hauseigentümer Erkundigungen ein, vielleicht würde er bei ihm irgendetwas Eigentümliches oder Auffallendes erfahren, was ihm weiterhelfen könnte. In der Tat, der Eigentümer berichtete, dass der vorherige Mieter seinen Vertrag vorzeitig beendet hatte; und davor bewohnte ein älterer Mann die Wohnung. Sein ganzes Leben lang hatte er dort verbracht, bevor er, vor dem Fernseher sitzend, unerwartet einem Herzinfarkt erlag. Margaret und Hans Otto König stellten so einen weiteren Kontakt mit dem Geistwesen her und baten es, zu versuchen, nun endlich zur Ruhe zu kommen, dem Licht entgegenzugehen und seinen Angehörigen zu folgen, die bereits geduldig auf ihn warteten. Doch der Verstorbene antwortete ihnen daraufhin ganz erstaunt:
„Aber die sind doch schon alle tot!"

Der Forscher und seine Frau unterhielten sich weiter mit dem beunruhigten Geist, der es nicht verstanden hatte, dass er schon gestorben war und deshalb glaubte, dass diese junge Frau Besitz von seinem Zuhause genommen hätte. Darum entwickelte er ganz unbewusst Kräfte, die das schreckliche Klopfen, diese seltsamen Geräusche und die eigenständigen Bewegungen der Stühle im Hause erzeugten. Nun aber hatte der Geist alles verstanden und konnte endlich in Frieden der Unsichtbaren Welt entgegengehen. Frieden war auch erneut in der Mietwohnung eingekehrt, und die junge Frau konnte wieder ihr normales Alltagsleben aufnehmen.

Das Interesse an der menschlichen Psyche, die Hypnose und die Trance

Der deutsche Pionier zeigte immer ein großes Interesse für alles, was mit dem menschlichen Sein zu tun hatte. Dreißig Jahre lang abonnierte er mit Begeisterung Wissenschaftsmagazine, und auch heute verfolgt er mit großem Interesse die Evolutionen in der Neurologie. Aber er versuchte auch auf eine andere Art und Weise, mehr über die menschliche Psyche zu erfahren. Deswegen studierte er zusammen mit seiner Frau Margaret drei Jahre lang in einem Hochschul-Institut an der Universität in Zürich Psychologie. Danach führten sie, über viele Jahre hinweg, eine eigene Praxis für Hypno-Analyse. Nach Angaben unseres Forschers ist die Hypnose ein fabelhaftes Instrument, um tief in die menschliche Psyche einzudringen und daraus die eigentlichen Ursachen eines Problems ergründen zu können. In den verschiedenen Sitzungen, in denen der Patient in einen Hypnose-Zustand versetzt wird, schwindet das Alltagsbewusstsein bis zu dem Punkt, wo sich der Hypnotiseur nun an die subtileren Schichten des menschlichen Bewusstseins herantasten kann. Bei so einer Rückführung auf die Achse des Lebens, können sogar Ursachen von Problemen oder Krankheiten bis ins kleinste Detail hin, erkannt und diagnostiziert werden. Solche Sitzungen enden mit einer Finalanalyse, daraufhin folgen therapeutische Gespräche zur Heilung des Patienten und diese in den meisten Fällen mit sehr guten Endergebnissen. Dank seines Berufs konnte sich Hans Otto König ein genaueres Bild über die eigentliche Psyche des Menschen machen, was ihm in seiner Forschungsarbeit mit der Geistigen Welt später sehr zugute kam.

„Aber jeder Mensch" so der Forscher, *„ist derartig komplex, dass keine psychologische Lehre oder Transaktion jemals dazu imstande sein wird, sein Mysterium zu durchbrechen!"* Er würde jene Argumentation gerne konkretisieren und darauf bezogen folgende Fragen aufstellen:

Welchen direkten Einfluss mit welcher Wirkung hat die Psyche eines Experimentators auf seinen Kontakt mit einer Unsichtbaren Welt?

Kann jeder Experimentator einen Kontakt mit jedem geistigen Wesen aus verschiedenen Parallelwelten herstellen?

Welcher Mensch erhält welche Art von Antworten von der Unsichtbaren Welt?

Ist es gegebenenfalls doch das menschliche Gehirn selbst, das alle diese Phänomene verursacht?

Antworten auf seine Fragen fand er in einer psychiatrischen Klinik in seinem Landkreis, die er fast zwei Jahre lang regelmäßig frequentierte. Alle zwei Wochen suchte er dort bestimmte Patienten auf, die bekannt dafür waren, Stimmen zu hören und Geister zu sehen. War ihre Realität die gleiche Realität, die auch der Forscher kannte? Wo befand sich denn der Ursprung ihrer Wirklichkeiten und Wahrheiten, die hier, in diesem Sanatorium, als krankhaft bezeichnet wurden? Er beobachtete sie genau, machte sich Notizen und versuchte daraufhin, die verschiedenen Fälle zu analysieren. Er erarbeite sich damit viel neues Wissen!

Seine „Forschungsgemeinschaft TransKommunikation", die FGT, gründete Hans Otto König im Jahre 1984. Diese Gemeinschaft und all die Erlebnisse und Abenteuer, die unser Forscher während seiner Pionierarbeit mit Menschen hatte, welche in irgendeiner Weise mit dem Weiterleben nach dem physischen Tod involviert waren, formten seinen Nährboden, die Grundlage, um später Großes in der „Instrumentalen TransKommunikation" leisten zu können.

Mehr noch, denn durch die Hypnose, die er mit Hilfe seiner Frau an sich selbst erprobte, konnte er sich mittlerweile in einen derart tiefen, hypnotischen Zustand versetzen, dass sich der Geist vollkommen von seiner physischen Hülle befreite. Ganz bewusst empfand er nun die Dualität von Körper und Geist.

In diesem tiefen Bewusstseinsstadium betrat seine Seele eine subtile Welt, in der sich ihm völlig unbekannte Offenbarungen enthüllten. Er wurde sich ostentativ seines tiefwirkenden „Inneren Selbst" bewusst, dieser dünnen Schicht unserer menschlichen Seele, die sich jenseits von Zeit und Raum befindet. Einen derart veränderten Bewusstseinszustand nennt man Trance. Der Mensch ist tatsächlich imstande, innerhalb unterschiedlicher, paralleler Universen zu wandeln, die sich in einem Zustand gegenseitiger

Verflechtung befinden. Welten, in denen die Schichten der einen, die der anderen durchdringen.

Eigentlich gilt die Trance als ein für den Menschen natürlicher Zustand, obwohl das eigentlich immer noch viel zu wenige wissen. In diesem veränderten Bewusstseinszustand erhielt er sehr viele Botschaften aus der Geistigen Welt. An einem Tage führte unser Forscher eine Sèance mit einer kleinen Gruppe von interessierten Personen durch. Als er sich dann im Zustand der Trance befand, wurden ihm aus der Gruppe Fragen über die Macht des Geistes gestellt. Plötzlich materialisierte sich ein Ring mit einem blauen Stein im Raum, der sich dann auf der Brust des Forschers niederließ. Er bot diesen Ring sogleich seiner Frau Margaret an, die sich jedoch ganz entschieden weigerte ihn anzunehmen. Dabei machte sie folgende Bemerkung: *„Der Ring ist nicht für mich bestimmt. Behalte Du ihn!"*

Nach seinen Trance-Sitzungen reflektiert er noch oft - seinen Gedanken nachschweifend: *„Ich wünschte, ich könnte nur einmal einen Fotoapparat mitnehmen, um all diese so märchenhaften Anblicke festzuhalten, die ich beim Wandern durch die subtileren, geistigen Welten wahrnehme, so vollkommen gelöst von meinem physischen Körper, dennoch immer mit dem Gefühl, durch eine dünne Schnur mit ihm verbunden zu sein. Die Zeit, mich in den anderen Welten aufzuhalten, scheint jedoch für mich irgendwie begrenzt zu sein. Die beiden Wesen, die mich auf meinen Reisen begleiten, sagen mir immer, wann es für mich an der Zeit ist, wieder in meinen physischen Körper zurückzukehren."*

Die Entstehung von übersinnlichen Fähigkeiten

Sehr oft zieht sich der Forscher zurück, um zu meditieren. Er bedauert es sehr, dass Meditation noch nicht auf dem Lehrplan der Schulen steht.

„Unsere Gesellschaft" wie er sich hierzu äußert, *„ist extrem chaotisch, und alles läuft momentan viel zu schnell ab. Wie sollen die Menschen da noch die Zeit finden, ihr eigenes Leben zu leben? Die meisten sind abgespannt, erschöpft und verbraucht, sie leben nicht mehr sich selbst. Oft wissen sie nicht einmal mehr, wer sie sind, wohin sie gehen sollen, die Richtung fehlt in ihrem Leben! Um in das „Innere Selbst" zu gelangen, braucht*

es Zeit! Tiefe Verbindungen bauen sich nicht innerhalb von wenigen Minuten auf. Die heutige Konsumgesellschaft mit ihrem sozialen Umfeld wird von ständiger Hast und Hetze begleitet. Und warum? Was bringt es den Menschen letztendlich?"

Der Forscher selbst liebt es, die Dinge langsam angehen zu lassen. Ein Mann, der sein Leben so ganz anders lebt, gegen den Strom, gegen die Gewohnheiten und die Moral unserer heutigen Gesellschaft. Aber ist es nicht gerade dieser Gegenstrom, der uns wieder zum Ursprung zurückfließen lässt? Wenn man längere Zeit mit dem Forscher verbunden ist, bekommt man eine völlig andere Vorstellung vom Leben, das sich nur auf das „Sein" und effektiv nicht auf das „Haben" bezieht. Manch einer bezeichnet ihn daher gerne als einen weisen Schamanen oder einen modernen Medizinmann, andere halten ihn für ihren geistigen Berater oder zählen ihn zum Kreis der Weisen eines Indianertributs. Er selbst will von solchen Bezeichnungen überhaupt nichts wissen. Doch die unendlichen Kontakte mit der Geistigen Welt haben in ihm eine derart übersinnliche Sensitivität erweckt, die sich bei den meisten Menschen überhaupt nicht frei entfalten kann, sondern in einer Art Ruhephase – Standby - vor sich hindämmert. Er nimmt sehr oft wahr, dass sich Ätherkörper von Verstorbenen unmittelbar vor seinen Augen materialisieren. Solche Erscheinungen vollziehen sich jedoch immer spontan und schnell. Ein Phänomen, das nicht von irgendwem oder von irgendwas ausgelöst werden kann. Der Forscher erinnert sich zum Beispiel an einen Nachmittag in Wolperath, einer Stadt im Norden Deutschlands, wo er einen Vortrag über die „Instrumentale Trans-Kommunikation" hielt. Er beobachtete, wie ein, ihm unbekanntes Ehepaar mit ihrem Hund den Saal betrat. Er begrüßte sie sehr freundlich und meinte: „Ihr Dackel ist aber süß!" Die Frau schaute ihn ganz erschrocken an. Hans Otto König hatte wohl ihren toten Hund gesehen, als dieser gerade mit ihnen hereinspaziert kam, und er wusste ihnen auch seinen Namen zu nennen. Die Schilderungen passten haargenau auf den verstorbenen Hund des Paares.

„Wenn ich Euch alles das erzählen würde, wovon ich weiß und was ich sehe und höre" wie hierzu der Forscher gedankenvoll meint, *„würdet ihr mich für vollkommen verrückt erklären oder für einen unverbesserlichen Träumer halten. Ich weiß, für einen vernünftig denkenden Menschen hören*

sich solche Phänomene so unglaublich, ja, beinahe absurd an!" „Wie soll es denn möglich sein, dass sich ein Ätherkörper innerhalb einer so kurzen Zeit materialisieren kann und später überhaupt nicht mehr von einem Körper aus Fleisch und Blut zu unterscheiden ist?" Und wieder einmal bleibt ihm nur die Aufstellung einer Hypothese, die er in diesem Moment nicht überprüfen kann. In den meisten Fällen ist das Erscheinungsbild eines Astralkörpers - nebenbei erwähnt - nicht besonders klar und deutlich wahrzunehmen.

Gedanken eines ihm gegenüberstehenden Menschen lesen zu können, war ein weiteres Talent, das sich in diesem Mann über die steten Verbindungen mit den Unsichtbaren Welten profilieren konnte. Dafür ist es wichtig, sich mit dem anderen innerlich zu verbinden, ohne dabei seine äußere Erscheinung zu beachten. Und dann auf einmal ist es, als ob ein Blitz einschlagen würde, während zeitgleich die Gedanken der gegenüberstehenden Person sich als Bilder direkt auf seinen Geist projizieren. Im Laufe der Jahre konnten sich noch zusätzliche Fähigkeiten der Psychokinese und der Telepathie bei ihm aktivieren, doch Hans Otto König hält sie alle für viel zu unbedeutend, um sie im Weiteren zu erwähnen.

Sein Wunsch und Bestreben nach stetig neuem Wissen ist genau das, was diesen Mann so sehr charakterisiert. Dieser Mann, der seinen Lebensweg in vollkommener Unabhängigkeit fortsetzt, der Tag für Tag immer etwas Neues dazulernt, der sich stetig bemüht, seine Forschung auch weiterhin zu vertiefen, um immer mehr über unsere Präsenz zu erfahren, unsere Existenz, dem menschlichen Geist und allen machbaren Kommunikationsmöglichkeiten mit den Unsichtbaren Welten. Das Weiterverbreiten seines zunehmenden Wissens über die direkte Erfahrung mit den Geistigen Sphären, und das teilen dieser Erfahrung mit den anderen Menschen, das ist seine große Leidenschaft! Und, um diese große Leidenschaft zu realisieren, wird er nun von einer Person begleitet, die gerne diesen Silberring mit dem blauen Stein trägt, den er in der Trance empfangen hatte. Sein Großvater hatte ihm bereits von ihr erzählt, als er zwanzig Jahre alt war:

„Hans Otto, eines Tages wirst Du eine Frau kennenlernen! Nein, ich spreche hierbei nicht von Margaret! Sie wird eine sehr wichtige Rolle in Deinem

Leben spielen!" Dann verriet ihm der Großvater ihren Namen. Der Forscher würde sich an diese kleine Episode erinnern, als er Jahre später, nach dem Tode seiner Frau Margaret, eine junge Frau kennenlernte. Während einer Séance hieß dann seine ehemalige Gattin beide aus ihrer neuen Welt mit den folgenden Worten willkommen:

„Teilt den Menschen mit, ich war Bewusstsein, und ich bin Bewusstsein!

Ich bin mir immer noch ich, nichts hat sich auf dieser Ebene verändert!"

Und unser Forscher möchte hier, an dieser Stelle folgendes hinzufügen:

„Unser persönliches Bewusstsein überlebt seinen Körpertod! Zu viele Hinweise deuten darauf hin. Ich bin überzeugt, dass der Tag kommt, wo der Mensch verstehen wird, dass ein Bewusstsein viel mehr Kraft und Potential in sich trägt und mit viel mehr Welten verbunden ist, als er sich das überhaupt vorstellen kann. Dann wird er erkennen, wie mechanisch und primitiv unsere traditionelle Wissenschaft immer noch agiert, wie dumm und naiv es von ihm war, zu glauben, dass der Geist nur ein Produkt des Gehirns ist und deshalb zur gleichen Zeit sterben wird, auch wenn uns immer noch eine präzise und eindeutige Definition „des Bewusstseins" bis zum heutigen Tage fehlt. Ich bin nicht ein Jemand, der mit Toten oder Verstorbenen spricht, wie man es so oft fälschlicherweise von mir annimmt. Ich kommuniziere nur mit Energieformen und höchst subtilen Informationsfeldern, welche in anderen Universen parallel zu uns existieren!"

Zweiter Teil:

Die Geschichte einer aussergewöhnlichen Forschung über die Grenzen der Physik hinaus

„Jede Wahrheit durchläuft drei Stufen:
Erst erscheint sie lächerlich,
dann wird sie bekämpft,
schließlich ist sie selbstverständlich!"
(Arthur Schopenhauer)

Beginn der Entdeckung des akustischen Phänomens

Für Hans Otto König war eine damals aktuelle Fernsehsendung der Auslöser für eine Recherche, die sein Weltbild, seine Lebenssicht und seine Denkweise, die auf naturwissenschaftlichen Kenntnissen basierte, von Grund auf verändern würde. Eines Herbstabends im Jahre 1974, saß der Forscher gebannt vor seinem Bildschirm und verfolgte mit Interesse eine Diskussion über ein elektroakustisches Phänomen der **„Paranormalen Stimmen“**, auch unter dem Begriff „Tonbandstimmen“ bekannt. Ein Naturforscher namens Friedrich Jürgenson behauptete dort vor Tausenden von Zuschauern, dass er Stimmen von Verstorbenen empfangen hätte, die zu ihm sprachen und erkannt werden wollten. Diese Stimmen waren durch Zufall mit aufs Tonband gekommen, als er draußen, in der freien Natur, Vogelgezwitscher aufnehmen wollte.

Als realistisch und nüchtern denkender Mensch, mit einer wissenschaftlichen Ausbildung in Hochfrequenztechnik, war Hans Otto König davon überzeugt, dass diese seltsamen Stimmen aus dem Unterbewussten des schwedischen Mannes stammten und nicht von seiner verstorbenen Mutter, so wie es dieser kultivierte Experimentator im Fernsehen vor allen versicherte. Aber was für eine faszinierende Entdeckung! Derartiges hatte der passionierte Elektroakustiker noch nie gehört oder gesehen. Das bedeutete also, es würde eine Möglichkeit geben, mit der man sein Unterbewusstes direkt auf einem Tonband abhören könnte?

Der Mensch wäre infolgedessen technisch in der Lage, die stille Welt der verborgenen Gedanken akustisch wahrnehmbar zu machen. Er wollte jetzt viel mehr über die Stimmen, diese Zeichen einer anderen, unsichtbaren Welt erfahren.

Was ist das für ein Phänomen?
Wie kommt es zustande?
Und warum ist es so?

Dies waren die Fragen, die er sich stellte.

Die ersten Stimmen - Empfangen über die herkömmlichen Methoden

Um ein fundiertes Wissen über ein bestimmtes Thema zu bekommen und sich dann ein vernünftiges Urteil darüber bilden zu können, muss man sich mit der Materie gründlich befassen, sie studieren und untersuchen. Somit begann Hans Otto König, die ersten Aufnahmeverfahren zu recherchieren. Es handelte sich um die normale Radio-Einspiel-Methode, eine Version unter Einsatz eines Mikrophons und fließendem Wasser als Hintergrundgeräusch. Er versuchte, sich auch mit anderen Experimentatoren zu treffen, er studierte ihre Arbeiten, ihre Denkweise und ihre Resultate. Etliche Male hatte Hans Otto König die Möglichkeit, mit Friedrich Jürgenson, dem Mann, der den Stein für seine spätere Forschung ins Rollen gebracht hatte, zusammenzukommen. Sie führten endlos lange und geistreiche Gespräche miteinander und diskutierten über dieses paranormale Phänomen, in das die Unsichtbare Welt interferierte, um dann mit Hilfe von technischen Geräten und Anlagen mit den Erdbewohnern zu kommunizieren. Es gab ein Thema, über das sie stundenlang sprechen konnten: Wer gab nun den entscheidenden Ausschlag bei diesen Radiokontakten? Die Funktechnik oder der Experimentator? Hier trennten sich ihre Meinungen ganz und gar: Friedrich Jürgenson war der festen Überzeugung, dass bei allen Einspiel-Methoden das Radio die Hauptrolle spielte, Hans Otto König dagegen war sich ganz sicher, dass der Experimentator die entscheidende Rolle bei den Kontaktaufnahmen einnahm. Leider bot sich dem Forscher nie eine Chance, auch den zweiten namhaften Pionier in der „Instrumentalen TransKommunikation", Konstantin Raudive, kennenzulernen. Er studierte allerdings gründlich seine Resultate und konnte sich daraus wertvolle Erkenntnisse für seine eigenen Forschungszwecke aneignen. Dank Raudive war er nun in der Lage, sich eine Vorstellung von der durchschnittlichen Klangqualität einer elektronischen Stimme zu machen, die leider die meiste Zeit immer noch extrem niedrig und flach ausgeprägt war. Er fand bei diesen Studien auch heraus, dass Raudive der erste Experimentator war, der 1974 in England, eine äußerst profunde Untersuchung unter strengsten Laborbedingungen durchführte, wobei er mit seinem Team die Theorie von Interferenzen mit anderen Radiowellen ausschließen konnte, um daraus dann sehr deutlich den übernatürlichen Charakter eines elektronischen Stimmenphänomens zu demonstrieren. Trotz alledem blieb diese aufgestellte Hypothese für unseren Forscher nach wie vor abstrus und unzureichend. Er musste auf eigene Faust weit tiefgründigere Studien über die paranormalen Stimmen machen, deren Ursprung er sich nicht erklären konnte.

Er stattete sich mit dem notwendigen, technischen Material und Geräten aus, und somit entstand das erste kleine Labor in Ratingen. In der Stadt seiner Kindheit würde er nun alle Einspiel-Methoden ausprobieren. Aber seine Sehnsucht dieses unbekannte Phänomen zu erforschen, wurde hart auf die Probe gestellt: Über anderthalb Jahre lang machte der Pionier einmal pro Woche einen Kontaktversuch, bevor er eine erste Aussage hören konnte. Es war an einem Abend, wo er - enttäuscht von seinen vielen, erfolglosen Versuchen - folgenden Kommentar von sich gab: „Ich versuche es jetzt schon so lange, und ich höre nie etwas!"
„Es ist drauf, das alte Band!"

Also doch! Endlich hörte er eine Flüsterstimme! Eine Antwort auf seine Gedanken! Das alte Band?

Welches Band könnte das denn sein, da mittlerweile schon mindestens zwanzig Tonbänder mit Aufnahmen bespielt waren? Er nahm das erste Tonband zur Hand, das er in seiner Kindheit erhalten hatte. Stundenlang hörte er es ab, Millimeter für Millimeter, immer wieder und wieder. Bei diesem intensiven Zuhören begann er allmählich, die paranormalen Stimmen zu decodieren, und es wurde ihm dabei klar, worauf beim Abhören der Bänder zu achten ist. Es gelang ihm schließlich, die filigranen Flüsterstimmen von den zahllosen Radio-Geräuschen zu unterscheiden. Das Abhören ist enorm schwierig und es erfordert ein geschultes Ohr, welches die Sprache der Unsichtbaren Welt verstehen kann. Unser Forscher erklärt hierzu: *„Sich die Sprachweise der paranormalen Stimmen anzueignen ist fast genauso schwer, wie eine neue, unbekannte Sprache zu lernen!"*

Er hörte mehrere Worte wie:
„Ich lebe, helfe mir, bete für mich!"
Und dann folgende Aussage:
„Onkel Hans kommt besuchen."

Es waren ganz leise geflüsterte Worte, und es klang wie ein Ausatmen. Doch die Freude des Forschers war grenzenlos! Endlich hatte er einen ganzen Satz wahrnehmen können, ein Aussage mit einer Bedeutung. Nach dieser Entdeckung fragte H.O. König in seiner Abendeinspielung:

„Ich habe Dich gehört Onkel Hans, weißt Du wer ich bin?“
„Hans Otto.”

Onkel Hans erkrankte leider ernsthaft, nur kurz nachdem sein Neffe diese paranormalen Stimmen im Fernsehen entdecken konnte. Als er seinen Onkel im Krankenhaus besuchte, hatte er ihm von dem erstaunlichen Ereignis berichtet und ihm mitgeteilt, dass er dieses Phänomen genauer untersuchen wollte. Der Onkel hatte darauf nur geantwortet:
„Wenn wir wirklich nach dem Körpertod weiterleben, werde ich der erste sein, um mich bei Dir zu melden. Aber ich bin deiner Meinung, mein Junge, ich bin auch nicht davon überzeugt!“

Woher stammte diese Aussage? War es der lebende Geist des verstorbenen Onkels, der zu Ihm gesprochen hatte und hier sein Versprechen halten wollte? Handelte es sich hier um ein Zeichen seiner noch vorhandenen Gegenwart trotz seines physischen Todes? Oder war es in diesem Fall sein eigener, unbewusster Wunsch, der diese Stimme hervorgerufen hatte? Der Forscher fragte sich: „Wie haben es meine unbewussten Gedanken geschafft, die Technik auf eine solche Weise zu beeinflussen, damit diese Aussagen entstehen konnten?” Wie war denn sein Unterbewusstsein dazu imstande, dies auf eine Tonspur zu übertragen?

Um eine Antwort auf dieser Frage zu bekommen, setzte er einfach seine vielen Einspiel-Versuche fort. Über Monate hinweg und auch in all den kommenden Jahren. Er wertete weiterhin die erhaltenen Aufzeichnungen sehr sorgfältig aus, um sich ein genaueres Bild von diesem Phänomen zu machen, das ihm so neu, so einzigartig und so faszinierend erschien.

Welcher Natur ist dieses Phänomen?

Er intensivierte die Kontaktaufnahmen und machte dreimal in der Woche seine Einspielungen: Welche Parameter greifen in die Entstehung der Stimmen und der Kontakte ein? In welchem Teil der Technik können sich diese Stimmen manifestieren? Wie kommen sie auf dem Tonband zustande? Wo liegt ihr Ursprung? Und welcher Art sind dessen Merkmale?

Durch seine unendlich vielen Versuche und anschließender Analyse der diversen Parameter - die Technik, der Experimentator und die Aussagen - versuchte Hans Otto König weiter und weiter in dieses unbekannte Gebiet vorzudringen, um sich ein klares Bild von diesen mysteriösen Erscheinungsformen zu machen. Er weigerte sich, Hypothesen aufzustellen, die er nicht nachweisen konnte, aber er war bereit, jedes Element der Technik separat in seinem Labor intensivst zu erforschen. Ob es nun die Mikrophon-Membranen, die einzelnen Tonköpfe des Aufnahmegerätes oder die Magnetisierung der Bänder selbst waren, jedes Element wurde gesondert untersucht, um damit realisieren zu können, wie genau sich der Vorgang bei den Kontakten abspielt. Er experimentierte eine längere Zeit mit verschiedenen Radiowellen: Mit Kurzwellen, Mittelwellen und dann mit Langwellen. Wann und wo fanden die Kontakte statt, und wo waren sie von besserer Qualität? Welche effektiven Unterschiede gab es? Dann besorgte er sich verschiedene, professionelle Mikrofone, zuerst im Infrasound, mit hochwertigen Kondensatoren und dann im Ultraschall: Gab es dabei maßgebliche Unterschiede zu beachten? Er machte sich vor jeder Einspielung Protokolle, auch von seinem persönlichen Gemütszustand, um zu sehen, in wie weit dieser auf die Einspielungen einwirken würde. Es gab Momente, in denen er seine Kontaktaufnahmen durchführte, während er zur gleichen Zeit versuchte, schwere mathematische Übungen zu lösen oder sich in äußerst extreme Stresszustände zu versetzen, mit der Absicht, mehr Einsicht darüber zu bekommen und neue Erklärungsmuster dafür zu finden. Jeden Tag machte er kleine neue Entdeckungen. Es war eine faszinierende Zeit für ihn, da er es liebte, unerforschte Wege zu ergründen. In bestimmten Momenten begegnete er einem besonderen „Kieselstein". Wie zum Beispiel an einem Abend, als er total erschöpft und müde vom anstrengenden Tag und den vielen, zu bewältigenden Problemen vor seinem Tonbandgerät saß:

„Ich verstehe Dich nicht!
Deine Gedanken sind zu verwirrt!"

Eine ähnliche Antwort erhielt der Forscher Jahre später auf seine Frage: „Warum bekommen denn verschiedene Menschen nur so wenig Kontakt?"

„Deren Gehirn ist zu aufgeregt! Aufregung ist nicht nützlich!"

Er setzte seine Versuche weiter fort, auch mit mehreren Tonbandgeräten gleichzeitig und installierte sie dann in verschiedenen Räumen: Er ließ sie laufen, alle zur selben Zeit, mit der gleichen Frequenz. Natürlich war er selbst nur bei einem einzigen Gerät anwesend. Daraufhin verglich er die einzelnen Bandaufnahmen miteinander. Gab es diese Stimmen auf allen seinen Tonbändern? Danach überprüfte er bei allen die geophysikalischen Bedingungen auf dem amtlichen Mitteilungsblatt, auf das er durch seine Amateurfunk-Lizenz Zugriff hatte. Konnten sich derartige Einflüsse auf seine Aufnahmen auswirken? Er beobachtete sowohl Mondphasen als auch die Sonneneruptionen. Über Jahre hinweg überwachte er die Resultate seiner tagtäglichen Versuche, verglich sie miteinander, prüfte und analysierte sie. Die Botschaften ließ er danach dann oft von mehreren Personen - unabhängig voneinander - überprüfen, um zu sehen, ob sie die gleichen Worte hörten, wie er selbst.

Charakteristische Merkmale bei konventionellen Radio-Einspielungen

Mit dieser Vorgehensweise konnte unser Forscher mehrere, typische Merkmale der Stimmen ausfindig machen, die mit einer simplen und einfachen Technik zustande kommen, indem der Experimentator ein Gemisch aus verschiedenen Radiofrequenzen, einem ausländischen Sender oder einfach nur das Geräusch eines Radiosenders als Träger für die Kontaktaufnahme einsetzt.

Die Kontaktaufnahmen werden auf ein Tonband oder eine Kassette aufgenommen, die man nachher wieder abhören kann. Bei dieser Technik sind die Aussagen sehr kurz, und oft bekommt man nur einzelne Wortfragmente zu hören oder ganz kleine Sätze, die jedoch vierzehn Silben kaum überschreiten.

Die akustische Qualität ist hierbei sehr unterschiedlich: Manche Aussagen sind sehr klar und deutlich zu verstehen, aber die meisten davon sind nur wie ein leichter Atemzug oder ein stilles Geflüster zu hören. Hin und wieder werden Satzfragmente sehr schnell gesprochen, bei anderen dagegen werden die Silben der Worte auseinander gezogen und so verlangsamt. Die Aussprache klingt dabei auch anders, ein wenig mechanisch oder computerartig, Eigenschaften, die aufgrund der eingesetzten Technik unvermeidlich auftreten. Nachdem der Forscher alle diese empfangenen Aussagen gründlich untersucht hatte, führten ihn seine Entdeckungen zu folgender Erkenntnis:

„Die kommunizierenden Entitäten liefern eine Frequenz, die mit der Radiofrequenz ganz kurzfristig in Verbindung tritt. Diese beiden Frequenzen ergeben eine Interferenz, auf der dann eine Modulation der Gedankenstrukturen der kommunizierenden Geisteswesen stattfindet. Der Träger bei Radio-Einspielungen ist niemals stabil, und somit ist die Interferenz-Frequenz auch immer sehr kurz. Um dies besser zu verstehen, hier folgendes Bild: Es ist, als würden zwei Autofahrer bei einem Überholvorgang versuchen, sich durch das geöffnete Autofenster ihre Hände zu reichen. Das kann ihnen nur kurzzeitig gelingen!“

Als Beispiel ist hier unten ein kleiner Dialog angeführt, der die Zusammenarbeit zwischen dem sichtbaren und dem unsichtbaren Kommunikanten sehr gut illustriert:

H.O.K.: „Ich werde eine andere Frequenz versuchen!”
„Dann werde ich es auch versuchen!“

H.O.K.: „Welche ist die beste Frequenz von den dreien, die ich Euch hier vorschlage?”
„Nehmen wir die hohe Frequenz!”

Bei den Einspielungen sollte jeder Experimentator allerdings selbst die Frequenz herausfinden, bei der er die besten Kontakte bekommt. Hierzu gibt es keine Regel oder ein allgemeines Rezept, das man vermitteln kann. Manchmal bekommt man allerdings die Frequenz auch von den Gesprächspartnern angesagt, die im Moment der Kontaktaufnahme entscheidend ist. Diese Frequenzen variieren. So erhielt der Forscher an einem Tag den Hinweis, den Empfänger auf 10 MHz oder 7 MHz einzuschalten. „Frequenz-Fenster” werden diese besonders geeigneten und sehr durchlässigen Stellen für den Kontakt, von den kommunizierenden Geisteswesen genannt. Der Begriff „Frequenz-Fenster” führt uns zu einem linguistischen Charakteristikum der paranormalen Sprache. Die Unsichtbare Welt vermittelt ihre Gedanken sehr oft in Bildern gekleidet, mit mehreren, verschiedenen Interpretationsebenen, die jede Person individuell, aufgrund ihrer Intelligenz und ihrer Kultur, ihrer Sensibilität und ihren Erfahrungswerten, entsprechend deuten kann.

Zu diesem Diskurs hier einige interessante Beispiele:

H.O.K.: „Was ist wichtig bei der Kontaktaufnahme?"
„Haltet einen Ring-Monat durch!"

H.O.K.: „Wann bekommt man die besten Kontakte? Könnt Ihr mir das sagen?"
„Bei Ring-Kontakt."

H.O.K.: „Stören Euch die Kontakte nicht?"
„Kontakt und ewig Sonntag!"

H.O.K.: „Was kann ich noch tun, damit sich der Kontakt zu Euch verbessert?"
„Die Kristalle mit Bedeutung in der Erscheinung!"

H.O.K.: „Welche Frequenz soll ich hier nun benutzen, um mit Euch in Kontakt zu treten?"
„Du hast Kontakt auf 937 und die moderne Technik nicht weiter als drei Stunden!"

Es ist jedoch jedem einzelnen Menschen selbst überlassen, die bildhafte Ausdrucksart seinem eigenen Verständnis angepasst zu interpretieren: Jeder soll das Rätsel selbst entschlüsseln! Andere Charakteristiken dieser Sprache: Die Archaismen, die Neologismen und die vielen Konstruktionsfehler. Zum Beispiel:
„Hier kommt ein neues Leben.
Norbert sprechen.
Ich habe den Beweis Kontakt geboren aus dem Tod."

H.O.K: „Was kann ich für Euch tun?"
„Helfe uns zur Wahrheit!"

H.O.K.: „Es ist schwierig, um allein einen Kontakt zu Euch über das Infrarot-System zu bekommen. Ihr habt Anna Maria Wauters dafür ausgesucht?"
„Anna Maria sei mir gegrüßt!"

Die unsichtbaren Gesprächspartner empfinden oft Schwierigkeiten, uns ihre Gedanken zu vermitteln.
„Habt Verständnis für die Schwierigkeit der Kommunikation mit uns!"
oder:
„Habe Schwierigkeiten mit der Modulation der Stimme!"

Die Geisteswesen haben schon des Öfteren gebeten, für ihre akustischen Vermittlungen etwas Verständnis aufzubringen: Auch sie scheinen lernen zu müssen, um sich mit uns über die Technik unterhalten zu können.

So, wie sie es in diesem Beispiel ausdrückten:
„Wir müssen hier lernen, neu zu sprechen!"

Diese Schwierigkeit ist absolut verständlich, wenn man sich vor Augen führt, dass die Unsichtbare Welt immer in bildhaften Darstellungen kommuniziert, die sie auch gerne „Gedanken" nennen. Im Jahre 1979 fand der Forscher einen neuen „Kieselstein", der funkelnd in der Bedeutsamkeit seiner Aussage war. Dank der unzähligen Spektralanalysen, die er in seinem Labor durchführte, entdeckte er als erster auf der Welt, dass bei allen empfangenen Stimmen effektiv die Grundfrequenz fehlte. Diese Grundfrequenz ist typisch für unsere menschliche Stimme, denn sie ist mit dem Körper und seinen Stimmbändern verbunden. Diese Entdeckung war sehr bedeutsam und äußerst wichtig. Sie erlaubte ihm, in aller Objektivität den paranormalen Charakter einer Stimme ebenfalls messtechnisch nachzuweisen. Nur wenige Jahre später würden Forscher aus Italien zu gleichen, spektralen Ergebnissen kommen, ohne von den bestehenden Erkenntnissen von Hans Otto König gewusst zu haben. Die paranormalen Stimmen haben also, wie es die Untersuchungen aufzeigen und wie objektiv belegbar, einen völlig anderen Ursprung als die menschlichen Stimmen. Aber welchen? Woher stammten sie?

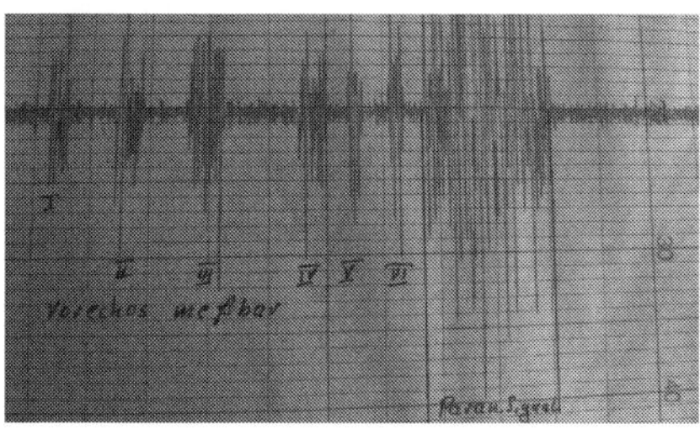

Paranormales Signal

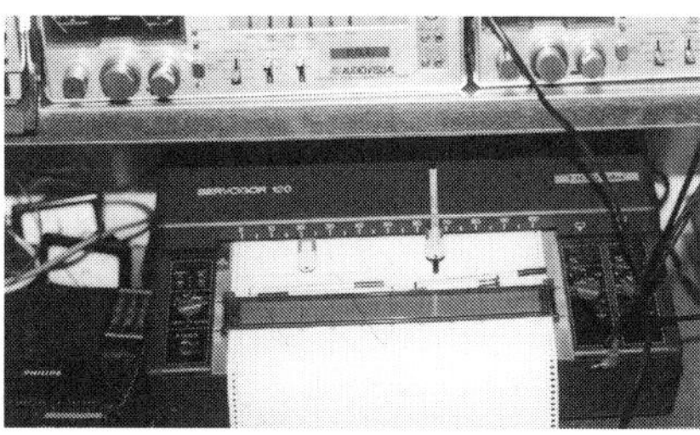

Aufzeichnung eines paranormalen Signals

Wer oder was bespielt das Band?

Der Forscher stellte sich weiterhin die für ihn entscheidende Frage: „Sind alle diese Aussagen Produkt meines eigenen Unterbewusstseins, gibt es eine Realität, in der irgendetwas von unserem Wesen weiter existiert, oder handelt es sich etwa in diesem Fall um noch etwas völlig anderes?" In der Zwischenzeit hatte er jedoch schon so unendlich viele Aussagen erhalten, die ihm bezeugten:

„Die Toten sprechen!"

„Kontakt zum Jenseits!"

„Hier meldet sich das Jenseits!"

Auch etliche Namen oder Vornamen wurden ihm sehr oft durchgegeben. Er fragte: „Wenn es ein Leben nach dem Tod gibt und ich Euch nicht störe, wäre ich sehr froh, irgendeine Antwort zu bekommen." Oder er sagte: „Wenn ich irgendetwas für Euch tun kann, dann sagt es mir bitte!" Zu seiner Überraschung bekam er daraufhin unzählige Hilferufe und viele Stimmen, die ihn baten, für sie doch zu beten. Aber bei all diesen unsichtbaren Gesprächspartnern konnte er weder ihre Identitäten noch ihre Informationen überprüfen. Wer sprach also hier zu ihm?

Dazu würde ein weiterer „Kieselstein" zum Meilenstein seiner Entdeckungsreise werden. Eines Abends hörte er den folgenden Hilferuf:
„Helfe mir, ich möchte zu meiner Mutter zurück!"

Dieser Satz machte den Forscher sehr betroffen und am nächsten Abend fragte er: „Gestern hat mich jemand um Hilfe gebeten, um zu seiner Mutter zurückzukehren. Wer bist Du?"
„Gerd Siebenreicher!"

Zum ersten Mal wird sich nun hier ein kleiner Dialog zwischen H.O. König und seinem unsichtbaren Gesprächspartner, Gerd Siebenreicher, abspielen:

H.O.K.: „Was ist mit Dir passiert?"
„Bin Weihnachten aus dem Fenster gefallen!"

H.O.K.: „Wo hast Du gewohnt?"
„Kaiserswerther Straße 23, Ratingen!"

Noch nie hatte unser Forscher einen Dialog mit ein- und demselben Wesen über einige Tage hinweg geführt, bisher noch niemals eine ganz genaue Adresse mit einem vollständigen Namen erhalten. Also, dies war eine überprüfbare Information! Persönlich kannte er keinen Gerd Siebenreicher, und er hatte diesen Namen auch noch nie gehört, aber weil sich die durchgegebene Adresse in seinem Wohnort Ratingen befand, machte er sich noch am gleichen Abend auf die Suche. Was für eine Enttäuschung aber, als er zwar die Straße, aber nicht die Nummer 23 finden konnte: Kein Haus mit der Nummer 23, nur ein großer, bunter Garten! Was hatte das alles zu bedeuten? Woher kamen die Aussagen und wieso hatte er sie empfangen? Versuchte jemand, ihm einen bösen Streich zu spielen? Am darauffolgenden Tag ging er direkt zum Rathaus, um Auskunft über den Wohnort von Gerd Siebenreicher einzuholen, aber ohne Erfolg, da ihm der Zeitraum, in dem dieser Mann dort wohnte, fehlte. Und warum erhielt er dennoch, am gleichen Abend, diese folgende Aussage:
„Gerd Siebenreicher kommt immer wieder auf Dein Tonband drauf."

Seine Ehefrau Margaret kam plötzlich auf den Einfall, sich bei den Stammgästen einer alten Ratinger Kneipe zu erkundigen. Und dieses Mal hatten sie Glück: Einer vom Stammtisch, mit einer Pfeife im Mund, wohnte tatsächlich auch in der Kaiserswerther Straße. Er hatte den Gerhard, wie er sagte, sehr gut gekannt und meinte: „Der hatte in den dreißiger Jahren in dem Haus Nummer 23 gewohnt, aber das Haus war abgebrannt und nun gab es diese Hausnummer nicht mehr. Das war eine traurige Geschichte gewesen. Der Junge war durch das Fenster gesprungen und hat sich so selbst umgebracht." Das alles geschah also um 1930 herum! Und dies war somit die offizielle Version seines Todes! Hans Otto König begab sich erneut auf den Weg zum Stadtarchiv. Dieses Mal wurde ihm bestätigt, dass im Jahre 1932 ein gewisser Gerd Siebenreicher seinen Wohnsitz in der

Kaiserswerther Straße 23, in Ratingen hatte. Bei der nächsten Einspielung hörte jedoch der Forscher:
„Gerd Siebenreicher hat sich nicht umgebracht!"

Wurde hierbei Bezug auf das Gespräch in der alten Ratinger Kneipe genommen? Gerd Siebenreicher hatte also keinen Suizid begangen, sondern er „wurde vom Fenster heruntergestoßen", so wie eine andere Nachricht es später vermittelte. Nachdem Klarheit in diese Geschichte gebracht wurde, hörte der Forscher nie wieder etwas von Gerd Siebenreicher auf seinem Tonband. Warum nicht mehr? Aus welchem Grund hatte er gesagt, dass er immer wieder auf sein Tonband kommen würde? Hatte sich dieses Geistwesen nur bei dem Forscher gemeldet, um sich von einer ehemaligen Last zu befreien, von der offiziell verbreiteten Version des sogenannten Suizids? Und warum hatte er gerade diesen Satz gewählt, der den Forscher so berühren würde:
„Ich möchte zu meiner Mutter zurück!"

Wir können hierzu leider nur Vermutungen anstellen und müssen uns eingestehen, dass im Umgang mit der Unsichtbaren Welt relativ vieles immer noch im Unklaren liegt. Nach diesem aufregenden Ereignis gab es für den Forscher einen großen Riss in seiner Hypothese, bezogen auf das Unterbewusste. Er äußert sich folgendermaßen dazu:

„Die Theorie des Animismus bei paranormalen Phänomenen gerät hier, in dem vorliegenden Sachverhalt, sehr stark ins Wanken. Wie sollten meine eigenen, unbewussten Gedanken diesen Dialog hervorrufen, mit Informationen, die mir alle unbekannt waren? Um einen Vorgang der Telekinese kann es sich hier nicht handeln. Und ein Fall „Philipp", wie man so etwas in der Parapsychologie bezeichnet, ist hier ebenso auszuschließen."

Auch in den folgenden Jahren haben sich bei dem Forscher immer wieder Personen mit ihren Namen und Adressen aus den verschiedensten Städten gemeldet, die ihm völlig unbekannt waren. Er hat die Angaben immer überprüft: Sie hatten alle tatsächlich gelebt!

„Es bedarf einer erstaunlichen Akrobatik des Geistes" so meint hierzu Hans Otto König, *„um zu glauben, dass mein eigenes Unbewusstes in der Lage*

ist, derartige Kräfte zu mobilisieren, die es dann schaffen, die Nachrichten auf ein Tonband zu projizieren, mit ganz spezifischen Informationen über Menschen, die zwar tatsächlich gelebt haben, von denen ich selbst jedoch noch nie etwas gehört hatte. Wie soll das funktionieren? Ich höre gerne zu, wenn mir jemand hierfür ein Erklärungsmuster liefert und mir die technische Prozedur erklärt. Bis zum jetzigen Zeitpunkt gab es allerdings niemanden, der mir die Hypothese des Unterbewussten erklären konnte. Einige meinten, dass mir vielleicht die Theorie der morphogenetischen Felder von Rupert Sheldrake weiterhelfen würde. Ich sprach lange mit Rupert Sheldrake darüber, dem für seine überragende Forschungstätigkeit in der Evolution von Pflanzen und Tieren übrigens mein absoluter Respekt gebührt. Abgesehen von der Tatsache, dass die Theorie der morphischen Felder jedoch nach wie vor als „Arbeitshypothese" gilt, die noch nicht durch konkrete Ergebnisse bestätigt wurde, musste ich sie in meinem Falle ausschließen, weil ich bei meinen nachfolgenden Experimenten unter anderem mit der Kunstkopf-Stereophonie arbeitete, womit man die Stimmen exakt lokalisieren konnte. Ich erhielt ganz präzise Aussagen wie:

„Ich stehe rechts von Dir!", *Nachricht im linken Kopfhörer gehört, oder:* ***„Ich bin hinter Dir!"*** *Und dann:* ***„Ich bin über Dir!"***

Diese Versuche haben erwiesen, dass eine gute Auswahl in den Informationsfeldern stattfindet und dass es ganz bestimmt nicht die Gedanken sind, die gewisse Informationen aus dem umgebenden, morphogenetischen Feld anziehen. Auch hätten in einem solchen Fall die Einspielversuche mit mehreren Personen, wobei sich jede auf einen anderen Verstorbenen konzentriert, ein unwiderrufliches Informationschaos auf dem Tonband auslösen müssen. Jedoch sind die Botschaften immer klar und eindeutig auf eine bestimmte Person ausgerichtet."

Eine weitere Feststellung, die unserem Forscher ungemein interessant erschien: Die Boten antworteten meist kurz vorher oder zeitgleich auf eine Frage, die genau in diesem Moment verbal gestellt wurde. Hierbei handelt es sich um ein ganz besonderes Charakteristikum, wobei man diese Gedankenübertragung direkt verfolgen kann, weil der Gedanke des Experimentators ja bereits bekannt ist. Wie die Boten selbst bestätigten:

„Höre zu!
Wir wollen den Menschen sagen, wir kennen alle Eure Gedanken!
Alle Eure Gedanken sind aufgezeichnet!"

Der Gedanke ist sogar wichtiger als die mündlich gestellte Frage, weil sie dem Forscher in vielen Einspielungen seine Frage bereits beantwortet hatten, bevor er sie ihnen stellen konnte. Hans Otto König kann nicht zählen, wie oft seine geistigen Freunde ihn haben wissen lassen, dass sie unsere Gedanken und Fragen hören, sie erfassen und sie im Voraus kennen.
„Wir hören Eure Gedanken!
Alle Eure Fragen und Gedanken sind uns bekannt!"

Der Forscher weiß nunmehr mit absoluter Sicherheit, dass die Nachrichten nicht aus dem Unterbewussten des Experimentators kommen können: *„Derjenige, der sich sehr gründlich mit diesem Phänomen beschäftigt hat, erkennt, dass eine derartige Hypothese auszuschließen ist. Aufgrund der äußerst klaren Dialoge, die ich mit meiner später entwickelten Technik geführt habe, wirkt diese Annahme sogar vollkommen absurd."*

Achtundvierzig Jahre intensive Forschung erlauben es ihm heute, mit Gewissheit zu sagen:

„Unser persönliches Bewusstsein überlebt den physischen Tod! Zu viele Informationen weisen darauf hin! Aber ich spreche nicht mit den Toten oder den Verstorbenen, so wie es gerne viele Menschen über mich verbreiten möchten, sondern mit subtileren, reinen Informationsfeldern, die sich in anderen Universen befinden, parallel zu unserer Welt!"

Die Ausdrucksweise „mit den Toten sprechen" ist natürlich grundlegend falsch, weil es ganz offensichtlich ist, dass wir niemals eine Kommunikation mit jemandem, der tot ist, herstellen können. Dennoch wird die gleiche Ausdrucksform von den geistigen Kommunikationseinheiten selbst angewandt:
„Die Toten rufen für Information!
Die Toten kommen heute nicht mehr!
Obwohl tot, er ruft jetzt!"

Und als Hans Otto König fragte: „Wo bist Du jetzt?" bekam er die Antwort: **„Bei toten Freunden!"**

Diese Art von Redewendung weist eine weitere, charakteristische Eigenschaft in der „Instrumentalen TransKommunikation" auf: Die Unsichtbare Welt verwendet ganz bewusst Worte und Zeichen, die unserer Realität entsprechen und unserer Art zu denken, damit wir sie auch ja gut verstehen:

„Wir werden Euch Eurem Verstand gemäß alle Begriffe und Bedeutungen mitteilen!"

Und sehr oft fügen sie in ihren Botschaften hinzu:
„Wie Ihr sagt!"

Aber was ist dann der Tod? Oder noch genauer: Was wird nach dem Tod des physischen Körpers von uns selbst weiterleben? In den unzähligen Archiven der Stimmen, die Hans Otto König über die konventionellen Methoden erhalten hatte, gibt es nichts, außer den Tausenden von Nachrichten, die uns mitteilen, dass der Tod nicht das Ende unserer Existenz ist. Hier einige Beispiele dazu:

„Ich bin tot, ich lebe, ich bin bei König!
Paul ist angekommen!
Leni Schade grüßt, lebe hier mit vielen Freunden!
Frank Tölke ruft!
Ich habe eine wunderbare Welt!
Die Toten sprechen, wir sind es!
Wir sind hier, und wir leben!
Die Toten rufen in Gedanken und sprechen!"

Und dann gibt es selbstverständlich all diese interessanten und aussagekräftigen Stimm-Aufzeichnungen, die von anderen Experimentatoren auf der ganzen Welt empfangen wurden, und die die oben aufgeführten Aussagen bestätigen. Erinnern wir hier in dem Zusammenhang an die Aufnahmen von Monique Simonet und Jean Blanc-Garin aus Frankreich, von Anabela Cardoso aus Spanien, Marcello Bacci aus Italien oder von Carlos Nunes und Sonia Rinaldi aus Brasilien. Die objektive Realität dieser messbaren, akustischen Dokumentationen, ihre Antworten, ausgerichtet und bezogen auf die von uns gestellten Fragen und die Option der Identifizierung des geistigen Gesprächspartners sind gegenwärtig. Und das dank der Informationen, die uns übertragen werden, dank der Antworten, in Bezug auf die vorgegebene Situation, der Hinweise auf besondere Verbindungen, dank aller genauen Details, der vorausahnenden Antworten, der technischen Informationen, dank der Tatsache, dass so viele geistige Boten nicht aufhören, uns zu sagen, dass sie noch leben und letztlich dank der großartigen Technologie der Spektralanalyse, die uns allesamt bestätigen, dass ein persönliches Bewusstsein nach seinem irdischen Tod in Welten, die über die fünf Sinne hinausgehen, weiter existiert!

Eines der großen Probleme dieser Forschungsarbeit besteht allerdings immer noch darin, eine angemessene Ausdrucksweise zu finden, um die vorgefundenen Wirklichkeiten zu beschreiben, von denen wir noch nicht alle Eigenschaften kennen und sie somit nicht exakt formulieren können. In diesem Buch finden wir viele Namen, wie „geistige und psychische Strukturen", „Geisteswesen", oder einfach nur „Seele" oder „Geist", „Entitäten", „Energieformen" und „geistige Einheiten", „Informationsfelder", „Kommunikationseinheiten", oder aber „Lichtgestalten". Definitionen und Wortgebilde, die alle in irgendeiner Form auf die gleiche Realität hinweisen, deren Essenz und Ursprung für uns jedoch immer noch unbekannt bleibt. Bereits im Laufe der Geschichte wurden diesen angewandten Bezeichnungen die unterschiedlichsten Auslegungen zugedacht.

In der Forschung von Hans Otto König ist das persönliche Bewusstsein gleich der Summe aller individuellen Erfahrungen einer Person, die, von Natur aus, immer als durchweg subjektiv zu betrachten sind. Diese Erfahrungen erzeugen einen Reifeprozess, beeinflussen und bilden auf diese Weise den Geist einer Person, die dadurch eine gewisse psychische Struktur erhält, ein Format, ein spektrales Bild. Das Abbild bleibt auch nach dem Tod erhalten. Mit der Zeit jedoch wird es sich verändern, bedingt durch all die neuen Erfahrungen, die diese Bewusstseinsstruktur, diese Seele, in ihrem neuen Leben machen wird.

Bei der vorgegeben Darstellung handelt es sich lediglich um eine temporäre Beschreibung und ist daher nicht als Definition zu bezeichnen, jedoch stimmen die vielen Untersuchungen von allen anderen Forschern auf der Welt und ihren konkreten Resultaten damit überein. Er möchte dabei in diesem Zusammenhang den Arbeiten von Pim van Lommel, Sheldrake, Capra oder die der Quantenphysik seine große Achtung bezeugen, sie werden eines Tages neue Türen öffnen, die zu einem Verständnis all dieser Realitäten führen. Im jetzigen Stadium ist es mit Sicherheit noch zu früh, sie zu bestimmen, aber es ist bereits möglich, mit ihnen zu arbeiten und damit Resultate zu erzielen, auf dass in der Folge eine Definition oder eine präzise Beschreibung durchführbar sein wird.

Wie oft sagt er, mit einem kleinen Lächeln: *„Hat denn die Wissenschaft je etwas anderes getan, als mit der Schwerkraft oder der Materie zu arbeiten? Kann sie uns wirklich die Essenz der Gravitation und deren Substanzen nachweisen und definieren? Oder besitzt sie lediglich nur materielles Grundwissen? Ich selbst tue mich oft schwer, Begriffe wie „Informationsfelder" oder „persönliches Bewusstsein" auf eine einfache Art zu erklären, und das sind Bezeichnungen von Themen, mit denen ich tagtäglich arbeite. Ich kann allerdings viele konkrete Ergebnisse aufzeigen und habe bereits viele verschiedene Geräte entwickelt, die diese „Informationsfelder" empfangen können, und die nicht aufhören, uns allen zu versichern, dass unser persönliches Bewusstsein den physischen Tod überlebt!"* Der Forscher überlässt es somit lieber den anderen, darüber hochgeistige Diskussionen zu führen. Ihm ist es bedeutend wichtiger, auch künftig neue Apparaturen zu entwickeln und seine Versuche durchzuführen, um Informationen zu erhalten und zu einem besseren Verständnis über eine Realität zu gelangen, die sich niemals auf das reduzieren wird, was - nach den heutigen wissenschaftlichen Maßstäben - als reproduzierbar gilt und somit zu quantifizieren ist, um daraufhin erst als wahres Wissen angesehen zu werden.

Kritik an der „Instrumentalen TransKommunikation"

Die Entdeckung eines Weiterlebens nach dem Tod ist sehr wichtig für uns Menschen und die Herausforderung ist riesengroß, sowohl für die Grundlagen einer wissenschaftlichen Annäherung, wie auch für unsere eigene Weltsicht. Kritik an der ITK und deren Forschern ist somit weiterhin hart und bitter. Sie bewegt sich von einer auditiven Projektion der pathologischen Obsession, der medialen Psychose, der reinen Phantasie oder im Delirium, über einen Pakt mit dem Teufel, dem Gespött, bis zur völligen

Negation einer Existenz von paranormalen Stimmen. Es liegt wohl an der Schwierigkeit unseres Verstehens, die während des Abhörens der Tonbänder auftreten kann und die dann Skeptiker behaupten lassen, dass es der Experimentator persönlich ist, der etwas in das Radiorauschen hineininterpretiert. Es ist richtig, viele Durchsagen sind wirklich schwer zu entschlüsseln, und es besteht eine reelle Gefahr, dass wir dabei die Wörter projizieren, die wir hören wollen. Aber Tatsache bleibt, dass die Kritik nicht befugt ist, diese klaren Botschaften, die von so vielen Menschen weltweit empfangen wurden, in diesem Ausmaß anzugreifen. Und dies ist schon seit Jahrzehnten der Fall!

Eine weitere Kritik, bezogen auf die Realität des Phänomens, ist, dass die Stimmen, die man hören kann, von Interferenzen anderer Sender überlagert werden. Interferenzen können auftreten, aber sie machen im akustischen Gesamtspektrum von Stimmen lediglich einen kleinen Teil aus. Bereits in den siebziger Jahren befasste sich Konstantin Raudive in äußerst gewissenhaften Studien mit diesem Interferenz-Problem, das dann von Annabela Cardoso in jüngster Zeit wieder aufgegriffen und nochmals ganz intensiv untersucht wurde. Vortreffliche Resultate aus diesen Recherchen konnten die Kritik bezüglich Interferenzen ein für allemal unterbinden und einen paranormalen Charakter dieser Stimmen belegen und nachweisen. Die Experimente wurden unter strengster Kontrolle und restriktiven Laborbedingungen ausgeführt. In diesem Zusammenhang möchte der Forscher uns die folgenden zwei Durchsagen hören lassen, die er von seiner Mutter empfangen hatte, die in ihrem Leben Opernsängerin war. Deshalb wurden diese Aussagen, so unwahrscheinlich es auch klingen mag, wirklich gesungen durchgegeben:
„Ist da, Frau König, heute da."

oder:
„Hörst Du mich Otto, hörst Du Josef König?"

Frau König ist die Mutter des Forschers und Josef König sein Vater. Wo sollte hier eine Interferenz eines anderen Senders existieren?

Dieses Thema abschließend, wollen wir auf die subjektive Kritik der Manipulation und der Täuschung eingehen, denn es ist die einfachste aller

Lösungen, um mit dem zu recht zu kommen, was man sich noch nicht erklären kann. Bei einer Reproduktion der Stimmen, die so klar und deutlich über die von dem Forscher im Nachhinein entwickelten Geräte empfangen werden konnten, behaupteten doch tatsächlich verschiedene Personen, dass Hans Otto König diese Stimmen mit Hilfe von technischen Tricks angeblich manipuliert hätte, weil sie einfach zu wirklichkeitsnah und viel zu menschlich klangen: Sie waren nicht imstande zu begreifen, dass derartig klare Aussagen aus einer, ihnen unsichtbaren, Welt kommen sollten. Sie verstanden nicht, dass Hans Otto König in der Forschung mit geistigen Strukturen zusammenarbeitet, die in einem Jenseits von greifbaren und empirisch erfassbaren Gesetzen des diesseitigen Lebensbereichs liegen. Sie vermochten seinen gigantischen und technischen Arbeitsaufwand nicht nachzuvollziehen, der schlichtweg notwendig war, um von anfänglichen Wortfetzen zu vollständigen Wörtern und kleinen Sätzen, über die ersten kurzen Dialoge bis hin zu längeren Konversationen zu kommen und dies in einer erstaunlichen akustischen Qualität!

Zu viele Zweifel scheinen immer noch an uns zu nagen und ein Weltbild, dass nur auf unseren fünf Sinnen basiert, beeinflusst und beschränkt unser Denken noch zu sehr. So ist es denn für viele Menschen besser, die Resultate als einen Trick abzutun, in den Bereich des Glaubens einzugrenzen oder Erklärungen zu finden, die noch unglaublicher klingen, anstatt als Ausgangspunkt der Forschung das anzunehmen, was am wahrscheinlichsten klingt: Der physische Tod bedeutet nicht das Ende unserer Existenz! Und die übersinnlichen Botschaften sind dafür die objektiven und technisch überprüfbaren Hinweise!

Ein neues Abenteuer kündigt sich an:
Der Beginn der Grundlagenforschung

An diesem Punkt angekommen, zeigten dem Forscher alle Versuche deutlich, dass er die Welt nun anders interpretieren und vollkommen neu überdenken musste. Sein eigenes Weltbild geriet schwer ins Wanken. Die konkreten Resultate wiesen ihm die Richtung und den Weg, den er zukünftig zu beschreiten hatte: Er musste versuchen, seine Kontaktqualität zu optimieren, damit die Informationen besser durchkommen konnten.

Dies war die einzige Möglichkeit, das Prinzip des wissenschaftlichen Phänomens besser verstehen zu können und so den Themen mehr Transparenz zu geben, die die Menschheit schon so lange berührten. Der Forscher gibt hier offen zu:

„Ich hatte alle herkömmlichen und konventionellen Methoden ausprobiert und analysiert. Sie konnten mir jedoch keine weiteren Aufschlüsse mehr geben, weil die Durchsagen viel zu zerstückelt durchkamen oder viel zu kurz waren. So konnte ich nicht mehr weiterkommen und würde somit in einer Phase von hypothetischen Vermutungen und rein theoretischen Annahmen hoffnungslos steckenbleiben. Demzufolge blieb mir keine andere Wahl, als mich zielorientiert und konsequent an die Arbeit zu machen, um eine neue Technik zu entwickeln, die es mir ermöglichte, progressive Ergebnisse mit aktuellen Erkenntnissen zu erzielen."

Wenn das Weiterbestehen unseres persönlichen Bewusstseins eine Realität ist, musste es möglich sein, eine technische Apparatur zu konstruieren, die die Aussagen aus den Unsichtbaren Welten qualitativ besser und auch über eine längere Zeitspanne hinweg übertragen konnten. Aber was für einen Träger brauchten diese geistigen Entitäten, um sich uns mitteilen zu können? Dann stellte sich die Frage: Über welchen technischen Prozessor könnte eine derartige Transformation von Informationsfeldern aus anderen Dimensionen stattfinden?

Hier verließ unser Forscher nun endgültig den Bereich der herkömmlichen Methoden von Einspielungen, die weltweit von vielen namhaften Pionieren und Tausenden Menschen zur Kontaktaufnahme mit geistigen Energien angewandt wurden. Hans Otto König musste jedoch einen progressiveren Weg finden, welcher noch von niemand anderen gegangen wurde und musste daraufhin das Phänomen von Grund auf neu erfinden und erforschen. Es gab natürlich schon die ersten tentativen Versuche, wie das „Spiricom" von George Meek oder das „Psycho-Phone" von Seidl. Nach Ansicht unseres Forschers erbrachten diese hochwertigen Innovationen jedoch keine neuen Arbeitsgrundlagen, die zu einem optimal besseren Verstehen des Phänomens beitragen konnten: *„Im Jahre 1984 besuchte mich George Meek in meinem Labor. Er sprach mit mir über sein*

„Spiricom" und erklärte mir, wie es funktionierte. Er konnte aber nur eine einzige, sehr lange Aufnahme aufweisen, danach kam nichts mehr. Also, für mich erschien die ganze Sache nicht so besonders interessant, weil diese Versuche effektiv nicht reproduzierbar waren und ebenfalls keine einwandfreie Tonqualität besaßen. Vor allen Dingen gab es keine effiziente Basis, auf der man aufbauen konnte. Das Gerät von Seidl war sicherlich von seiner Idee her prima, eine Art Frequenz-Erfassung mit seinem „Psycho-Phone" anzubieten. Dieser Entwurf beruhte eindeutig nur auf einer einfachen Erweiterung der Radiomethode und bildete ebenfalls keinen Ansatzpunkt für eine Grundlagenforschung!"

"Und worauf basiert dann eine Grundlagenforschung von Hans Otto König?"

Der Forscher antwortet: *„Sie beruht auf vier Stützpfeilern! Auf der Physik einer Niederfrequenz (LF) und einer Hochfrequenz (HF), einem geistigen Wissen oder der geistigen Physik, Ethik und natürlich auf einem stabilen Fundament, einer Grundbasis, auf die wir systematisch aufbauen können, um neue Geräte zu konstruieren und sie dann zu perfektionieren."* Bei diesem Weg muss man offen sein für etwas Neues, den sicheren Pfad verlassen und innerlich dazu bereit sein, diesen weiterzugehen, oft allein gegen alle oder jedenfalls sehr viele. Und somit, unterstützt und begleitet von der Kraft und Liebe seiner Frau Margaret, seinem Sohn Markus und all seinen geistigen Freunden, setzte er erneut seine Segel für ein weiteres, aufregendes Abenteuer, in einer wissenschaftlichen Reise anderer Ordnung.

Das Laboratorium

Auf der Suche nach anderen Schwingungswelten - Eine Recherche anderer Ordnung

Hindernisse können mich nicht aufhalten;
Entschlossenheit bringt jedes Hindernis zu Fall.
(Leonardo da Vinci)

Ohne die Reinheit des Herzens ist die Wissenschaft verloren.
(N. Valois)

Eine experimentelle Forschung, die unser herkömmliches Bezugssystem umwälzt!

„Heutzutage bezieht sich jeder wissenschaftliche Sektor auf eine Theorie, die uns die Grundlage bietet, auf der wir ein Modell aufbauen können. Die „Instrumentale TransKommunikation" jedoch stellt nach wie vor eine wissenschaftliche Anomalie dar, auf deren hypothetischen Prinzipien und Vorgaben immer noch jeglicher Verlass fehlt. Jeder Forscher ist verpflichtet, seine Recherchen auf unzählige Experimente und Versuche zu stützen. Folglich kann er immer nur erfahrungsgemäß vorgehen. Jede Forschung in der Mentalphysik ist somit rein empirischer Art!"

Das sind oft die einleitenden Worte, mit denen der Forscher seine Vorträge eröffnet. Wenn wir ihm dann zuhören, bekommen wir den Eindruck, es mit einem leidenschaftlichen Archäologen der Physik und der Geistigen Welt zu tun zu haben, der Unmengen von kleinen Funden ausgräbt, aufsammelt und danach dann wieder aussortiert. Es handelt sich in diesen Momenten, um scheinbar ganz unbedeutende, technische Entdeckungen, die es ihm jedoch ermöglichen, dem geheimnisvollen akustischen Phänomen Schritt für Schritt näher zu kommen, um neue technische Apparaturen und Systeme zu erfinden. Ein einfaches Radio zusammenzubauen, dessen Frequenzen schon bekannt sind, ist für jeden elektrotechnisch geschulten Menschen keine große Kunst, aber eine neue Technik zu entwickeln, die es einem erlaubt, Kontakt mit anderen geistigen Strukturen aufzunehmen, wo einem weder die Frequenzbereiche noch die Kontaktpartner bekannt sind, das ist selbstverständlich etwas ganz anderes! Das Phänomen der Radiophonie zu verstehen ist relativ einfach, das Phänomen der ITK zu verstehen, hingegen schon weitaus schwieriger. Hans Otto König erklärt uns hierzu: *„Normalerweise gibt es einen Sender und einen Empfänger, die auf einer gleichen Frequenz arbeiten. Bei einer „Instrumentalen TransKommunikation" treffen jedoch verschiedene, physikalische Welten aufeinander, um dann miteinander zu kommunizieren. Wir hier auf Erden leben in einer materiellen Dimension von Raum und Zeit. Die anderen hingegen in einer nicht-materiellen Dimension, jenseits von Raum und Zeit.*

Das größte Problem ist daher die Zeitsynchronisation!"

Und wie ist nun hierbei vorzugehen? Welche Richtungen sind hier einzuschlagen? Und welche technischen Verfahren sind dann dabei zu verwenden? In diesem Zusammenhang erinnert sich Hans Otto König oft an eine signifikante Botschaft, die er erst Jahre später von der Geistigen Welt empfangen hat:

„Wenn du mit einem Wassertropfen kommunizieren kannst, wirst Du die Antwort auf deine Fragen bekommen!"

Das ist der Makrokosmos im Mikrokosmos? Der Geist in der Materie? Eine äußerst heikle Debatte über Materie und Geist tritt in dieser Forschung unweigerlich auf. Was ist eigentlich Materie, und was bedeuten dann in diesem Zusammenhang „Geist" und „Bewusstsein"? Sind sie kompatibel oder sind sie inkompatibel? Wissenschaftler haben dieses Thema bewusst verdrängt, da es die ganze Angelegenheit nur noch verkompliziert. Wie soll man Dimensionen wie Breite, Tiefe und Höhe eines Bewusstseins oder eines Geistes bestimmen? Jemand, der sich mit der ITK eingehend befassen will, wird sich grundsätzlich mit diesen Fragen auseinandersetzen müssen.

Die „Instrumentale TransKommunikation" befindet sich exakt und akribisch an dem Kreuzungspunkt, wo ein physisches Reich und ein psychisches Reich aufeinandertreffen; eine Außenwelt, ein technischer Prozess, mit einem sachbezogenen akustischen Objektiv, einem bestimmten Inhalt und mit Spektral-Bildern, die zu jeder Zeit messbar sind; und eine innere Welt, Strukturen von geistiger Natur, Informationsfelder, die nicht zu analysieren, nicht messbar und somit nicht zu definieren sind.

Die ITK-Forschung geht daher davon aus, dass eine nicht-physische Realität existiert! Recherchen dieser Art verlangen von uns zu akzeptieren, dass die geistige Struktur eines Forschers in diesem Vorgang selbst und seinen daraus resultierenden Ergebnissen eine ganz entscheidende Rolle spielt.

„Es ist mir vollkommen klar" so Hans Otto König, *„dass die Existenz und die Bedeutung von geistigen Strukturen und ganz besonders ihre Permanenz, die Grundlagen der konventionellen und materialistischen Wissenschaft to-*

tal erschüttern. Geistige Energieformen oder Informationsfelder in ein neowissenschaftliches Modell einzufügen, bedeutet ein radikales Umdenken der Materie und ein vollkommenes Umdenken des Universums. Diese Herausforderung ist momentan einfach noch zu groß!"

Hans Otto König ist jedoch fest davon überzeugt, dass ein wissenschaftlich geschulter Geist dazu imstande ist, ein neues Wissen auszuarbeiten, neues Wissen zu „schaffen", wie es so schön in der deutschen Sprache heißt. Und dafür öffnet er sich, vorurteilsfrei gegenüber der Welt um ihn herum und beobachtet, was die Realität als Phänomen verbirgt: Hier sind es die akustischen Aufzeichnungen von Aussagen, die uns vermitteln, dass sie von den Toten kommen, uns immer wieder versichern, dass der Geist den physischen Tod überlebt und uns zeigen, dass es eine effektive Interaktion zwischen den verschiedenen Existenzebenen gibt. Ein wissenschaftlich orientierter Geist will das elektroakustische Phänomen absolut erkennen und verstehen, er will herausfinden, wie es funktioniert und welche neuen Erkenntnisse es uns eröffnet. Der Forscher hierzu erörternd:

„Die erste Observation ist ganz einfach: Wir brauchen eine Stimme, ein Wort, ein Schriftstück oder sonst irgendein Hilfsmittel, damit Gedanken für andere Wirklichkeit werden. Daher stellt sich die Frage: In welchen Realitäten finden Gedanken ihre Existenz? Informations-Gedanken scheinen nicht in der dreidimensionalen Welt integriert zu sein - in der Welt mit den fünf Sinnen. Bisher existiert meines Wissens keine Apparatur, die unsere Gedanken erst aufzeichnen und dann wiedergeben kann. Dennoch scheinen alle unsere Gedanken - bevor sie ausgesprochen werden - bereits Realität für denjenigen zu sein, der sie sich erdenkt. Wenn sich die Realität der übernatürlichen Erscheinungsformen in einer höheren Dimension befindet, in einer fünften oder sechsten Sphäre, laut Professor B. Heim's theoretischer Aufstellung, geht es darum, sie so umzuwandeln, dass sie zu hören sind und dann für unsere dreidimensionale Welt (Die, mit den fünf Sinnen) zur Wirklichkeit werden!"

Seine Forschung dreht sich hauptsächlich um ein Leitthema: Der Transformationsprozess von unsichtbaren Informationsfeldern, die sich in unseren Parallelwelten befinden!

Antworten auf diese Problematik zu finden, heißt, sich zu völlig neuen Ufern aufzumachen! Der Weg dorthin ist noch nicht geebnet, das neue Land noch unbekannt und der Ausgang dieses Abenteuers vorerst ungewiss! Auf dieser Exploration werden wir noch oft im Dunkeln tappen. Aber dann entdecken wir die ersten kleinen Perlen, die sich zu einer langen Kette aneinanderreihen, wie Intuitionen, Reflexionen und Träume, oder all diese kleinen Nachrichten, die ein jeder über herkömmliche Einspielmethoden empfangen kann, aber auch die vielen Fehlschläge, die jedoch im Endeffekt sogar sehr von Nutzen sein können. Der Forscher schließt sich hier der weisen Aussage von Thomas Alva Edison an: „Ich bin nicht entmutigt, denn jeder erfolglose Versuch, den man hinter sich gelassen hat, bedeutet einen weiteren Schritt nach vorn!" Es ist der unermüdliche Einsatz Tag für Tag, die persönliche Hingabe, diese große Leidenschaft, wodurch es dem deutschen Forscher in seinem Labor gelungen ist, Systeme mit maximaler Reichweite zu konstruieren, sie im Laufe der Zeit immer weiter zu qualifizieren und dann die Ergebnisse bei Zusammenkünften mit anderen Menschen vorzuführen.

Der öffentliche Auftakt dieser großartigen technischen Essays konstatiert einen weiteren und wichtigen Stützpfeiler in seiner über vierzig Jahre langen Pionierarbeit. Auf diese Weise wollte er jedem Menschen die Möglichkeit geben, seine ganz persönliche Erfahrung zu machen: *„Wenn eine Person behauptet, dass es ihr gelungen ist, solche Versuche bei sich zu Hause durchzuführen, obliegt es jedem persönlich, dieses dem anderen zu glauben oder auch nicht. Direkt-Einspielungen hingegen ermöglichen jedem Teilnehmer, sich selbst von der gegebenen Situation zu überzeugen. Von dem Status eines „Glauben-an" können wir zur „Gewissheit" gelangen, indem wir - anstatt nur Berichte über diese Thematiken zu lesen - die erhaltenen Informationen persönlich und auf direkte Weise miterleben dürfen.*

Der Unterschied zwischen den beiden Methoden ist kolossal! Deshalb habe ich meine großen Direkteinspielungen immer live vor einem großen Publikum durchgeführt und den diversen Live-Übertragungen bei Fernsehsendern oder in Radioprogrammen zugestimmt, auch wenn mir solche Auftritte persönlich oft Unmut gebracht haben!"

Diese experimentale Forschung zur Entdeckung neuer Welten basiert auf anderen Paradigmen und Bezugssystemen als herkömmlich bekannt, doch sie verzichtet damit nicht auf objektive Fakten und eine kritische Vernunft. Sie arbeitet mit Ergebnissen, die immer messtechnisch nachzuvollziehen und so auf irgendeine Weise reproduzierbar sind. Sie stellt uns allerdings immer wieder vor große Fragen, da sie sich auf dem Kreuzpunkt von mehreren Disziplinen befindet, und die sich normalerweise nicht in deren Arbeitsweise und Fachsprache begegnen: Wie sollen daher in einer Forschung der Physik, Realitäten wie Demut und Liebe, Ehrlichkeit und vor allem die Reinheit des Herzens integriert werden? Werte, die normalerweise nur den Bereichen der Religion, der Ethik, der Spiritualität oder der Esoterik vorbehalten sind? Liebe, Wissen und spirituelles Wachstum: Über welche Kriterien können wir sie definieren, sie analysieren?

Wertesysteme dieser Art sind prinzipiell schwer zu erfassen, vor allem so weit entfernt von einem materialistischen und wissenschaftlichen Sprachgebrauch, jedoch von essenzieller Wichtigkeit für diejenigen, die mit der Geistigen Welt in Kontakt treten möchten. Ihre Bedeutung öffnet sich erst langsam und wird dann durch eigene Erfahrungen in den vielen Momenten enthüllt, die man in der Gesellschaft der Unsichtbaren Welten verbringt. Sie bilden die Voraussetzung, sine qua non (= ohne die man nicht die Reise in eine andere Welt durchführen kann). Dabei werden wir mit neuen und unbekannten Realitäten konfrontiert, für deren Beschreibung zeitgemäße Worte erst erfunden werden müssten.

Eine Untersuchung in Zusammenarbeit mit der Geistigen Welt

Ohne sich nicht selbst geistig gegenüber dem Unbekannten und der Unsichtbaren Welt zu öffnen, ohne die innere Einstellung, die notwendig ist, um einen eigenen Kontakt herzustellen, wird jede Forschung auf diesem Gebiet ergebnislos bleiben. So schwierig es für einen rational denkenden Geist auch sein mag, er muss dennoch akzeptieren, dass diese Art von Forschung, die immer mit dem Experimentator in direkter Verbindung steht, niemals ohne die Unterstützung der Unsichtbaren Welt zustande kommen kann! Die Erschaffung einer neuen Technik durch Hans Otto König, in einem zur Verfügung gestellten Laboratorium

- welches entweder staatlich oder aber von sonstigen Fördermitteln finanziert würde, und in Zusammenarbeit mit einem Team von Wissenschaftlern - ist noch nie entstanden. Die Geräte wurden eigenständig angefertigt, jedoch immer in enger Verbindung mit der Geistigen Welt. Sie war es, die ihn stetig inspirierte und sie war es, die ihn aufklärte! Sie übermittelte ihm die notwendigen Daten, die er zur Entwicklung seiner Apparatur benötigte, und die ihn dann zu einem besseren Verständnis dieses außergewöhnlichen Phänomens führen konnten.

Der Forscher dazu: *„Wie wäre es denn auch anders möglich gewesen? Nur sie wissen wirklich, wie sie auf die Technik einwirken können, nur sie allein kennen alle Kontaktfrequenzen. Ohne ihren Einsatz und ihre Hilfe wäre es für mich gewesen, wie eine Nadel in einem Heuhaufen zu suchen!"*

Hierzu noch einige Beispiele von Nachrichten, die H.O.K. während einer komplizierten Konstruktionsphase von der Geistigen Welt erhalten hatte:
„Wir vermitteln Informationen für die Technik von Hans König."

„Wir geben Dir Hilfe und Informationen für Deine Forschungsarbeit!"
„Die Stabilisierung ist im Moment nicht gut.
Versuche sie zu ändern!"
„Jetzt ist besser!"

„In der Zentrale haben sich viele Wissenschaftler zur Aufgabe gemacht, an der Verbesserung der Kontaktbrücke mitzuhelfen."

„Höre zu! Hans König hat von uns Informationen erhalten, für die Möglichkeit der Kontaktaufnahme!"

Dank der unzählig vielen Angaben und Hilfestellungen, die ihn aus der jenseitigen Welt erreichten und seinem unermüdlichen Arbeitseinsatz, war der Forscher in der Lage, eine Apparatur zu konstruieren, die sich über die Grundlage der fünf Sinne hinaus zu einer neuen Form der Technik hinbewegte.

Die Geistige Welt kommuniziert oft in einfachen Bildern

Die Hinweise aus der Geistigen Welt sind erfahrungsgemäß rein symbolischer Art. Es ist dann Aufgabe des Forschers, diese Bilddateien in konkrete, technische Informationen umzusetzen, um sie dann für seine Kontaktversuche zu verwenden. Mitunter erhielt er sogar ganz präzise technische Daten.
Für seine Infrarot-Anlage und für die Entwicklung des HRS-Systems wurden ihm jeweils sechs akribisch konkrete Frequenzen durchgegeben. Diese Zahlen wurden ihm aber erst dann offenbart, nachdem er selbst herausgefunden hatte, von welch großer Bedeutung diese sechs Frequenzen für seine Technik waren und nachdem er ein Jahr lang in seinem Labor versucht hatte, sie zu finden.

„Man bekommt nie ein fertiges Rezept serviert" sagt er, *„im Gegenteil, ich hatte oft den Eindruck, auf die Probe gestellt zu werden, als ob sich die Geistige Welt zuerst über meine wahren Absichten und die tatsächliche Intensität meines Interesses in der Forschungsarbeit klar werden wollte. Es ist, als wenn sie mich im Vorfeld zunächst einmal beobachten, bevor sie mir dann wichtige Informationen preisgeben."*

Die folgende Aussage wurde ihm daher mehr als einmal durchgegeben:
„Hans König, wir beobachten Dich!"

Auf einer Konferenz in Wesel im Jahre 2004 berichtete er: *„Es war in Bad Kissingen, als ich bei einer kleinen Einspielung fragte, ob sie mir irgendetwas Wichtiges oder Bedeutungsvolles für meine Forschung mitteilen könnten. Darauf hin erhielt ich dann die folgende Nachricht:*
„Du brauchst einen Spiegel für unser Bild!"

*Auch wenn mir dieser kleine Hinweis zunächst einmal fast unbedeutend erschien, so hat er mich dennoch die ganze Nacht nicht zur Ruhe kommen lassen. Ich dachte über das Aussehen des Spiegels nach, über seine Bedeutung und Auswirkungen, um diese Kriterien dann in die technische Fachsprache umzusetzen. Ein anderes Mal wurde mir auf meine Frage, was ich noch tun sollte, um die Kontakte verbessern zu können, folgender Begriff durchgegeben: **„Parabolspiegel!"***

Nun wurde mir klar, warum meine gedankliche Assoziation mit dem Spiegel so immens wichtig für mich war. Die Konzeption der Parabel lehrte mich die Notwendigkeit einer Fokussierung und zwar auf die durchgegebenen Frequenzen. Also habe ich eine Zeit lang Versuche mit Parabolspiegeln durchgeführt, jedoch leider ohne irgendwelche herausragenden Ergebnisse. Wie man sieht, erhalten wir Informationen immer nur stufenweise, und immer in bildlichen Metaphern, die wir dann interpretieren müssen. Dies ist ein Punkt, der für den wissenschaftlich denkenden Geist noch Neuland ist. Daher müssen wir die Naturwissenschaften mit ihren komplizierten Regeln und Formeln einfach einmal bei Seite lassen und uns simpleren Deutungen widmen. Der Parabolspiegel ist ein bildlicher Vergleich von überraschender Einfachheit, aber es ist sehr wichtig, dass wir uns die Mühe machen, genau darüber nachzudenken. Er gibt uns ein geistiges Symbol, das uns erlaubt, über eine bereits bestehende Technik, die jedem Physiker bekannt ist, hinauszugehen, um dann so eine neue weiterentwickelte Technik zu entwickeln. Ich kann nur immer wiederholen: Solche Kontaktaufnahmen sind, nach dem heutigen Kenntnisstand in der Physik, nicht möglich! Hätte ich mich also an das herkömmliche Wissen gehalten, wären meine Apparaturen niemals entstanden!"

Zu einem anderen Zeitpunkt vermittelte ihm die Geistige Welt sehr ausführliche Angaben, welche exakten elektronischen Bauteile er für seine Technik verwenden sollte, aber die Elemente waren schon so alt, dass sie bereits seit langem nicht mehr auf dem Markt existierten. Das zeigte ihm wieder einmal, dass er die empfangenen Informationen ganz anders aufnehmen, prüfen, verarbeiten und dann neu überdenken musste.

Ich (die Autorin) hatte das Glück, im entscheidenden Moment dabei zu sein, als die Geistige Welt unserem Forscher die berühmten sechs Frequenzen durchgab, welche für die UDS-Anlage bestimmt waren:
„Kontaktfeld geschlossen zu Anna Maria Wauters und Hans Otto König! Und nun die Frequenzen: 930,7 / 931,7 / 930,42 / 930,8 / 931,2 / 930,9 Nanometer."

An einem anderen Tag erhielt er den Hinweis:
„Versuche die Phase um 20 Prozent zu ändern!"

Und nach der Veränderung hörten wir:
„Das ist besser so!"

Doch wie bereits einige Leser bemerkt haben werden, sind die übermittelten Daten zwar präzise, aber sie wirken in sich dürftig. Es handelt sich nicht um technische Informationen in ausgearbeiteter und detaillierter Form. Also wollen die geistigen Wesen nicht oder können sie uns nichts über wissenschaftliche und philosophische Themen berichten, die uns noch unbekannt sind. Oder übersteigen sie vielleicht dadurch das durchschnittliche Intelligenzniveau der anwesenden Zuhörer? Und was denkt dieser Mann darüber, der die Unsichtbare Welt schon so oft besucht hat:

„Ich bin davon überzeugt, dass die Art, wie diese geistigen Entitäten vorgehen, durchaus richtig und sehr, sehr weise ist. Wenn sie uns ihre technischen Informationen wie einen exakten Stadtplan oder sogar als gültiges Fertigrezept zusenden wollten, wäre das doch viel zu einfach, denn wir würden alle Hinweise umgehend und mühelos auf unsere Länder übertragen, ohne einen großartigen Einsatz und ohne tiefe Besinnlichkeit. Wir könnten nichts davon lernen und wir müssten auch nicht unseren Weg der Forschung alleine gehen, weil sie uns ja ihr gesamtes Wissen durchgeben würden und das mit ihrem allumfassenden, geistigen Intellekt, der verglichen mit unserem, so unermesslich groß ist. Wenn auch unabsichtlich, aber sie würden uns damit voll und ganz die große Freude an einer Entdeckung, dem Abenteuer einer Forschung und den vielen, unzähligen Versuchen nehmen, und uns daran hindern, dass wir eigenständig ein fortschreitendes, tiefgründiges Verstehen für das Phänomen entwickeln, für das große Mysterium, das „die Schule des Lebens" heißt!"

Es könnte also vielleicht ein Wissen durchgegeben werden, aber kein schrittweises Eindringen bis in die Tiefe des Geheimnisses. Außerdem, was sollten wir denn dann mit diesem ganzen Wissen anfangen, wenn es zu unserer persönlichen, geistigen Reife in überhaupt keinem Verhältnis steht? Sind wir uns so sicher, dass die Menschen wissen, wie dieses fertige Rezept, welches sie uns zusenden würden, anzuwenden ist? Sie selbst sprechen nicht von einer hochgradigen Intelligenz, sondern von der Reife des Geistes, die hier von entscheidender Bedeutung ist.

Die Geistige Welt spricht mit uns in Träumen

Solange man denken kann, sind die Menschen erstaunt, ja nahezu fasziniert von ihrer Fähigkeit, träumen zu können. Die Schlafenszeit scheint für eine Kommunikation mit der Welt des Geistes sehr hilfreich zu sein, eine affektive Berührung mit einer verstorbenen Person oder unserem Schutzengel, die uns mit ihrer Präsenz die Dunkelheit der Nacht erhellen. Schon der Philosoph Platon lehrte uns, dass sich die Seele in der Schlafphase von ihrem physischen Körper befreit, um dann, losgelöst von ihrer Erdenlast, umher zu wandeln und Botschaften, Eingebungen oder sogar Belehrungen zu empfangen. Der Forscher erhielt oft im Traum neue Perspektiven für seine Studien und sehr häufig Hinweise, bestimmten Vorgehensweisen und Gedankeneingebungen genau zu folgen. Wiederholt wurde er darauf aufmerksam gemacht, besser auf seine Träume zu achten, wie hier zum Beispiel:

„Achte auf Deine Träume!"

H.O.K.: „Welchen Kristall soll ich denn verwenden?"
„Bergkristall! Pass ein bisschen auf!
Habe in einem Traum gesprochen!"

Dank seiner Gabe luzide Träume zu empfangen, erhielt der Forscher bei Nacht eine Vision, die sich für seine Forschung als folgenreiches und wichtigstes Zukunftsbild herausstellen sollte. Es wiederholte sich immer der gleiche Traum: Er sah einen alten, bärtigen Mann vor einer Tafel stehen, die von einer Art Überwurf drapiert wurde. Der Mann lüftete den Stoff und zeigte Hans Otto König eine Art Karte, auf der die schematische Darstellung eines technischen Systems eingezeichnet war. Jene, eher skizzenartige Zeichnung, erwies sich als Richtlinie für die Blockschaltung seiner Multi-Schwingungs-Anlage. Eine Grundlage, als Basis, auf die später alle nachfolgenden Apparaturen von ihm aufgebaut wurden. Hätte der Forscher diese Schemaskizze als eines der Trugbilder, die sich sehr häufig in Träumen zeigen, abgeschrieben, nichts wäre jemals in seiner Forschung passiert. Er hatte sich jedoch bereits entschieden, all dem zu vertrauen, das über ein rationales Denken hinausgeht.

Der Geistesführer von Hans Otto König

Zehn Jahre später, im Jahre 1995, während eines Seminars in einer Stadt namens Büdingen, zeigte sich der gleiche ältere Mann nochmals über einem Fernsehmonitor, in einem audio-visuellen Kontakt, mit folgender ergreifenden Botschaft:

„Ihr hört meine Gedanken!

Was Ihr seht, ist einer der vielen Körper, den wir besitzen können.

Wenige Menschen kennen mich.

Wir haben große Sorgen, um alles, was in Eurem Erdbereich geschieht.
Erkennt, dass wir in Verbundenheit stehen!

Wir sagen es immer wieder, verbindet Euch mit dem Universum!
Das Universum ist alles was lebt!

Erkennt die Gesetzmäßigkeiten!
Dazu müsst Ihr lernen!

Und folgt nicht allen Dingen, die angeboten werden,
und die Ihr nicht versteht!

Ihr müsst lernen, Euch selbst kennenzulernen!

Ihr habt gelernt, Kristalle sind eine große Hilfe.

Wir wissen, außerplanetarisches Leben werden mit Euch in Kontakt treten können.

Die Forschung der Kontaktaufnahme mit uns über Fernsehen geht mit großen Schritten immer weiter.

Hans König kennt das Ziel! Er wird das Ziel erreichen!

Wir werden der Menschheit vieles sagen.

Wir danken Hans König für die Möglichkeiten
und große Arbeit für die Forschung.

Viele Male haben wir gelebt, bin die Evolution durchgegangen.

Auch meine Energie war in einem Kristall!"

Der Verlauf der Grundlagenforschung

Der Weg einer Forschung, das unermüdliche, schrittweise Vorgehen, um neue Wege zu entdecken, neue Geräte zu erfinden, zu konstruieren, erfordern ein hochentwickeltes und ein sehr feinsinniges Wissen über Hochfrequenztechnik. Eine spezifische technische Dissertation wäre an dieser Stelle angebracht, aber dazu fehlt mir (die Autorin) leider die dafür notwendige technische Kompetenz, und deswegen kann ich diese einzelnen Entwicklungsstufen des Systems nur im Allgemeinen beschreiben. Festzuhalten ist, dass wir an diesem Punkt, auf technischer Ebene, auf das Kernstück von Hans Otto Königs Forschung gestoßen sind. Seine tagtägliche Arbeit im Labor und das Experimentieren, das ist sein Lebensinhalt! Eine Forschung dieser Größenordnung bleibt nach wie vor in der „Instrumentalen TransKommunikation" als einmalig anzusehen. Er selbst meint dazu:

„Ich erwarte immer noch einen gleichgesinnten Kollegen, mit dem ich technische Entdeckungen gegenseitig austauschen und danach mit ihm durchdiskutieren kann. Bis heute kamen die Informationen - zu meinem großen Bedauern - immer nur von (m)einer Seite. Das in dieser Form zu sagen, mag vielleicht herablassend klingen, aber das ist leider Tatsache! Viele Besucher kamen in mein Labor, aber keiner von ihnen brachte mir mehr Klarheit in Bezug auf dieses Thema, irgendwelche technische Anregungen, einen interessanten Impuls oder eventuell eine Idee, die der Gast selbst erarbeitet hatte. Unter ihnen befanden sich auch verschiedene Personen, die für ihre ausgedehnten Dialoge mit der Geistigen Welt durch Verbindungen über das Telefon - die ohne Entwicklung einer speziellen Apparatur immer auf ganz spontane Weise aufgetreten sind - sehr bekannt sind. Sie haben mich jedoch niemals eingeladen, um wenigstens an einem ihrer Versuche teilzunehmen, und sie hatten auch nie die Fähigkeit, mir zumindest ihre Verfahrensweise zu erläutern. Kurz gesagt: Alle gingen davon aus, dass ich ihnen einfach nur Glauben schenken sollte, obgleich meine eigene Vorgehensweise immer darin bestand, alles genau zu prüfen und zu versuchen, die Funktion eines technischen Prozesses zu verstehen, auch wenn sie die der wissenschaftlichen Denkweisen von heute übersteigen würde. Verschiedene meiner Kollegen aus dem Bereich der Physik waren der festen Überzeugung, sie müssten mir theoretische Vorschläge zur Verbesserung meiner technischen Anlagen geben, aber keiner von ihnen war bereit, sich selbst an die Arbeit zu machen, um sie zu realisieren. Dann gab es viele Menschen, die versucht haben, meine Geräte zu kopieren, aber das ist gar nicht so einfach, denn jeder Forscher muss wirklich seinen eigenen Weg bestreiten!"

Im Gegensatz zu anderen elektronischen Erfindungen wie zum Beispiel ein Radiogerät, welches unabhängig von seinem Urheber, unendliche Male reproduzierbar ist, funktioniert die Entwicklung von Apparaturen und Systemen, welche als Kontaktbrücken zu Geisteswesen fungieren, immer nur in Verbindung mit dem Experimentator. Bei dem Multi-Schwingungs-System, der Infrarot-Anlage, wie auch bei den HRS- und UDS-Systemen reichen daher Konstruktionspläne des Erfinders alleine nicht mehr aus, um gut funktionierende Ergebnisse erzielen zu können. Seine Konzepte dienen hauptsächlich als hervorragende Arbeitsgrundlagen. Sie sind als eine Art Landkarte oder Reiseführer zu verstehen oder aber, um es mit einer symbolischen Metapher zu beschreiben, wie die „Compostela-Muscheln" anzusehen, die uns eine Strecke markieren. Der Weg selbst jedoch muss sich alleine prägen! Wir sollten indes beginnen, uns selbst zu erkennen und einander zu kennen, irgendwie unsere eigenen Frequenzen herausfinden, und sie dann öffnen, um die Wesen aus der Geistigen Welt zu empfangen.

Die zwei Grundprinzipien der Kontaktbrücke

Der Forscher betont oft:

„In der Tat ist alles sehr einfach! Wir sind es, die mit unserer starren Denkweise alles so fürchterlich kompliziert machen! Eine Sache muss definitiv kompliziert sein, damit sie akzeptiert werden kann! Wenn etwas sehr einfach ist, lehnen es die Menschen in der Regel ab, indem sie behaupten, es sei viel zu simpel und banal, um funktionieren zu können. Wenn der Prozess der „Instrumentalen TransKommunikation" jemandem einfach erscheint, so ist er jedoch zugleich ungeheuer komplex und äußerst schwer zu verwirklichen.

Das System einer Kommunikation mit geistigen Energien basiert essentiell auf zwei Grundregeln: Erstens auf dem Prinzip der Resonanz, und zweitens auf dem Prinzip ***„ALLES IST EINS!",*** *wo alles miteinander verbunden ist.*

Wir können eine Kommunikation mit subtileren Welten herstellen, und zwar aus dem einfachen Grund, weil sie mit uns bereits verbunden sind. Diese Faktizität ist auffallend einfach, dennoch kompliziert in ihren Folgen, sowohl für den Verstand wie auch für das menschliche Leben."

Die Ergebnisse in der „Instrumentalen TransKommunikation" zeigen auf, dass unzählige Parallelwelten existieren, mit denen wir in einem großen System verbunden sind, wo alle sichtbaren und unsichtbaren Welten integriert sind und vom Prinzip der Resonanz regiert werden. Letzteres ist sehr entscheidend für das paranormale Phänomen der elektronischen Stimmen. Wir können ausschließlich in Kontakt mit denjenigen Geisteswesen kommen, die mit uns - um es ganz einfach auszudrücken - auf der gleichen Wellenlänge liegen.

Der folgende Versuch des Forschers veranschaulicht dieses Prinzip sehr gut: An einem bestimmten Tag setzte er seine Multi-Schwingungs-Anlage in Gang, und ein Wesen mit Namen Kurt (aus Respekt gegenüber der Familie zitieren wir nur den Namen, die genaue Adresse wurde uns allerdings von der Geistigen Welt durchgegeben) kam durch, mit der Bitte, seiner Frau mitzuteilen, dass er noch am Leben sei. Dieser Anfrage kam der Forscher jedoch nicht besonders freudig nach. Er hatte weder Zeit noch Lust, sich nun auf den Weg zu machen, um dann bei einer völlig unbekannten Person zu erscheinen und ihr mitzuteilen, dass ihr Mann ihn gebeten hätte, ihr auszurichten, dass er noch weiterhin leben würde. Außerdem hatte er Menschen in der psychiatrischen Klinik kennengelernt, welche aus weit geringeren Anlässen dort eingeliefert wurden!

Deshalb antwortete er dem Wesen Kurt: „Ehrlich gesagt, es gibt heute so viele Menschen, die bei sich zuhause ihre eigenen Kontaktversuche machen. Warum haben Sie ausgerechnet mich gewählt und melden sich nun über meine Geräte?"
Kurts Antwort war ganz kurz und knapp:
„Weil wir schwingungsgleich sind!"

Der Experimentator antwortete ihm darauf: „Das ist alles gar nicht so einfach, wie Sie sich das vorstellen! Also, wenn Sie wollen, dass ich Ihre Frau besuche, könnten Sie mir dann eventuell auch einen überzeugenden Hinweis für sie mitgeben, damit sie erkennen kann, dass diese Nachricht auch wirklich von Ihnen kommt?"

„Ist beschäftigt mit den Hochzeitsvorbereitungen unserer Tochter!"

Der Forscher fand zwar, dass dies als Beweis nicht gerade überzeugend wirkte, aber dennoch nahm er sein Tonband unter den Arm und fuhr direkt nach Düsseldorf, zu der angegebenen Adresse. An der Tür des Hauses angekommen klingelte er, und eine sehr alte Frau öffnete ihm. Er stellte sich vor, aber sie hielt ihn für einen Vertreter und schlug daher die Tür sofort wieder zu. Er klingelte noch ein weiteres Mal, wie peinlich ihm das auch war. Diesmal war es eine jüngere Frau, die vor ihm stand. Er wusste genau, dass das, was er den beiden hier nun ausrichten würde, sich für sie mehr als seltsam anhören musste, aber er hatte es Kurt doch versprochen.

Die Frau erwiderte ihm darauf: „Es tut mir sehr leid, Herr König, aber mein Mann Kurt ist tot, und das schon seit langer Zeit!"

„Ja, das weiß ich, aber er hat mich so eindringlich gebeten, Ihnen dieses mitzuteilen und mir ebenfalls erzählt, dass Sie gerade im Augenblick die Hochzeit Ihrer Tochter vorbereiten!"

Zuerst folgte ein langes Schweigen, danach bat ihn die Frau hinein. So ließ Hans Otto König sie den von ihm aufgezeichneten, kurzen Dialog anhören, in welchem sich Kurt als ihr verstorbener Mann vorstellte. Während unser Forscher dabei die Reaktion der Witwe beobachtete, wurde ihm sofort klar, dass das Paar sich scheinbar oft über den großen Übergang und die Möglichkeit eines Lebens nach dem Tod unterhalten haben musste. Die Frau erzählte ihm, dass ihr Mann ihr sogar kurz vor seinem Tod ein feierliches Versprechen abgegeben hatte: Wenn es tatsächlich ein Leben nach dem Tod geben sollte, würde er versuchen, sie es unter allen Umständen wissen zu lassen. Hatte sich dieses feierliche Versprechen so unheimlich stark in sein Bewusstsein eingeprägt, dass er alles getan hätte, um es einzuhalten? Und woher wusste Kurt, dass der Forscher der Mann war, der sein Wort hielt und dieses Versprechen einlösen würde?

Die Frau war sehr dankbar für diese Nachricht, die sie von ihrem geliebten Mann erhalten hatte, mit dem sie viele Jahre lang so innig verbunden war und jetzt sogar darüber hinaus. Hans Otto König nahm Abschied und fuhr zurück, nachdenklich über die Bedeutung von alledem, was er gerade erlebt hatte. Zu Hause angekommen ging er wieder in sein Labor, zurück zu seiner Arbeit...

Die Ergebnisse, die er im Laufe der Jahre bekommen hatte, lassen ihn heute und hier in diesem Buch bestätigen:

„Das Modell, Leitbild in der Welt der „Instrumentalen TransKommunikation", zeigt sich als simples Dreieck: Es besteht aus einem Experimentator, der gleichzeitig Sender und Empfänger ist, der technischen Anlage und des kommunizierenden geistigen Wesens, das ebenfalls zugleich Sender und Empfänger ist. Dieses Dreieck sollte sich mit seinen anderen Komponenten in vollkommener Harmonie befinden, damit solch ein Kontakt hergestellt wer-

den kann. Ohne Resonanz zwischen den drei Teilen wird nichts funktionieren. Sie sind so wie drei kleine Zahnrädchen in einem Uhrwerk, die vollständig ineinandergreifen müssen, damit die Uhr laufen kann. Harmonisierung und Stabilisierung sind rein physikalische Faktoren von höchster Präzision, einer überragenden Feinheit und von extremer Empfindlichkeit, und sie erfordern eine ganz aufmerksame Liebe zur Technik" wie sich der Forscher hierzu äu-ßert: *„Geist und Materie formen gemeinsam eine Einheit, ein Ganzes, eine Union. Ich, zum Beispiel, denke an eine technische Apparatur wie an eine Art Lebewesen, mit welchem ich eine Verbindung eingehe, so seltsam es auch scheinen mag. Es gibt sehr viele Leute, die behaupten, dass die Technik nur eine tote Materie ist. Das ist nun, meiner Erfahrung nach, überhaupt nicht wahr! Denn, wenn ich etwas entwickle und etwas erschaffe, so gebe ich der Sache in diesem Moment auch einen Geist. Geist und Technik, verbunden zu einer Ganzheit, werden dann Eins!"*

Die Erfindung des Multi-Oszillations-Systems

Der erste Apparat wurde von der Deutschen Presse feierlich „Der Generator" getauft. Obwohl eine derartige Bezeichnung aus technischer Sicht völlig falsch ist, so war sie aus der Sicht der Medienwelt absolut richtig, da dieses neue System in den achtziger Jahren derartig gigantische Sensationswellen auslöste und damit Abertausende von begeisterten Zuschauerbriefen einbrachte. Mit diesem neuen System geschah es zum ersten Mal, dass Personen bei öffentlichen Live-Einspielungen mehr als nur undeutliche Wortfetzen oder ein leises Flüstern hören konnten. Es handelte sich um einen relativ kurzen Dialog mit einer außergewöhnlichen Klangqualität, weit mehr als alles, was die Menschen bisher gehört hatten: Das Ergebnis einer vier Jahre langen, mühseligen Arbeit. Die erste große Frage dieses elektroakustischen Phänomens, ausgerüstet mit einer akustischen Komponente, sowie mit einer elektronischen Komponente, die die vorangegangene hörbar macht, bezieht sich auf den Träger der Informationen, welche von der Welt des Geistes durchgegeben wurden.

Welchen Träger benutzt denn nun die Geistige Welt, um ihre Gedanken zu modellieren und sie dann in für uns verständliche Worte umsetzen? Eine Antwort auf dieser Ebene zu finden, war eine erste große Herausforderung in der Forschungsarbeit von Hans Otto König:

„Das Multi-Oszillations-System *ist das Endresultat einer logischen Weiterentwicklung von paranormalen Tonbandstimmen, die von vielen Experimentatoren mit herkömmlichen Methoden weltweit empfangen wurden. Bei Einspielungen mit einem Radio war es höchst unwahrscheinlich, Arbeitsgebiete zu finden, um weitere Forschungen anzustellen, weil in erster Linie die Interferenzen viel zu kurz waren und vor allen Dingen zu oft wechselten, um sie dann genau analysieren zu können. In den Aufzeichnungen, wo man fließendes Wasser als Hintergrundgeräusch benutzte, konnte ich daher feststellen, dass manchmal längere Nachrichten durchkamen, die aufzeigten, dass hier eine weitaus konsistentere Stabilisierung vorhanden sein musste. Aufgrund dessen schien es mir angebracht, weitere Untersuchungen definitiv in dieser Richtung durchzuführen. Dann, eines Nachts, kam ich auf die Idee, das Frequenz-Spektrum des Wassers zu analysieren, und ich konnte feststellen, dass mehrere im Ultraschallbereich lagen - zwischen 30KHz - 80KHz - unmöglich mit unseren Ohren zu hören. Vielleicht waren diese Frequenzbereiche der Ausgangspunkt, um den geeigneten Träger zu finden, der eine Transformation von psychischen Strukturen ermöglichte."*

Der Forscher begann nun, diese Frequenzen von den anderen zu trennen und versuchte sodann, sie synthetisch über die Oszillatoren zu erzeugen. Die Wiedergabe der Aufzeichnungen wurde sofort qualitativ verbessert. Und hat es nicht den Anschein, als ob sich die Erfindung einer solchen technischen Anlage – biblisch ausgedrückt - fast wie eine Art Bildnis wiederfin-

Das Multi-Oszillations-System

det? „Der Geist Gottes schwebt über den Wassern!" Und ist es nicht ebenso erstaunlich, dass sich die Indianer an ein Flussbett setzen, um sich mit ihren Ahnen zu verbinden. Obwohl fließendes Wasser auditiv den Charakter einer gesprochenen Sprache aufweist und ein Risiko von Projektionen daher sehr groß ist, kann ein jedes geschultes Ohr sehr gut wahrnehmen, dass sich die Sprechweise der psychischen Strukturen effektiv davon abhebt und so kann man die paranormalen Stellen deutlich erkennen.

Sechs signifikante Frequenzen

Mit der Freude einer derart bedeutsamen Entdeckung für die Forschung, erschienen zugleich neue Herausforderungen am Horizont. Wie wäre es zu gewährleisten, dass mehrere Entitäten in der gleichen Einspielung durchkommen konnten? Wie sollte unser Forscher denn ein solches Breitband-Frequenz-Spektrum herstellen? Nach unzähligen, mühevollen Versuchen - Tag für Tag - kam er zu dem Ergebnis, dass eine Kombination von sechs Frequenzen für eine Kontaktaufnahme mit den Unsichtbaren Welten signifikant und konstruktiv sein musste. Entfernte er eine dieser sechs Frequenzen, so kam unverzüglich kein Kontakt mehr zustande. Diese Art von „Sechserkombination" war jedes Mal parallel zu genau den Stellen aufgetreten, wo sich diese paranormalen Mitteilungen abzeichneten, deutlich erkennbar für diejenigen, die eine akustische Frequenz-Analyse technisch deuten können. Die Kombination der Frequenzen veränderte sich jedoch dauernd und zeitgleich mit der geistigen Struktur, die sich gerade vermittelte, da diese Korrelation jedweder kommunizierenden Wesenheit persönlich angepasst ist. Jede geistige Entität hat also somit ihr individuelles Spektral-Bild, das sich von allen anderen essenziell unterscheidet.

Nachdem der Forscher nun ein Gerät entwickelt hatte, mit dem er die Frequenzen einer auf Erden lebenden Person messen konnte, kam er zu einer äußerst erstaunlichen Erkenntnis: Jeder Mensch besitzt sein ganz individuelles Spektral-Bild von exakt sechs Frequenzen! Er führte daraufhin Tests und Analysen bei mehr als zwanzig Personen durch, und jede von ihnen besaß ein unterschiedliches Frequenz-Bild. Würde dieses dann, infolge dieses sogenannten „spektralen Daumenabdrucks" eines Menschen auch nach seinem physischen Tod wieder auf dem Schreiber erscheinen?

Die Antwort auf seine Frage erhielt H.O. König dank der Bravour einer Teilnehmerin dieser Projektstudie, eine mutige Ärztin, die sich zu jener Zeit bereits im Endstadium ihrer Krankheit (Leukämie) befand. Sie bestand aber darauf, dass der Forscher zum Zeitpunkt ihres Todes seine technische Anlage direkt in ihrem Krankenzimmer aufbaute, um auf diese Weise die bemerkenswerte Untersuchung bei ihrer Transition unmittelbar an ihr durchführen zu können. Das war das Ziel ihres gemeinsamen Experiments: Würde ihr Frequenz-Bild auch nach ihrem physischen Tod wieder auf dem Oszillographen erscheinen? Und wenn ja, wie lange danach?

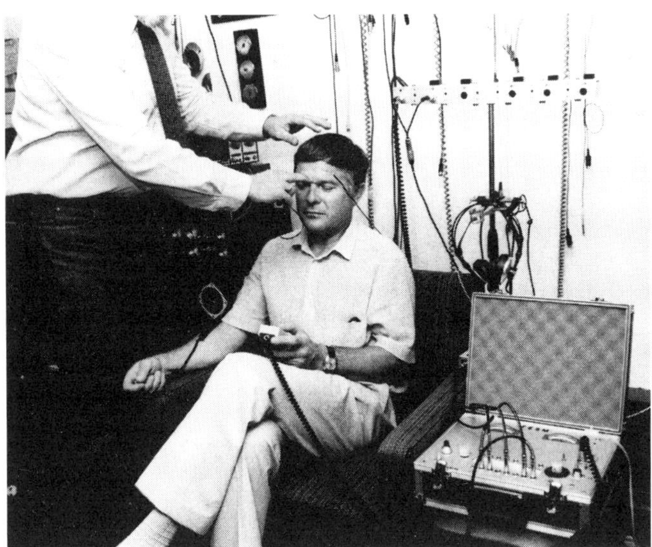

Frequenz-Messung

Hans Otto König und der Chefarzt der Privatklinik waren während des großen Übergangs dieser besonderen Frau in eine andere Welt, zugegen. Sie warteten! Und dann, genau fünfzehn Minuten nach dem klinischen Tod erhielt der Forscher auf seinem Oszillographen genau das gleiche Frequenz-Bild, das er bei ihr zur Lebenszeit gemessen hatte, mit folgender Aussage:
„Ich sehe meinen Körper!"

Der Chefarzt war derart überwältigt von dem, was er gerade in diesem Krankenzimmer miterlebt hatte, dass er sich anschließend mit seinem ganzen Team zusammensetzte, mit ihnen eingehend über dieses phänomenale

Ereignis diskutierte und ihnen dann am Ende den Vorschlag unterbreitete, zusammen mit Hans Otto König ein ähnliches Projekt zu konzipieren, allerdings in einem weitaus größeren Rahmen, um dadurch, bei so vielen Personen wie möglich, die gleichen Messungen durchzuführen. Er war davon überzeugt, dass die daraus folgenden Ergebnisse exakt mit den Auswertungen der nun verstorbenen Ärztin kohärieren würden. Einen Monat später jedoch, wurde dieser so kompetente Mann aus seiner hohen Stellung entlassen. Nach seinem Vorschlag schien er den Kollegen nicht mehr vertrauenswürdig genug, um den Posten als verantwortungsvoller Chefarzt weiterhin besetzen zu können. Somit blieb ihm nichts anderes übrig, als eine eigene Praxis zu eröffnen.

Hans Otto König hätte die Reihe von Testuntersuchungen gerne fortgesetzt, die seiner Meinung nach überzeugende Hinweise für ein Weiterleben unseres Bewusstseins nach seinem physischen Tod liefern würden. Derart ungewöhnliche Projektstudien fanden jedoch bei den bedeutenden, finanzkräftigen Forschungsinstituten unserer heutigen Gesellschaft leider kein Echo. Deshalb kehren wir zurück in das Labor des Forschers, um zu verfolgen, wie er sein nächstes Problem meistern würde: Wie konnte der Mann es bewerkstelligen, ein Breitband-Frequenzspektrum anzubieten, dass groß genug war, dass sich verschiedene Wesenheiten mitteilen konnten?

Diese Anforderung war von Grund auf nicht eindeutig zu definieren und ohne irgendwelche Anhaltspunkte. Er hatte keine Idee, auf welche Art er diese schwierige Aufgabe hier nun lösen sollte. Monatelang suchte er nach Antwortmöglichkeiten, konnte aber nicht eine einzige finden, die ihm irgendwie half und damit weiterbrachte. Dann verfolgte ihn Nacht für Nacht immer wieder ein- und derselbe Traum (im vorigen Kapitel erwähnt), in dem ein älterer, bärtiger Mann ihm ein Blockschaltbild zeigte. Zögernd und trotz der vielen Zweifel, folgte er seinem Traum und entwickelte eine neue Technik, haargenau nach diesem Blockschaltbild. Würde sie sich als effektiv erweisen? Eigentlich verwirklichte er doch nur einen Traum! Die daraus hervorgehenden Resultate sollten ihn in seiner ungewöhnlichen Vorgehensweise bestätigen.

Aber schon bald tat sich ein neues Problem vor seinen Augen auf: Wie sollte er die Oszillatoren stabilisieren? Der Forscher versuchte es mit dem nachfolgendem Verfahren: Er nahm sechs Quarze und integrierte sie in die sechs Dioden seiner Apparatur. Eine extrem anspruchsvolle Intervention! Er benötigte allein sechs Monate, um jeden einzelnen Quarzstein manuell anzupassen, sie abzuschleifen, zu polieren, sie Schicht für Schicht zu verfeinern, um sie dann wieder erneut in die Apparatur einzusetzen und zu überprüfen, ob sich nun die richtige Frequenz einstellte. Wenn dem nicht so war, musste er den ganzen Vorgang wiederholen, und das so oft, wie es notwendig war. Erst nach vier Jahren langer, mühsamer Kleinarbeit und unendlicher Geduld gelang es ihm schließlich, die Schwingungen mit den sechs Oszillatoren so zu optimieren, dass ein erster Einspielversuch mit seiner Multi-Oszillations-Anlage möglich war. Niemals wird er die ersten Worte vergessen, die er nun hören würde:

„Lass an!
Sehet, wir leben!"

Das nun nachfolgende Experiment wurde bei dem bekannten Sender Radio-Tele-Luxemburg, RTL, im Jahre 1981, in „Unglaubliche Geschichten" mit Rainer Holbe in Direktschaltung durchgeführt:

H.O.K.: „Kann ich mit Euch Kontakt aufnehmen?"
Antwort: „Versuche es!"

H.O.K.: „Könnt Ihr mich hören? Ich glaube, ich habe nun die richtige Frequenz, wie gestern."
Antwort: „ Wir hören Deine Stimme!"

Hans O. König sprach nun einen verstorbenen Bekannten namens Helmut an, der ihm daraufhin antwortete:
Antwort: „Ich komme nach Fulda!"
(Fulda war der Standort einer Tagung)

Dann sagte plötzlich eine andere Stimme:
„Otto König mach Totenfunk!"

Der Begriff **„Totenfunk"** ist eine deutsche Wortneubildung. Diese oben genannte Aussage, der es absolut nicht an Humor mangelte, wurde einen ganzen Tag lang von verschiedenen Radiosendern mit seiner typischen, computerartigen Klangart, die durch das Multi-Oszillations-System erzeugt wurde, übertragen!

Diese neue Anlage führte den Forscher zu einer wunderbaren Begegnung: Er würde die geistigen Einheiten kennenlernen, die ihn in seiner Forschung zukünftig aufs Engste begleiten und beraten würden: Die Zentrale!

Bei einem ihrer ersten Kontakte fragte der Forscher sie:
„Wer seid Ihr?"
„Wir haben keine Namen."
„Habt Ihr denn irgendeine wichtige Funktion, vielleicht so etwas wie eine Zentralfunktion?"
„Ja!"

Zukünftig bezeichnete das Ehepaar Hans Otto und Margaret König diese Energieformen als „die Zentrale"! Es handelt sich hierbei um hochgeistige Wesen, die immer nur in der ersten Person Plural auftreten und an ihren Frequenz-Bildern eindeutig zu identifizieren sind. Diese Lichtgestalten sagen, dass sie von der höchsten kosmischen Ebene kommen. Ihre klaren und deutlichen Informationen sind immer themenbezogen, von knappem, aber äußerst konsistentem Inhalt. Während sie uns lehren, dass es an der Zeit ist, unsere Denkweise sowie auch unsere Einstellung zum Leben grundlegend zu ändern, lassen sie uns dennoch komplett frei, um selbst zu entscheiden, ob wir uns diesen ernst gemeinten Aufruf nun auch wirklich zu Herzen nehmen wollen. Fast immer beginnen ihre Botschaften mit:
„Höre zu!"

Und sie sagen niemals mehr als notwendig! Sie haben kein Patentrezept oder eine vorgefertigte Lösung fürs Leben, aber sie gewähren uns tiefe Einblicke, die uns die Welt mit anderen Augen sehen lassen, verbunden mit einem Universum, in dem **„ALLES EINS IST"**! Unsere Aufgaben hier auf der Erde oder verschiedene Angelegenheiten, die unser persönliches Leben betreffen, sind für sie relativ irrelevant, aber der Aufbau und das Fortbestehen einer authentischen und wahrhaftigen **Kontaktbrücke,** zwischen den Menschen auf Erden und der Geistigen Welt, erscheint

Ihnen außerordentlich wichtig. Deshalb war es für sie auch von großer Bedeutung, zu einem ganz bestimmten Zeitpunkt im Jahr 1990 zu verkünden:

„Wenn andere Gruppierungen sagen, dass sich die Zentrale bei Ihnen meldet, dann ist das falsch. Es sind Pseudo-Kontakte!"

Auf Anfrage des bekannten Fernsehsenders „RTL" führte Hans Otto König unzählige Direkteinspielungen live, im Radio wie auch im Fernsehen durch. Er wusste, dass eine Kontaktaufnahme unter den gegebenen Umständen sehr schwierig zu realisieren sein würde, und auch im relevanten Widerspruch zu seiner inneren Konzentration steht, welche für das Gelingen dieses Experiments ganz wesentlich war. Bevor er überhaupt irgendjemandem zusagte, konsultierte er immer zuerst seine geistigen Partner von der anderen Seite. Er wollte ganz sicher gehen, dass sie nicht nur dem Kontaktversuch zustimmten, sondern auch während der Übertragung mit ihm aktiv kooperierten. Damals war es sogar die Unsichtbare Welt selbst, die ihn dazu inspirierte, solche Angebote anzunehmen. Sie versicherten und sie versprachen ihm, dass ein Kontakt in diesen Sendungen stattfinden würde, und sie haben immer ihr Wort gehalten. In letzter Zeit gaben sie ihm jedoch sehr deutlich zu verstehen, dass sich in der Zukunft kein Kontakt mehr aufbauen würde, wenn Personen anwesend wären, die aus reiner Sensationslust kommen oder nur, um ihre persönliche Neugier zu befriedigen. Aus diesem Grund nahm Hans Otto König auch keine weiteren Angebote von den heutigen Massenmedien mehr an, die ihn schon des Öfteren ersuchten, seine neuen technischen Anlagen und Geräte, bei denen die Kontakte von solch einer unglaublichen Klarheit sind, in einer Direktschaltung vorzuführen.

Von allen Fernsehsendungen war die Übertragung im Jahre 1986 - zusammen mit Frau Tölke - für den Forscher ganz besonders aufschlussreich, weil dort seine Anfangsthese einer eventuellen Stimmen-Erzeugung aus dem Unterbewusstsein, im Verlauf der Sendung nun völlig widerlegt wurde. Frau Tölke hatte ihren Sohn Franck bei einem tragischen Unfall verloren. Über endlose Umwege und durch Zufall hatte sie den Weg zur Familie König gefunden, über die sie erfahren konnte, dass Möglichkeiten existierten, um mit der Geistigen Welt in Kontakt zu treten. Dank ihrer inneren

Haltung, ihrer Hingabe und Geduld schaffte sie es dann über die Radiomethode viele kleine Kontakte herzustellen. Sie wurde zu einer wertvollen Mitarbeiterin in der FGT, und sie erhielt weiterhin wunderbare Nachrichten aus der Geistigen Welt.

Nach zahlreichen Kontrollen im Vorfeld (durch die internen Techniker und Spezialisten des Fernsehsenders RTL) hatte Hans Otto König das Multi-Schwingungs-System im Studio aufgebaut. Der Moderator Rainer Holbe wartete mit dem Forscher und Frau Tölke schon im Senderaum, die Kameras liefen, und die öffentliche Einspielung in einer Live-Übertragung konnte somit beginnen. Frau Tölke stellte dann ihrem verstorbenen Sohn die Frage:
„Franck, bist Du da? Kannst Du Dich melden?"

An dieser Stelle blendete die Regie ein Foto des Sohnes auf dem Fernsehschirm ein. Zeitgleich empfing Hans Otto König über seine Anlage folgende Direktmeldung:
„Jetzt siehst Du mich im Fernsehen!"

Es war exakt die selbe Mitteilung, die der Moderator Rainer Holbe in genau dem gleichen Moment den beiden Experimentatoren durchgab, dass gerade eine Fotografie des Sohnes Franck auf dem Bildschirm für die Zuschauer eingeblendet worden sei. Ohne diese Information konnten die beiden das nicht wissen und auch nicht sehen. Dieses reelle Faktum war der entscheidende Nachweis, dass die Direktmeldung über die Multi-Oszillations-Anlage unmöglich eine Voraussage sein konnte, die aus dem Unterbewusstsein unseres Forschers kam. Frau Tölke fragte weiter: „Kannst Du uns Deinen Namen nennen, damit ich weiß, dass Du es bist?"
„Franck grüßt die Mutter.
Hallo Dinchen!"

Das war die Antwort, die so viele Zuschauer live hören und direkt miterleben konnten. **„Dinchen"** war der Kosename, mit dem der Junge seine Mutter zu Lebzeiten oft scherzhaft gerufen hatte. Dann sagte er wieder ein Wort: **„Franckieboy",** das war der Spitzname, mit dem sie ihren Sohn liebevoll benannte.

Wie der Parapsychologe Dr. Gruber nach der Sendung dazu kommentierte:

„Dramatisches Experiment, äußerst selten in seiner Art, vielleicht einmalig! Die Forschung der Tonbandstimmen hat in den letzten Jahren nicht zuletzt gerade durch diesen Stimmen-Generator von Hans Otto König sehr große Fortschritte gemacht."

Mit der Entwicklung dieses innovativen technischen Systems war für den Forscher der erste Schritt auf seinem Weg getan: Er hatte eine sehr solide Basisgrundlage geschaffen, über die es für ihn möglich war, weitere Systeme in verbesserter Form zu entwickeln. Als er eines Tages seine Freunde aus der Geistigen Welt fragte, wie er denn nun ihrer Meinung nach das System noch mehr optimieren könnte, erhielt er folgende Antwort:
„Komm über Rot, Infrarot!"

Dann übermittelte ihm die Zentrale sechs neue Frequenzen in der 930-Nanometer-Zone. Diesmal zögerte der Forscher nicht eine Sekunde, um die wichtigen Informationen in die Tat umzusetzen. Nachdem er auch noch zwei weitere Systeme entwickelte, den FG 3 und den FG 5, die es vielen Menschen zu Hause ermöglichte, eigene Kontakte in einer besseren Qualität herzustellen, bereitete er sich bereits schon innerlich darauf vor, ein Abenteuer zu etwas neuem Unbekannten einzuleiten.

Das Infrarot-System

Unser Forscher war wissbegierig und neugierig, wie er nun eine neue Apparatur mit einer Integration von Infrarotstrahlen konzipieren sollte, mit Energiequellen, die in Lichtsphären fallen, und die wir mit unseren Sinnen überhaupt nicht wahrnehmen können. Würden sie die Qualität der Kontakte verbessern? Welche neuen technischen Entdeckungen erwarteten ihn dieses Mal auf seiner Reise, und würde es wieder einmal Probleme geben, die seinen Weg kreuzten? Was für Schätze würde er wohl bei dieser Gelegenheit in jenen geheimnisvollen Welten ausgraben dürfen? Wer könnte dann über das neue Gerät durchkommen und sich bei ihm melden? Und was würden sie ihm durchsagen?

Nichts war spannender für diesen Mann, als ein solches, hochgeistiges Abenteuer mit Hilfe der Technik, zusammen mit der Unsichtbaren Welt fortzusetzen. Bereits zu Beginn wusste er, dass sein größtes Problem wiederum in der Stabilisierung des Trägers liegen würde. Er hatte die Absicht, sehr spezielle Infrarot-Dioden zu integrieren. Solche zu finden, war ein kleines Abenteuer für sich. Siebzig verschiedene Dioden probierte er einzeln durch, um die sechs Richtigen zu finden, die er dafür geeignet hielt. Mit diesen sechs Dioden baute er eine kohärente Infrarot-Strecke zusammen, die es ihm ermöglichte, die von der Zentrale übermittelten Frequenzen auf einen Foto-Transistor zu projizieren, der die Frequenzen auffing und sie dann verstärkte. Dieses Mal war die Stabilisierung der Dioden nicht so anfällig gegen die äußeren Einflüsse wie beim Generator. Den Werdegang, mit allen seinen detaillierten Entwicklungsphasen, die wieder einmal viele Monate lang einen intensiven Arbeitseinsatz erforderten, wollen wir diesmal überspringen und uns nur auf einige spezielle, charakteristische Gegebenheiten der Anlage konzentrieren.

Die erste Kuriosität: Das System funktionierte explizit und ausschließlich in Anwesenheit von zwei Experimentatoren, hier Hans Otto König und Marlene Dohrmann. Die Unsichtbare Welt wies ihn - während einer Einspielung mit dem Generator in seinem Labor - klar und präzise darauf hin:
„Wir brauchen die Energie von Marlene Dohrmann und Hans König zur Stabilisation der Kontaktaufnahme und neue Erkenntnisse!"

Marlene Dohrmann war Mitglied der FGT und eine sehr engagierte Mitarbeiterin. Sie organisierte viele Konferenzen und war lange Zeit für die Herausgabe der Zeitschrift *„Die Parastimme"* zuständig. Sie besaß eindeutig mediale Kräfte und befand sich in regem Kontakt mit der Geistigen Welt. Wiederholt versuchte der Forscher herauszufinden, warum für diese Anlage die Energie von zwei Menschen notwendig war, aber er fand keine plausible Erklärung dafür. Deshalb führten Hans Otto König und Marlene Dohrmann, über mehrere Jahre hinweg, alle öffentlichen Direkt-Einspielungen gemeinsam durch.

Es gab viele Versuche mit dieser Anlage, in der die Botschaften einer weitaus höheren Ordnung durchkamen, als die, die über den Generator empfangen wurden.

Die zweite Besonderheit des Systems: Es existierten keine Pausen zwischen den einzelnen Nachrichten, also absolut kein Dialogsystem. Die Worte der geistigen Wesen kamen immer ganz plötzlich durch, und oft steigerte sich das Sprechtempo extrem schnell gegen Ende des Kontakts. Die Botschaften nahmen jedoch immer Bezug auf die Fragen, die vom Publikum während der Aufnahmevorbereitungen gestellt wurden:
„Höre zu!
Die Änderung der Infrarot Anlage bewirkt neue Kontakt-Möglichkeiten zu uns, und wir werden viele Fragen beantworten!"

Botschaften mit mehr philosophischem Inhalt wurden durch das neue System übertragen. Die kommunizierenden Geistwesen sprachen mit uns über unsere Existenz, über das Leben, den Tod, über die Kontakte und vieles mehr. Diese Apparatur kann andere, weitaus höhere Ebenen in Parallelen Welten erreichen, so wie sie es uns mitteilten. Geistige Entitäten der fünften bis zur siebten Ebene waren nun in der Lage, dank dieser neuen Technik zu uns durchzukommen und sich mitzuteilen, wobei die Zentrale weiterhin jede Aufzeichnung einleitete. Unzählige, dem Forscher oft völlig unbekannte Wesen, meldeten sich daraufhin und unter ihnen immer viele Kinder, wie zum Beispiel hier:
„Höre zu!
Wir sagen Euch, dass es uns gut geht! Stefan, Marco, Wolfgang, Birgit und Anja. Wir grüßen unsere Eltern."

oder:
„Viele Wesen auf unserer Seite grüßen, die mit der Zentrale verbunden sind."
„Anja, Birgit, Wolfgang Frank, Heinz, Silke Semmel, Melchers, Claudia, ... Marko, Köchi."
„Viele werden sich später über Fernsehen zeigen können."
„Höre zu!
Wir alle leben und freuen uns, wenn wir uns wiedersehen!"

Der Abstieg von einem höheren Niveau auf ein niedrigeres Niveau scheint für geistige Wesen möglich zu sein. Eine Aussage hierzu ist ganz besonders interessant:
„Hol die Toten von oben, kommt Kontakte!"

Auf die Frage: „Was meint ihr mit oben?", kam die Antwort:
„Die höhere Ebene!"

Wie es diese hohen Energieformen jedoch anstellen, um sich auf eine materielle Ebene zurück zu transformieren, bleibt für den Forscher weiterhin ein großes Rätsel. Er weiß überdies von ihnen, dass dieser Prozess sehr viel Energie erfordert. Daher möchte er hier nochmals nachdrücklich darauf hinweisen:

„Die Kontakte sind ein kostbares Geschenk, das uns unsichtbare Wesen darbieten, wir dürfen sie daher nicht missbrauchen! Diese Botschaften sind keine Selbstverständlichkeit, wir sollten sie nie als solche betrachten, sondern uns immer sehr dankbar dafür zeigen!"

Grundvoraussetzung, um diese Versuche durchführen zu können, ist eine intensive, innere Vorbereitung in Geist und Seele. Aus diesem Grund zogen sich H.O. König und Marlene Dohrmann vor jeder Sendung für eine Weile zurück, um zu meditieren. Die Zentrale äußert sich hierzu in folgender Weise:
„Höre zu!
Um eine gute und ständige Verbindung zu der anderen Seins-Ebene zu bekommen, ist eine geistige innere Vorbereitung von größter Wichtigkeit!"

Die große Kraft des Geistes, sowohl die der kommunizierenden Wesen, wie auch die der Experimentatoren, ist für eine substanzielle Kontaktherstellung mit den höheren Ebenen aus dem Jenseits ausschlaggebend:
„Höre zu!
Die Verbindung über die Infrarot-Anlage zu uns ist nur möglich über die geistige Kraft und Stabilisation von Marlene Dohrmann und Hans König!"

Um ein Zusammenkommen und ein Zusammensein zu feiern - hier feiern wir mit der Geistigen Welt - ziehen wir normalerweise unser schönstes, in-

neres Kleid an. Denn diese geistigen Wesen sind während der Einspielung augenblicklich anwesend und oft greifbar nah, auch wenn wir sie vielleicht nicht sehen, jedoch immer hören:
„Höre zu!
Wenn wir Kontakt haben, sind wir unter Euch!"

Dann ein wenig später:
„Höre zu!
Unsere Worte haben nur Bedeutung für Menschen, die verstehen!"

Letztgenannte Aussage könnte mit dem berühmten Ausspruch aus dem Evangelium verglichen werden: „Wer Ohren hat, der höre!"

Über die Infrarot Anlage kündigte die Unsichtbare Welt Hans Otto König auch den nächsten Schritt in seiner Forschungsarbeit an.

Die visuelle Kontakt-Übertragung auf einen Monitor:
„Höre zu!
In Eurer Zukunft werden wir die Realität unseres Daseins über Fernsehen zeigen!"

Bevor wir uns mit diesem technisch höchst komplizierten System befassen, halten wir einen Moment inne. Wir halten inne zu Beginn einer Etappe in seiner Forschung, die Hans Otto König aufgrund von mehreren Botschaften einschlug, die er aus der Geistigen Welt erhalten hatte, und die immer wieder auf den Laser hindeuteten.

H.O.K.: „Wie kann ich hier die Kontakte verlängern?"
„Versuche mit Laser!"

Das System mit dem Rubin-Laser

Welche Art von Laser würde sich denn für das neue System am besten eignen? Der Forscher stand vor dieser entscheidenden Frage. Die Antwort darauf gab ihm ein interessanter Artikel in einer medizinischen Fachzeitschrift, der über Rubin-Laser berichtete. Das war die Lösung! Er würde es mit einem dieser Rubin-Laser versuchen, *„weil seine Strahlen"* wie er uns erklärt, *„auch in den Nanometer-Bereich einfallen. Sie sind sehr konsistent, sehr stark und in der Lage, auch über lange Strecken stabil zu bleiben."*

Bei diesem speziellen Laser musste er mit großer Achtsamkeit vorgehen und bei der Arbeit ständig eine Schutzbrille tragen. Der Rubin-Laser war genau die richtige Eingebung, denn bereits kurz nach seiner Entscheidung erhielt er von seinem geistigen Team die folgende Bestätigung:
„Rubin-Laser ist der Weg!"

Er entwickelte ein sehr kompliziertes Verfahren mit kleinen speziellen Spiegeln, die genauso reflektierten, wie es ihm von der anderen Seite durchgegeben worden war. Der Forscher brauchte fast zwei Jahre, um diese sehr kostenaufwendige Technik zu entwickeln, die es wie keine andere schaffte, die Träger-Strecke so wunderbar zu stabilisieren, dass sie den unsichtbaren Wesen, bisher nie erreichte, folgenreiche Möglichkeiten gab, ihre Gedanken zu transformieren und sich somit zu manifestieren. Leider hatte dieses Gerät ein für jene Zeiten unüberwindliches mechanisches Problem. Wegen der vielen kleinen Spiegel war es so empfindlich, dass bereits die kleinste Schwingung, wie zum Beispiel ein einfaches Atmen, ausreichte, um auf das gesamte System einzuwirken. Alle Versuche, diese Anlage vor jeglichem äußeren Einfluss zu schützen, scheiterten. Es blieb ihm daher nichts anderes übrig, als einen erschütterungsfreien Raum zu bauen. Aber diese Idee war nicht in die Praxis umzusetzen, und so musste er letztendlich das Projekt ultimativ „ad acta" legen. H.O. König ist aber heute noch davon überzeugt, dass dieses System unbegrenzte Möglichkeiten besaß, um qualitative Kontakte mit anderen Welten herzustellen.

Sein nimmermüder Geist beschäftigte sich jedoch bereits mit einer neuen Intuition, gekoppelt mit neuen Herausforderungen, die er zu bewältigen kaum noch erwarten konnte: Die Schaffung einer Technik, mit der sich die unsichtbaren Wesen gleichzeitig durch Ton und Bild manifestieren konnten.

Der TV-Generator

Anfang der achtziger Jahre rief ihn ein Mitglied der FGT an und teilte ihm ganz aufgeregt mit, dass er Bilder von seiner verstorbenen Tochter Karin empfangen hätte. Hans Otto König und seine Frau hatten bereits viele Anrufe von Leuten erhalten, die behaupteten, paranormale Bilder zu empfangen, bei denen sich dann später jedoch immer herausstellte, dass es sich dabei um ganz normale Fotografien handelte. Daher maßen sie der Einladung von Klaus Schreiber keine großartige Bedeutung bei. Schreiber hingegen rief sie wieder an, um ihnen zu berichten, dass er nun Bilder von seiner verstorbenen Frau und deren Großmutter empfangen hätte, die - für ihn völlig unfassbar - auf seinem großen Fernsehbildschirm erschienen waren. Dieses Mal nahm der Forscher den Anruf ernst und fuhr direkt zu ihm nach Aachen. Nachdem er die einfache Verfahrensweise, die Klaus Schreiber benutzte, genau untersuchen und auf ihre Glaubwürdigkeit hin überprüfen konnte, war Hans Otto König davon überzeugt, dass diese Bilder authentisch sein mussten, obwohl ihm persönlich bei dieser Methode die Gefahr von eventuellen Bildprojektionen auch weiterhin zu groß erschien. Nach einem langen, ausführlichen Gespräch mit Klaus Schreiber kehrte der Forscher nach Hause zurück. Er dachte über alles nach, was er schon persönlich in dieser Richtung erlebt hatte, und er erinnerte sich an die unzähligen Botschaften, die er bereits auf seine kontinuierliche und unentwegte Frage erhalten hatte:

„Habt Ihr noch irgendwelche andere Möglichkeiten, Euch uns zu vermitteln?"
„Kontakt über Fernsehen!"

oder:
„Wir werden uns zeigen über das Fernsehen und werden mit Euch sprechen können!"

Die Begebenheit mit den paranormalen Bildern von Klaus Schreiber, der nun bereits im Ruhestand war, inspirierte unseren Forscher, eigens ein neues Kontaktsystem zu entwickeln, mit dem Bild und Ton gleichzeitig empfangen werden konnten.

Diese doppelte Modulations-Apparatur unterschied sich total von Klaus Schreibers Verfahren, und die Technik erwies sich wieder einmal als äußerst kompliziert. Man könnte jedoch behaupten, dass die Qualität der Bilder, im Vergleich zu denen von Klaus Schreiber, mit einer einfachen Kontaktaufnahme über ein Radiogerät und der Einspielung mit einem der Systeme aus der Grundlagenforschung gleichzusetzen war. Keine von seinen Apparaturen verlangte von ihm soviel Arbeit ab wie diese. Sie erforderte unzählige Versuche mit einem Fernsehsystem, um Bild und Ton zu synchronisieren. Dank seiner vielen Experimente in den Jahren 1988 bis 1996 mit dieser komplizierten Anlage, wurden wahre Schätze übertragen, wie die wunderbare Botschaft mit Bild des alten Mannes. Andere Bilder erschienen auf dem Bildschirm, wie die Entstehung eines Gesichts und später sein kontinuierliches Auflösen, um hier nur einige der vielen Beispiele zu nennen.

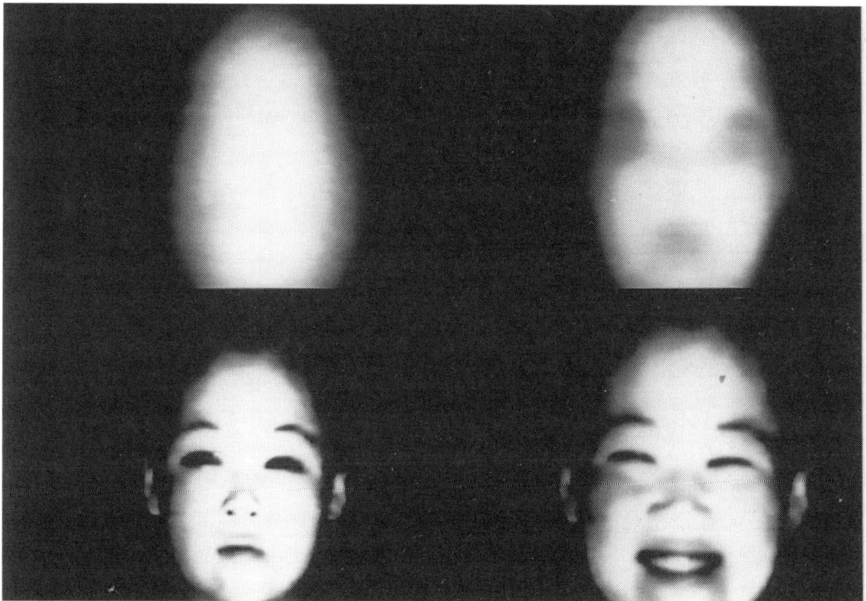

Während diese Bilder auf dem Bildschirm erschienen, hörten wir gleichzeitig die folgenden Worte:

„Gibt es wirklich ein Gesicht, oder ist ein Gesicht vielleicht nur eine Anhäufung unendlich vieler Masken?

In der letzten Instanz ist da der Spiegel, der aus dem tiefsten eines Menschen kommt.

Was ist denn das?
Eine Botschaft des Himmels?
Diese Botschaft kann und muss jeder auf seine Art entschlüsseln.
Es sind alles nur Versuche."

In Düsseldorf-Overath, im Jahr 1997, während einer Einspielung mit dem Multi-Oszillations-TV-System wurden unzählige Bilder aus der Unsichtbaren Welt mit folgenden Aussagen zugeschickt:

„Über den Kristall vermitteln wir!"

„Sehen das Schicksal Eurer Erde. Wir werden es einigen von Euch vermitteln dürfen."

„Wir sind eine Energievermittlung! Energie-Körper können wir sein."

„Senden wir Euch eine Kraft der Liebe. Nehmt sie an!"

„Erinnert Euch an mein Gesicht!"

„Wir werden immer bei Euch sein, Engel und Beschützer."

„Eine Gruppe Resonanzenergien bestehen wir."

„Wir leben in Frieden und erwarten Frieden. Wer den Frieden bricht, wird die Belastung auf sich nehmen!“

„Wir sagen Euch, alle, die hier sind, helfen!"

„Seltsam, wir können Euch alle sehen, einige kennen wir."

„Brauchen wenige Worte zur Vermittlung."

„Erde bringt Schrecken!"

„Der Tod, das Leben - alles spiegelt sich wieder. Ein Spiel!"

Ausschnitte einer Fernseheinspielung

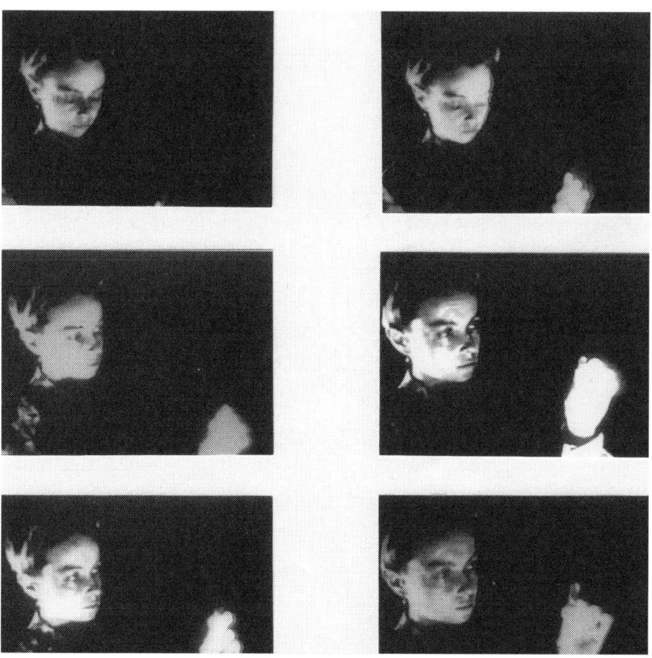

Wie bringen es die geistigen Wesen nur fertig, sich mit Bildern auf einem Monitor zu zeigen, so wie sie es uns in diesem Moment demonstriert haben? Hier einige ihrer Aussagen dazu, als kleine Anregung zum Nachdenken:
„Wir sind Gedanken, wir zeigen uns, wie Ihr wünscht oder wollt!"

„Höre zu! Vergesst nicht, wir können zu gleicher Zeit Pflanzen, Tier, Tier-Mensch sein, wie Ihr oder wir wollen!"

„Jedes Lebewesen zeigt sich, so wie Ihr sie kennt."

„Bildhaft speichern wir unser Ober- und Unterbewusstsein!“

„Bildhaft speichern wir unseren Körper.“

„Was Ihr seht, ist einer der vielen Körper, die wir besitzen können!“

"Höre zu!
Wir haben hier die Möglichkeit, Gestalt anzunehmen, die unseren Vorstellungen entspricht!"

Interessant sind auch die beiden nächsten Antworten aus dem Jahre 2003, empfangen über die HRS-Anlage, auf die folgenden Fragen von Hans Otto König: „Wie seid ihr nur dazu in der Lage, euch bei diesem Experiment hier auf dem Bildschirm genauso zu zeigen, wie ihr ausgesehen habt, als ihr noch auf der Erde ward?"

„Die Bilder, die wir in unserem Ober- und Unterbewusstsein gespeichert haben."

H.O.K.: „Woher nehmt Ihr die Kraft, um Euch zu zeigen?"
„Alles ist Energie!"

Um dieses Phänomen besser verstehen zu können, bedarf es zusätzlicher, instruktiver Informationen. Der Forscher versucht das Thema aus folgender Sicht zu erläutern:

„Eine solche Vorgehensweise ist absolut typisch für die Geistige Welt. Wir werden niemals eine ausführliche Antwort erhalten. Natürlich werden uns alle wichtigen Elemente eines Leitgedankens mitgeteilt, manchmal aber auch über viele Jahre hinweg verstreut. Sie übertragen immer nur kleine Fragmente, welche eines Tages als ein Gesamtbild resultieren und so als Endprodukt eine eindeutige und sinnvolle Erklärung auf unsere Frage ergeben. Jeden Tag stoßen wir auf neue Dinge, von denen wir bereits einiges, aber eben noch nicht alles wissen. Also innerlich fragen und hinterfragen wir uns ständig, während unser Gehirn unermüdlich neue Hypothesen darauf aufbaut!"

Normalerweise hält sich der Forscher gerne zurück, über seine persönlichen Ansichten hinsichtlich dieser Phänomene zu sprechen, solange er sie nicht beweisen oder sie zumindest als große Wahrscheinlichkeit präsentieren kann. *„Wie sollte sich sonst eines Tages ein technischer Laie in all diesen Realitäten zurechtfinden?"* sagt er oft, mit einem Schatten von Traurigkeit in seiner Stimme. *„Es ist alles bereits ein solches Durcheinander geworden, also möchte ich nicht auch noch mehr hinzufügen!"*

Bei meinem Interview (die Autorin) mit Hans Otto König über seine Kontakte mit dem Fernseh-Generator hatte es den Anschein, als ob ihn dieses Kapitel seiner Forschung gar nicht mehr so sehr interessieren würde. Mehr noch, ich gewann den Eindruck, als ob er nicht die Absicht hätte, weiter auf dieses Thema einzugehen:

„Ich hatte mich ja mittlerweile daran gewöhnt, Kritik für meine ganzen Forschungstätigkeiten zu erhalten, aber alle Beanstandungen gegenüber meinen Versuchen mit dem TV-Generator waren derart zahlreich, dass sie im Gegensatz zu dem kolossalen Arbeitsaufwand, um diese einmaligen phänomenalen Ergebnisse in Bild und Ton zu erlangen, in keinem Vergleich mehr standen. Mit dem Einzug des Computers und seinen enormen, technischen Möglichkeiten hätte ich mein Leben lang damit verbringen müssen, um meine Arbeit gegen all die Anschuldigungen eines Betrugs zu rechtfertigen, anstatt meine ganze Energie nur in meine Forschung zu setzen. Deswegen ist mir die Lust dazu regelrecht vergangen, hier weiter zu recherchieren."

„In der Welt der „Instrumentellen TransKommunikation" verirrten sich die vielen Diskussionen - meiner Ansicht nach - oft in Absurditäten. Und dann, auf einmal, wurden überall andere, paranormale Bilder empfangen, obwohl ich mir ganz sicher war, dass es sich bei den meisten davon um Fehlmeldungen handelte. Im Rausch der Begeisterung wollte man nicht, oder war man wohl einfach nicht dazu bereit, die ganze Angelegenheit sachlich und kritisch zu betrachten, um die wichtigen Unterschiede zwischen all diesen Phänomenen zu erkennen und zu realisieren. Deshalb mochte ich meine Forschung in dieser Richtung nicht mehr fortsetzen, auch wenn die Resultate in ihrer genialen Einzigartigkeit unüberbietbar bleiben. Für eine effektive Studie sind jedoch noch viele Recherchen in diesem Bereich notwendig, die zudem noch eine enorme Investition von Zeit und finanziellem Aufwand erfordern. Trotz allem bin ich sehr dankbar für alles, was ich darüber erfahren und entdecken konnte. Eine Technik, um paranormale Bilder in einer Kombination mit paranormalen Botschaften empfangen zu können ist erschaffen. Die Resultate sind vorhanden. Mehr möchte ich dazu nicht mehr sagen!"

Stationen bis zur völligen Entwicklung einer Gestalt

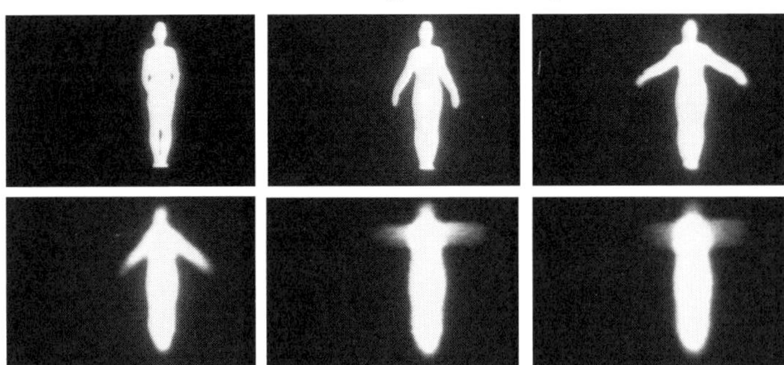

Paranormale Fotografie

Paranormales Bild

Fotografie zu Lebzeiten

Im Dezember 1994, während wir auf dem Monitor beobachten, wie sich das Gesicht einer Person entfaltet und dann vor unseren Augen entsteht, hören wir gleichzeitig folgende Botschaft:
„Was alles sich so in einem Leben zusammenfügt?
Zufall? Nein! Ich muss sagen: Nein!

Wir wissen jetzt alle und müssen es wissen.

In der Hand einer übergeordneten Führung,
solange wir das Rechte tun und das Rechte wollen.

Alles andere fällt in sich zusammen.

Ich möchte das Leben nicht noch einmal leben.

Und alles war gestern.

Die Zeit, ein Schatten - Schatten folgen.
Schatten folgen ist letzten Endes unser ganzes Leben."

Die dazugehörige, empfangene bewegliche Abbildung

Lasst uns noch abschließend die folgenden Worte auf uns wirken:
„Viele schlafen noch auf der ersten Ebene.
Andere glauben, so weiter zu leben wie im Erdenleben."

Das HRS-SYSTEM, basierend auf Kristallen

Seit vielen Jahren machte der Forscher seine täglichen Studien sowohl mit Pflanzen und ganz besonders mit Kristallen. Lange Zeit beschäftigte er sich mit den Philodendron-Pflanzen. Würden auch sie auf bestimmte Reize reagieren? Könnten sie für die Kontaktaufnahme mit der Unsichtbaren Welt nützlich sein? Nach und nach lernte er ihre individuellen Reaktionen kennen. Ein Beispiel: Eine besondere Pflanze reagierte immer und nur dann, wenn sein Sohn das Zimmer betrat, und wiederum eine andere zeigte plötzliche Impulse, wenn er selbst seinen Fuß in sein Laboratorium setzte. Beide Pflanzen liebten klassische Musik, jedoch nicht die gleichen Komponisten. Aber bei allen diesen Observationen fand er keine geeignete Möglichkeit, um sie in die Grundlagenforschung zu integrieren. Er ist sich jedoch ganz sicher, dass Pflanzen, genau wie Kristalle, leitende Funktionen besitzen und somit wertvolle Hilfe bei der Bildung einer Kontaktbrücke leisten können.

Über zwei Jahre lang studierte er die Eigenschaften der Kristalle und sammelte wichtige Hinweise über sie. Sie würden eine Rolle der höchsten Ordnung in seinem neuen, bereits geplanten System spielen. Die Geistige Welt übermittelte ihm auch diesen Arbeitsgang mit den Kristallen und lenkte seine Aufmerksamkeit immer wieder auf deren Bedeutsamkeit:
„Kristalle sind die Schlüssel zur Verbindung!"
„Der Weg über die Kristalle."
„Wir kommen über die Kristalle."
„Nimm Kristalle als Hilfe zur Kontaktaufnahme!"

Und mit welchen Quarzen sollte er arbeiten?
„Bergkristall!"

...war die Antwort. So tauchte er ein, in die wundersame Welt der Bergkristalle. Er untersuchte sie intensiv und entdeckte - dank der unzähligen Studien, die er in seinem Labor durchführen konnte - ihre Geheimnisse. Er überprüfte sie in technischen Experimenten auf ihre Reaktionen und spürte ihren magischen Einfluss bei seinen Meditationen. Er betrat somit ein neues, geheimnisvolles Land, das so lebendig war, wie die Welt von Menschen, Tieren oder Pflanzen. Durch die Technologie konnte er beobachten, wie diese kristallinen Wesen ihm unzählige und verborgene Schätze offenbarten; Weisheiten, die in unserer heutigen Zeit schon fast in Vergessenheit geraten, aber noch in vielen Kulturen und alten Schriften zu finden sind.

Welche außergewöhnlichen Kräfte besaßen denn nun diese Mineralien, um sichtbare und unsichtbare Welten miteinander zu verbinden? Die Kristalle wurden für unseren Forscher zu echten Freunden, mit denen er große persönliche Erfahrungen machen konnte. Aber, um irgendwie Licht in ihr geheimnisvolles Dasein durch sachkundige Analysen bringen zu können, musste er zuerst einmal ein neues Gerät hierfür erfinden. Er begann, ein System mit Transistoren, integrierten Schaltkreisen und speziellen Dioden zu konstruieren, mit dem er genauestens beobachten konnte, wie und auf welche Schwingungen dann die Kristalle reagierten. Nach Angaben des Forschers ist der Kristall ein lebendiges Wesen, das auf äußere Einflüsse reagiert. Man kann diesen Quarz gezielt mit bestimmten Reizen stimulieren, und er besitzt Charakteristiken, die man sogar mathematisch genau berechnen kann. Auf welche Frequenzen reagieren Kristalle? Eine höchst interessante Frage, die nun gründlicher zu untersuchen war! Um das herauszufinden, beleuchtete er sie mit dem gesamten Farbspektrum und dann mit Infrarotstrahlen, um daraufhin ihr Verhalten zu beobachten. Dann - an einem Abend - erhielt er von seinen geistigen Teamkollegen die ausschlaggebende Information, UV-Strahlen zu verwenden.

Er folgte diesem Hinweis und konnte dann feststellen, dass die Kristalle weder auf UV-A noch auf UV-B, sondern einzig und allein auf UV-C-Strahlen im 280-Nanometer-Bereich reagierten. *„Aufgrund einer solchen Bestrahlung"* erklärt Hans Otto König, *„wird die Kristallstruktur aktiviert und beginnt sich zu verändern. Die Kristallgitter werden neu geordnet, dann wird eine Resonanz erzeugt, damit sich daraus ein Kraftpotential bilden kann."*

Der Forscher erkannte, dass jeder Kristall bei gleicher Frequenz völlig unterschiedlich reagiert. Jeder Kristall besitzt eine Eigenfrequenz, die analysiert und auch gemessen werden kann. Nun stellte sich eine interessante Frage: Wenn diese Kristalle ein eigenes Leben haben, wirken sie dann auch in einer Verbindung zueinander? Gibt es welche, die miteinander in Resonanz treten, genau wie bei den Menschen, die schwingungsgleich sind und andere wiederum nicht? Unser Forscher untersuchte sie auf ihr soziales Verhalten untereinander. Was war sein Ziel? Sechs Kristalle zu finden, die bei den Schwingungen absolut gleich ausgerichtet waren und zusammenpassten, um so das Potential zu optimieren und gemeinsam Energie zu transponieren. Also, sechs Frequenzen so miteinander in Einklang zu bringen, dass sie wie ein harmonisches Schwingungskonzert fungierten. Diese Intuition kam ihm, als er Musik hörte und sich plötzlich an die Harmonielehre der Musik erinnerte und an eine Aussage, die er erst vor kurzem empfangen hatte.

H.O.K.: „Was kann ich tun, damit ein längerer Dialog aufgebaut werden kann?"

Antwort: **„Die Kristalle mit Sinngebung in der Erscheinung!"**

Nachdem er über fünfzig verschiedene Kristalle analysiert, aufgegliedert und gemessen hatte, fand er die sechs Richtigen: Der erste Kristall, der eine Grundfrequenz vorgab und fünf andere, die harmonisch auf diese Grundfrequenz reagierten. Er verstand, dass in dieser neuen Anlage die Kristalle den notwendigen Träger für die Gedankenmodulation unserer geistigen Informationsfelder stellen würden, über den diese sich dann akustisch manifestieren könnten. Allerdings musste er noch den wichtigsten aller Kristalle finden, den siebten, der das ganze Konzert der sechs anderen erfassen, sammeln und es dann, wie eine Antenne, wieder zurück auf die Unsichtbare Welt projizieren würde. Ein neues technisches System war entstanden, bei dem diese sieben Kristalle den Träger darstellten, der maßgeblich war, um mit geistigen Strukturen aus unsichtbaren Bereichen Kontakt aufzunehmen. Diese einzigartige Anlage wurde in den folgenden Jahren für jede Direkteinspielung immer wieder verändert und verbessert. Alle Variationen zeigten, dass die Kristalle wesentlich dazu beitragen, Kontakte zu anderen Seins-Ebenen zu bekommen:

„Über den Kristall vermitteln wir!"

Diese Lehre und Anweisung aus dem Jenseits konnte nicht mehr als richtig und wahrhaftig sein, wenn auch völlig neu und nahezu unmöglich, sie jenem Geist begreiflich zu machen, der sich weiter an die konventionelle Physik und deren Gesetzmäßigkeiten hält.

Die damalige Ehefrau unseres Forschers, Margaret König, benannte das neue HRS-System „Hyper-Raum-System", weil es unsere Welt von Raum und Zeit überwindet, um uns mit anderen Lebensformen zu verbinden, die so unendlich weit von unserem irdischen Planeten entfernt liegen. Es war nun das erste Mal, dass einem anderen Universum, das nichts mehr mit unserem Planeten gemein hat, die Möglichkeit gegeben wurde, sich den Menschen mitzuteilen.

Dank der Integration der sieben Kristallelemente erreichten uns geistige Energieformen, die einen realen Dialog mit Stimmen von unglaublicher Klarheit eröffneten. Nach vielen Jahren harter Arbeit und aufregenden Erlebnissen hatte Hans Otto König endlich sein Ziel erreicht: Klangwert und Länge von Nachrichten aus anderen Welten qualitativ aufs Höchste zu perfektionieren!

Für die Menschen jedoch, die seinen wachsenden Fortschritt in der Kontaktaufnahme nicht näher verfolgt hatten, war die plötzliche Konfrontation mit den Stimmen, die von ihrer Klangfarbe so nahe an einer menschlichen Stimme lagen, quasi wie ein Schock, der weit über ihr Verständnis hinausging. Sie konnten es einfach nicht glauben, dass diese empfangenen Aussagen von Weseneinheiten aus anderen Welten stammen sollten. Es blieb für sie zu schwer zu begreifen, das dort Unglaubliches mit einem Mal Realität geworden war, der Sprung ins Unbekannte war einfach zu groß.

Der Forscher erkannte nun den Sinn in der tiefgründigen Wahrheit der Worte, die ihm einmal die Zentrale, hierauf bezogen, zukommen ließ:

„Höre zu!
Vieles haben wir gesagt! Wenig ist verstanden worden!"

„In der Tat" so erläutert unser Forscher *„ist es genauso wie der Versuch, einem kleinem Kind von sechs Jahren, das bis jetzt nur ein einfaches Rechnen in der Schule gelernt hat, die Regeln der höheren Mathematik beizubringen - mit dem Unterschied, dass die Offenheit für diese Art von Phänomenen nicht vom Intellekt abhängt, sondern allein von der Reife des Geistes. Des-*

halb liegt es auch auf der Hand, dass das Kind sich abwendet." Aber es gibt natürlich auch all die vielen anderen Menschen, die genügend Kenntnisse der höheren Mathematik haben und die nun in großer Demut und tiefer Dankbarkeit an Einspielversuchen mit größeren technischen Verfahren teilnehmen. Dennoch, bei den Experimenten weiß man nie im Voraus, ob sie erfolgreich sein werden oder nicht, oder ob überhaupt irgendetwas passieren wird. Daher weist der Forscher bei seinen Konferenzen jedes Mal eingehend darauf hin:

„Vergessen Sie bitte nicht, dass es sich hier lediglich um Versuche handelt, von denen wir das Ergebnis niemals im Vorhinein wissen. Wir werden ständig und kontinuierlich mit etwas Neuem, Unbekanntem konfrontiert. Niemand kann voraussagen, ob diese Experimente somit erfolgreich sein werden. Sicherlich kenne ich schon die meisten Parameter, die mit ins Spiel kommen werden, jedoch gibt es immer noch mehr Wissen, das noch im Dunkeln verborgen liegt, als die lichten Horizonte, die bereits enthüllt werden konnten. Diese Versuche erlauben uns jedoch, stets etwas dazuzulernen, auch wenn wir fehlschlagen. Der Erfolg ist hier nicht maßgeblich! Wesentlich und wichtig ist nur das, was wir von den Experimenten selbst lernen!"

All die vielen Direktaufzeichnungen des Forschers mit dem neuen System waren jedes Mal, in jedem Seminar und in jeder Konferenz ein durchschlagender Erfolg, obwohl die empfangenen Durchsagen vom menschlichen Verstand und von Seiten der Vernunft nicht immer so leicht zu akzeptieren sind: Ein geistiges Wesen meldet sich von einem Fixstern, der den Namen Sirius trägt und Millionen von Lichtjahren von unserem Sonnensystem entfernt liegt. Also, selbst wenn viele Personen dazu neigen, das Ganze als reine Science Fiction abzutun, ist es daher ganz wichtig, diese objektiven, akustischen Aussagen ernst zu nehmen und sachlich zu betrachten. Sie sind eine Tatsache, und wir werden ihre Realität nicht los, nur weil sie nicht in unser Denkmuster passen. Machen wir uns daher nicht respektlos gegenüber der Wirklichkeit schuldig, nur weil sie unser Weltbild stören würde. Halten wir nur Augen und Geist offen und überdenken den tiefen Sinn der Worte von Paracelsus:

„Was für eine frühere Generation als Epitom, der Inbegriff des menschlichen Wissens betrachtet wird, wird oft von der folgenden Generation für eine Absurdität gehalten und diejenige, welche ein Jahrhundert lang als Aberglaube gilt, könnte dann die Grundlage der Wissenschaft des folgenden Jahrhunderts bilden!"

Jedoch, bei näherem Betrachten der Botschaften, die von der Zentrale über Jahre hinweg durchgegeben werden, scheint es gar nichts so Außergewöhnliches zu sein, eine Kommunikation mit anderen Existenzebenen herzustellen, die auf anderen Planeten leben. Auch wenn sie beispielsweise 4,6 Millionen Lichtjahre von uns entfernt sind, und dass es somit, nach unserer Zeitrechnung, Hunderte von Jahren dauern würde, bis uns diese Informationen hier auf der Erde erreichen könnten:

„Höre zu!
Von der universellen Sicht gibt es keine Zeit!
Hundert Jahre für Euch sind für uns eine Sekunde!"

„Höre zu!
Es gibt andere Energiefortbewegungen, die über Eure physikalischen Gesetzmäßigkeiten mehr als Trillionen von Jahren überschreiten!"

„Höre zu!
Kosmische Verbundenheit ist eine Möglichkeit, mit außerplanetarischem Leben in Verbindung zu kommen. Marlene Dohrmann und Hans König haben diese Verbindung!"

„Höre zu!
Es gibt Leben auf anderen Planeten. Sie versuchen, mit Euch in Kontakt zu treten!"

„Verschieden ist Eure Einstellung!"

„Im Hinblick auf alle Nachrichten, die empfangen wurden, erscheint es mir zunehmend anmaßend, unser Universum allein in die Grenzen unserer fünf Sinne einzuschränken und nur das als Realität zu akzeptieren, was sich der Konsequenz unserer fünf Sinne und der mechanischen Lehre der Physik unterordnet und aufgrund dessen lediglich von den Gesetzmäßigkeiten unseres Diesseits erfassbar ist. Die Möglichkeiten und das Potential eines Geistes scheinen viel größer und

faszinierender zu sein, als das, was sie uns glauben lassen wollen. Aber es wäre ja nicht das erste Mal in der Geschichte der Menschheit, dass jemand die Menschen anspornt, ihre Höhlen zu verlassen, obwohl viele lieber drinnen bleiben möchten. Alle Veränderungen einer Denkweise geschehen auf unserem Globus sehr langsam. Ein Globus, der immer noch so jung ist, angesichts der Entstehung des Universums und unserer Kultur, welche, von der Perspektive anderer Welten aus betrachtet, weiterhin unterentwickelt und mitunter sogar trivial und primitiv erscheint. Die Zukunft wird vielleicht, oder ganz sicher, mehr Licht in diese Themen bringen. Somit wollen wir uns jetzt daran halten, alles das, was wir jetzt empfangen, respektvoll aufzunehmen und zu archivieren, um weiter nach neuen Erklärungsmustern dieser außergewöhnlichen Phänomene zu suchen. Ist uns doch das Eine gewiss, dass wir von Geheimnissen und von ungelöster Rätselhaftigkeit umgeben sind, die uns Bescheidenheit lehren sollten und die Demut vor jenem Unergründlichen, das hinter allem Sichtbaren ist!"

Frage: „Was soll ich tun, um mich im Jenseits weiter zu entwickeln?"
Antwort: „Alles, was ihr hier lernt, könnt ihr im Jenseits gebrauchen. Nichts geht verloren!"

Frage: „Ist es wichtig, so viel Schmerz zum Zeitpunkt des Todes zu haben?"
Antwort: „Der schwerste Tod ist jener, den wir für den Leichtesten halten, also der plötzliche, unerwartete Tod.
Die Seele des Verstorbenen kann dadurch das erleiden, was wir einen seelischen Schock nennen!"

Das UDS-System
(Das System in Universalrichtung)

Wir sind nun bei der letzten Station unserer Forschungsreise angelangt: Die Erfindung der UDS-Anlage, oder auch besser unter dem Namen „Universal-Dimensions-System" bekannt, an welchem unser Forscher, während ich (die Autorin) dieses Buch schreibe, ständig irgendetwas modulieren, variieren oder verbessern muss.

Man könnte diese einzigartige Anlage als die Vereinigung der zwei Systeme definieren, welche in der Entwicklungsphase vorangegangen waren, der Generator und das HRS-System. Für dieses neue System hat ihm die Zentrale aus der Geistigen Welt wieder einmal sechs neue Frequenzen durchgegeben. Unzählige Veränderungen mussten während des mühevollen Arbeitsgangs vorgenommen werden: Der siebte Kristall wurde ausgetauscht und die Bergkristalle durch sechs Herkimer-Diamanten ersetzt, Quarzkristalle, die sich nicht, wie so üblich, in Kolonien ansiedeln. Mit Hilfe dieses neuen Systems führt Hans Otto König weiterhin unzählige Recherchen für seine Forschung durch. Zum Beispiel versuchte er zu erkennen, wie sich der Einfluss dieser Kristalle auf die Selektionen mit der Geistigen Welt auswirkte. In erster Linie war es ihm natürlich ganz außerordentlich wichtig zu entdecken, welchen Wesenseinheiten es nun gelang, sich über dieses System zu vermitteln, und er wollte damit ein breiteres Frequenzspektrum schaffen, so dass - während der Einspielungen - gleichzeitig mehrere Einheiten durchkommen konnten, um sich uns mitzuteilen.

Experimente, durchgeführt mit dieser hochsensiblen Anlage, sind mittlerweile Gegenwart derjenigen geworden, die ein tiefes Interesse für die Geistige Welt zeigen und bereit sind, sich auch innerlich auf einen signifikanten Kontaktaustausch vorzubereiten. Durch dieses System werden wir nicht mehr auf die jenseitigen Bereiche treffen, wo sich die Seelen der Verstorbenen befinden und sich uns vermitteln, sondern es werden andere, überirdische Ebenen erreicht, die weit darüber hinaus existieren, bevölkert von Energieformen, die noch nie auf dem Planeten Erde gelebt haben. Erwarten wir mit Dankbarkeit, was wir, mit Hilfe der technischen Systeme, von diesen anderen Dimensionen entdecken und erfahren dürfen; Seins-Ebenen, mit denen wir so eng verbunden sind, ob wir uns dessen bewusst sein wollen oder auch nicht.

...fast vier Jahre sind nun mittlerweile vergangen, seit ich (die Autorin) diese letzten Zeilen geschrieben habe, eine Zeit intensiver Forschung mit interessanten neuen Erkenntnissen, wunderbaren Einspielungen und Begegnungen über herkömmliche Methoden, dem UDS-System und der Infrarot-Anlage. Letztere konnte, nach über 20 Jahren, wieder in Betrieb genommen werden, nachdem die Unsichtbare Welt unserem Forscher wieder sechs neue Frequenzen durchgegebenen hatte, die mit den geistigen Strukturen von Hans Otto König und meiner Wenigkeit in einer Verbindung stehen. So erhielten wir, im Sommer 2016, unter Einsatz dieses Geräts, folgende, wunderbare Botschaften:

„Wir versuchen Kontaktfeld zu schließen zu Anna Maria Wauters und Hans König.
Kontaktfeld geschlossen zu Anna Maria Wauters und Hans König.
Der Erdenmensch hat heute einen Punkt erreicht, wo die Zerstörung vollständig wäre.

Ohne Hilfe von höheren Sphären, sowohl geistig als auch physisch, wäre die gesamte Menschheit dieses Planeten verloren."

„Höre zu!
Was wir wahrnehmen sind Eure Gedanken. Konzentriert Euch auf Eure Gedanken! Wir werden sie registrieren, aufnehmen und speichern. Mit jedem einzelnen hier in diesem Raum werden wir Kontakt aufnehmen, im Traum, in Euren Gedanken!"

„Höre zu!
Wir erblicken Lebewesen, die Euch nahe sind und mit Euch in Kontakt treten können, in Euren Gedanken. Die Erde soll jetzt in einen neuen Bewusstseinszustand versetzt werden, ihr Bewusstseinsvermögen soll angehoben werden!"

„Höre zu!
Das Leben nach Eurem Erdenleben bedeutet, dass wir eins der anderen Blickfenster wieder wechseln. Das eine, das dunkel für Euch, undurchsichtig war, wird dann durchlässig."

„Höre zu!
Ihr seid Teil eines gewaltigen Bewusstseinskontinuums. Ihr könnt es erkennen durch die Meditationen."

„Höre zu!
Alles was Ihr tut, wird gesehen und ist aufgezeichnet!"

„Höre zu!
Bedenkt, Ihr seid Instrumente einer Göttlichen Evolution, die spirituelle Realität, eine Erweiterung der materiellen Realität!"

„Wir beenden den Kontakt. Energie geht zu Ende!
Wir senden Euch ein Energiefeld und ein Kraftfeld."

Hier sprach die Zentrale zu uns, hochentwickelte Geisteswesen, die eine irdische Evolution durchlaufen haben und deswegen die Verhältnisse und Gegebenheiten unseres Planeten gut kennen.

Über das UDS-System vermittelten sich geistige Energieformen oder Lichtgestalten, die noch nie ein Erden-Dasein geführt haben und deren Lebensbereiche unendlich weit von unserem Planeten entfernt liegen.

Sanaedes, eine uns schon länger bekannte Vermittlerin vom Fixstern Sirius, hat sich in der letzten Zeit leider nicht mehr akustisch gemeldet.

Ihre Botschaften sorgten allerdings für großen Aufruhr und brachten dem Forscher erneut Abneigung und Kritiken ein. Zufälligerweise hatte jemand entdeckt, dass verschiedene Satzfragmente, die Sanaedes während der Einspielungen gebrauchte, um sich uns gegenüber auszudrücken, äquivalent in einem Buch wiederzufinden sind, das von einer sehr schönen Frau, Gerda Johst, die stets mit der Geistigen Welt in Verbindung stand, geschrieben wurde. Dieses Buch mit dem Titel „Das ungeschliffene Juwel", Reichl Verlag, wurde später von der Autorin persönlich vorgelesen und dann auch als Hörbuch herausgegeben. Die wunderschöne Stimme von Sanaedes hat tatsächlich die gleiche Klangfarbe wie die Stimme von Gerda Johst. Obwohl Hans Otto König weiß, dass diese oder ähnliche Phänomene in der Vergangenheit bereits schon bei anderen Experimentatoren aufgetreten sind, waren bei ihm selbst - in seiner Forschungsarbeit - solche wörtliche Übermittlungen bis dato noch nie erschienen. Unwillkürlich stellt man sich die Frage: Wie ist es uns möglich, eine menschliche Stimme von einer paranormalen Stimme zu unterscheiden, wenn sich die beiden akustisch so gleich anhören?

Ja, es ist durchaus möglich! Durch ein hochspezialisiertes Verfahren und einer funktionellen Apparatur sind wir heutzutage technisch in der Lage, individuelle Frequenz-Bilder zu messen und empfangene Aussagen auf ihre Paranormalität hin zu analysieren und zu prüfen.

Diese Messungen wurden selbstverständlich durchgeführt, und es konnte dabei sehr gut beobachtet und festgestellt werden, dass sich die akustischen Vermittlungen, empfangen von Sanaedes, messtechnisch komplett von der Stimme von Gerda Johst in ihrem Hörbuch unterscheiden, trotz ihrer akustischen Äquivalenz.

Vielleicht stellt diese Entdeckung den ersten Schritt dar, um zu einem tieferen Verständnis zu Übermittlungen von Geistwesen, welche nie auf der Erde gelebt haben, zu kommen. Wie kann ein geistiges Wesen, das nie auf unserer Erde gelebt hat, sich in einer, uns verständlichen, Sprachform artikulieren, die in seiner eigenen Welt überhaupt nicht existiert? Wie gelingt es ihm, uns Informationen und Realitäten dennoch zu überbringen? Solch hochentwickelte Energien haben deutlich andere Wege und Möglichkeiten zur Verfügung, bei denen wir Menschen nur fasziniert zuschauen können und viel Zeit brauchen, um sie wirklich zu begreifen. Bis zum jetzigen Zeitpunkt fehlt es uns für solch außergewöhnliche Phänomene noch an Erklärungsmustern. Allerdings wissen wir bereits, dass die Forschungsarbeit in der „Instrumentalen TransKommunikation" ein Anreihen und Aufeinanderfolgen wissenschaftlicher Anomalien bedeutet, die sich in keiner Weise den Gesetzmäßigkeiten materieller Daseinsebenen unterordnen müssen und die es, dem menschlichen Vernunftdenken gemäß, überhaupt nicht geben kann und darf.

Doch es gibt sie! Und Gott sei Dank gibt es sie! Sie übermitteln uns wunderbare und interessante Botschaften und fordern die Menschen auf, weiter zu denken und weiter zu recherchieren.

Sie veranschaulichen aber auch gleichzeitig, dass sich die Forschung über die geistigen Strukturen niemals der Logik unserer fünf Sinne und der mechanischen Physik unterordnen wird. Sie arbeitet mit Informationsfeldern, die jenseits von greifbaren und empirisch erfassbaren Diesseits-Gesetzen liegen. Aber nach welchen Gesetzen funktionieren sie denn? Wie oft - in seiner achtundvierzig Jahre langen Tätigkeit - ließ den Forscher eine Kommunikation mit der anderen Seins-Ebene auf einmal ganz schweigsam werden, erstaunt und fasziniert von dem, was sich in jenen Einspielungen alles vollzog. In solchen Augenblicken wurde er sich bewusst, wie wenig wir hier auf der Erde noch von geistigen Realitäten, von unsichtbaren Sphären und ihren Interaktionen mit unserem irdischen Planeten wissen.

Auf seiner Suche nach Antworten ist Hans Otto König, ein durch und durch wissenschaftlich geschulter Geist, so manches Mal an die Grenzen seiner eigenen Vernunft und der persönlichen Vorstellungskraft gestoßen. Seit seiner ersten Begegnung mit den paranormalen Stimmen (1974), wurde ihm sehr viel abverlangt. Er hatte Unerklärliches als Wahrscheinliches anzunehmen und unvorstellbare Ereignisse vorerst als solche zu akzeptieren, ohne sie sich erklären zu können. Er erhielt jedoch auch ganz präzise Antworten auf viele seiner Fragen.

Unzählige kleine technische Entdeckungen brachten ihm Licht in ein noch unerforschtes Land. Aber diese neuen Erkenntnisse musste er sich selbst erarbeiten, langsam und mit viel Geduld, mit einem unermüdlichen Arbeitsaufwand und einer sehr tiefgründigen, engen Verbindung mit der Geistigen Welt. Die Grundlagenforschung bewegt sich in einem kraftvollen, mächtigen Bereich puren Geistes, ein faszinierendes Abenteuer, das uns wieder einmal zeigt, wie klein und unbedeutend der menschliche Verstand ist und wie groß und stark ein Geist. Wir Menschen werden immer wieder inspiriert und dazu aufgefordert, uns für diese neuen Wirklichkeiten zu öffnen und geduldig zu warten, bis wir mehr Wissen über diese reellen Botschaften empfangen dürfen. Ernsthafte Forscher werden uns ganz sicher eines Tages Erklärungsmuster für all diese außergewöhnlichen Phänomene, die im Laufe der vielen Jahre aufgetreten sind, bieten können. Lasst uns Laien daher weiterhin mit großer Aufmerksamkeit zuhören was andere, geistige Seins-Ebenen uns vermitteln und sehr dankbar dafür sein, dass spirituelle Wesen mit uns akustisch in Kontakt treten wollen und können.

Wer wird sich noch über die großen Apparaturen melden und was werden die Geistigen Welten uns noch alles zukommen lassen? Aus welchen höheren Sphären werden uns weitere, neue Botschaften erreichen? Wie viele Menschen werden noch in ihrem geistigen Wachstum liebevoll von der Spirituellen Welt begleitet werden? Wem werden sie mit ihrer akustischen Präsenz, mit der sanft geflüsterten Stimme ihres Geistes, helfen? Bleiben wir darum dem Thema gegenüber offen, zögern wir nicht, immer alles zu hinterfragen und versuchen wir auch weiterhin Antworten auf alle unsere Fragen zu erhalten, die mit Worten wie „Warum, Weshalb, Weswegen" beginnen!

Die Antworten darauf werden uns Menschen allerdings nie sofort als fertiges Rezept gegeben und gehören noch der Zukunft an.

Es wurde jedoch bereits ein gewaltiger Durchbruch geschafft: Durch die Kraft nur eines menschlichen Geistes und in Verbindung mit der Spirituellen Welt wurde eine kollektive Mauer durchbrochen, Dunkles beleuchtet und dann eine geistig-technische Kontaktbrücke gebaut, wodurch sehr viele geistige Strukturen sich klar, deutlich und direkt an uns Menschen über verschiedene, technische Systeme vermitteln können. Diese Tatsache ist eine ungeheuer faszinierende Realität, die man immer noch sehr selten auf der Erde findet. Sie bringt das Feuer der Erkenntnis über uns, und wahre Realitäten bestrahlen unsere verstaubte Erde mit Licht und Hoffnung. Die Forschung von Hans Otto König ist eine wertvolle und einzigartige Pionierarbeit, die auf die Zukunft ausgerichtet ist, welche sie jetzt schon mit vorbereitet. Sie schenkt uns immer wieder Neues - akustische Perlen aus den anderen Seins-Ebenen - die mit unserer Welt in stetiger, direkter Verbindung stehen.

Lasst uns jetzt einfach nur noch den Worten derjenigen Wesen **„ZUHÖREN"**, die Hans Otto König bereits seit Beginn seiner Forschung begleiten: **„Die Zentrale"**, die sich im Juli 2016 wieder sehr deutlich hörbar über seine Infrarot-Anlage melden konnte. Der Kreis einer Spirale, liebevoll geschlossen... bis zur nächsten hin...

„Höre zu!
Die Verbindung zu uns sind Fenster zu neuen Erkenntnissen,
und lassen Euch erahnen, was Ihr erleben könnt, wenn Ihr Euch öffnet."

„Höre zu!
Ihr habt jetzt einen wirklichen Beweis unserer Realität!"

Das Laboratorium

Dritter Teil:

Die Botschaften der Geistigen Welt

Wer ganz auf eine einseitige Betrachtung
der Erscheinungswelt gerichtet ist,
wird durch tiefe Einseitigkeit der wissenschaftlichen Bildung geblendet.
Er erkennt nicht mehr,
dass nicht die Erscheinungen selbst die Wahrheit sind,
sondern das hinter ihnen liegende Leben;
solches Wissen wird dann zu einem Halbwissen,
weil es von derErkenntnis der höchsten Wahrheit, des Ewigen, wegführt.
(Platon)

Einführung

Seit jeher versuchen die Menschen das Universum zu ergründen, das Geheimnis des Lebens zu durchdringen und Antworten auf die großen, metaphysischen Fragen zu finden. Hierzu sind viele Wege begehbar: Der Weg der Wissenschaft, der Weg der Religion, der Mystik, der Philosophie, der Weg der Trance und etliche mehr.

Es wird berichtet, dass die Jenseitswelt in jedem erdenklichen Zeitalter Verbindung zu geistig offenen Menschen aufgenommen hat - zu Menschen, die die Gabe hatten „zuzuhören" - um ihnen ein Wissen zu vermitteln, das über die Welt unserer Sinne hinausgeht. Diese in der tiefsten innersten Stille intuitiv empfangene Weisheit, lässt sich deshalb überall sporadisch wiederfinden, versteckt in den vielen geheimen Botschaften, verborgen in unzähligen, verschiedenen Schriften, stillschweigend bewahrt und im Geheimen weitergegeben, wortlos, von Hand zu Hand. Sie sind in allen Kulturen vorhanden, in vielen großen Religionen kundgegeben, in bekannten Werken von Philosophen, Mystikern und Alchemisten aufzuspüren, und sie stehen natürlich in allen Märchen und Geschichten geschrieben.

Ein Wissen, welches jedem Pilger offenbart wird, wenn er sich auf den Weg des Seins begibt!

Im einundzwanzigsten Jahrhundert, wo Internet und Elektronik die Welt beherrschen, eröffnen uns - mit Hilfe von technischen Apparaturen - wieder einmal Parallelwelten einen Weg zu neuen, geistigen Erkenntnissen; sie helfen den Menschen, eine **„Kontaktbrücke"** zu konstruieren, über die sich viele geistige Wesen mitteilen können, ohne einen anderen menschlichen Körper subsidiär als Sprachrohr gebrauchen zu müssen. Dieser Weg ist neu und unterscheidet sich kolossal von der Medialen Welt, dem Spiritismus oder Channelling. Methoden, die so oft Zweifel hinsichtlich der Realität eines Kontaktes hervorrufen, und bei denen ein menschlicher Geist - als direkter Überträger - empfangene Nachrichten unbewusst subjektiv beeinflussen, anders auslegen und wiedergeben kann.

Über die technischen Anlagen können wir die Geistige Welt auf direktem Weg hören, ihre Botschaften ohne jegliche Verzerrung empfangen und sie dann auf ihre Echtheit hin überprüfen.

Das sind gigantische Unterschiede!

Das sind die Prämissen! Ansatzpunkte zu einer neuen Realität. Die Entstehung eines neuen Forschungszweiges zur Entdeckung von Geistigen Welten, befreit von Glaubensansätzen jeglicher Art!

Die „Instrumentale TransKommunikation" verfügt über viele Methoden, um Menschen zu Wissen und Gewissheit zu verhelfen - basierend auf einer absolut reellen und sachlichen Grundlage. Die technischen Geräte spielen hierbei eine sehr wichtige Rolle. Leider schreitet diese Forschung nur langsam voran, da es meist schwierig und oft auch aufwendig ist, die geeigneten Apparaturen dafür zu entwickeln. Die zur Übertragung von Informationen zur Verfügung stehende Energie ist bei den Einspielungen leider immer noch relativ beschränkt. Die längste Verbindung, die Hans Otto König aufrechthalten konnte, dauerte in etwa zwanzig Minuten.

Aber die Stimmen von Wesen jener anderen Welten mit eigenen Ohren zu hören, diese wahrhaft vorhandene, greifbare Präsenz in ihren Kontakten zu spüren, ist eine so außergewöhnliche Erfahrung, die mit keiner anderen zu vergleichen ist und ein reales Fundament darstellt, um mehr Wissen über die geistige Natur unseres Daseins zu erlangen.

Wer spricht da?
Die Unsichtbare Welt ist voller unterschiedlicher und zahlreicher geistiger Wesen

Wer vermittelt die Nachrichten? - Eine unvermeidliche Frage!

„Es ist diese unsichtbare Welt des Geistigen" wie der Forscher uns erklärt und bestätigt, *„mit seinen unzähligen Informationsfeldern. In so vielen Fällen konnte ich anhand von Nachforschungen über ein ehemaliges Leben, die Identität eines Wesens, das mir die Nachricht durchgegeben hatte, feststel-*

len und dann nachvollziehen. Es handelte sich oft um mir unbekannte Personen, die jedoch wirklich auf unserer Erde gelebt hatten. Natürlich kontaktierten mich viele Verstorbene, die ich einmal persönlich kannte. Oder es waren Besucher während meinen Einspielungsversuchen anwesend, die wiederum jene Personen kannten, die sich mitteilten. Aber ich erhielt auch viele Namen und Botschaften, die ich nichts und niemandem zuordnen konnte. Wenn eine Aussage wie beispielsweise „Hier Antonius, ich bin Antonius!" durchkommt, was kann und soll ich damit anfangen?

Die Entwicklungen in meiner Forschung, meine technischen Anlagen und der Inhalt der Aussagen, nur diese sind für mich ausschlaggebend, denn sie erlauben mir, weiter und tiefer in das Verständnis des Charakteristikums vordringen zu können. Das Erscheinungsbild der Geistigen Welt verdeutlicht sich durch die zahlreichen Kontakte immer mehr und mehr, es wirkt präziser und klarer umrissen. Die Begegnung mit einer geistigen Entität findet aufgrund der Aussagen statt, die sie mir durchgibt. Darüber hinaus kann ich anhand der Archivierung meiner Messungen überprüfen, ob es dann auch tatsächlich die gleiche psychische Struktur ist, welche in einem anderen Moment zu mir spricht.

Ich überprüfe, erfasse, analysiere und reflektiere immer das gesamte Datenmaterial, das ich von der anderen Seite empfange!"

Die Kommunikation mit Verstorbenen

Viele verstorbene Personen melden sich bei einer Einspielung mit dem Namen, den sie zu Lebzeiten auf Erden führten, sehr oft sogar mit ihrem Vor- und Zunamen. Sie versichern dem Forscher, dass sie weiterhin leben, trotz ihres physischen Todes...

„Hier spricht der verstorbene Günther!"
„Carla ruft!"
„Moris von Gladbach!"
„Hier ruft Paul Seeger!"
„Hier Anja, ich lebe, bin glücklich hier!"
„Leni Shade grüßt, lebt hier mit vielen Freunden, grüße die Gretel!"
„Hier Hubert!"
„Birgit ruft!"

„Hallo, hier Doris, man lebt!“
„Doreen Bauer ist zusammen mit ihrem Bruder. Dabei tot ist ruft jetzt!“

Kommunikation mit der Tierwelt

Unter den verschiedenen, kommunizierenden Wesen befinden sich auch diejenigen, die uns angeben, als Tiere auf Erden gelebt zu haben. Es gibt zahlreiche Experimentatoren, bei denen verstorbene Tiere Lebenszeichen von sich gegeben haben. Hans Otto König selbst hat eine sehr tiefe Verbindung zu Tieren, für ihn stehen Menschen und Tiere wirklich auf der gleichen Stufe. Er ist davon überzeugt, dass jedes Tier sein individuelles Bewusstsein besitzt, welches - seiner Evolution entsprechend - angepasst ist. Mit seinem Yorkshire-Terrier „Julchen“ befand er sich in einer Art telepathischer Kommunikation, und obendrein konnte die kleine Hündin seine geistigen Besucher meist bedeutend besser erkennen als mancher Mensch. Obgleich der Forscher keine festen Zeiten hatte, wusste sein Kater Stanislaus doch immer, wenn sein zweibeiniger Freund nach Hause kam, und er erwartete ihn somit jedes Mal auf dem Bahnsteig seines Zuges. Alle seine Haustiere meldeten sich bei ihm immer wieder nach ihrem Tod und nannten sogar ihren Namen:
„Hier Julchen, alles schön hier.”
Auf seine Frage: „Was ist die dritte Ebene?”, erhielt er die Antwort:
„Wo Menschen und Tiere friedlich zusammen leben.”

Kommunikation mit außerirdischen Wesen

Wenn uns auch die meisten Informationsgedanken über die Wesen erreichen, die ein irdisches Dasein geführt haben, gibt es dennoch solche, die ihm mitteilen, dass sie nie auf unserer Erde gelebt haben. Bereits lange bevor der Forscher die erste Durchsage einer solchen Wesenheit erhielt, kündigte ihm die Zentrale an, dass eines Tages auch andere, höhere Energieformen versuchen würden, mit ihm Kontakt aufzunehmen:
„Es gibt Leben auf anderen Planeten, in anderen Sonnensystemen.”
„Sie versuchen mit Euch in Kontakt zu treten!”

Dank der Integration von Bergkristallen in der HRS-Anlage konnte sich eines Abends ein regelrechter Dialog zwischen dem Forscher und einer geistigen Einheit mit dem Namen Sanaedes etablieren. Dies geschah während einer seiner vielen öffentlichen Einspielversuche und konnte so von einem großen Publikum „live" mitverfolgt werden. Jenes hochgeistige Wesen meldete sich mit einer wunderschönen, klaren, weiblich klingenden Stimme und verkündete ihm, dass sie aus dem Reich der Sterne kommen würde, von einem Fixstern mit Namen Sirius.

H.O.K.: „Wie ist Dein Name?"
„Sanaedes."

Die nun folgenden Aussagen stammen aus zwei, zeitlich verschiedenen, Einspielversuchen. Unser Forscher eröffnet die Konversation mit der Frage, woher das geistige Wesen kommt...

Sanaedes: **„Ich stamme aus dem Sternen-Reich. Von dem Fixstern Sirius."**

H.O.K.: „Welche Bedeutung hat der Stern Sirius?"
Sanaedes: **„Dass der Fixstern Sirius, ein Stern von höchster Bedeutung sei, wo die erhabensten Geister einander begegnen, um irdische Fragen und die Probleme zu besprechen!"**

H.O.K.: „Wo lebt Ihr?"
Sanaedes: **„Eine herrliche, überirdische Welt ist es, in der wir leben. Doch es ist wohl zu schwer für Euch, dies zu begreifen."**

H.O.K.: „Kannst Du mir Eure Welt beschreiben?"
Sanaedes: **„Meine Welt ist die Welt der Träume und Schönheit!"**

H.O.K.: „Das letzte mal hat Sanaedes sich uns vorgestellt. Was ist Ihre Funktion?"
Sanaedes: **„Ändyminijang, Anecebio, Mandenmides, Millimieres sind Namen von Engeln, die nur für die Wesen der Jenseitigen Welt da sind, also nicht zu den Schicksalsengeln gehören!"**

Sie sagt, dass sie niemals auf Erden gelebt habe und unseren Planeten daher aus einer komplett anderen Perspektive betrachten würde. Ihre

Realität und ihre Vermittlungen liegen jenseits des menschlichen Verstehens.

Können wir mit jedem Lebewesen aus unsichtbaren Universen in Kontakt kommen?

„Die Entstehung eines Kontaktes" so erklärt uns der Forscher, *„ist bedingt durch eine bestehende Schwingungsgleichheit zweier Kommunikanten und dem angebotenen Träger.*

Die komplette Systematik der TransKommunikation beruht auf dem Prinzip einer „Resonanz"! Es existiert ein ringförmiger Zusammenhang zwischen einem Experimentator, der Sender wie auch Empfänger ist, einer technischen Anlage und den Einheiten in der Geistigen Welt, die wiederum auch zugleich als Sender und Empfänger operieren. Die Möglichkeit einer Übertragung ist von der vorhandenen technischen Apparatur abhängig. Hinsichtlich der durchgegebenen Frequenzen können deshalb geistige Wesen durchkommen und mit uns kommunizieren, es gibt aber auch welche, die es leider nicht schaffen. Nicht jedes Kommunikations-System gewährt zugleich allen Einheiten die Möglichkeit, um sich in unserer Welt akustisch zu manifestieren.

Und dann kommt noch ein ganz wichtiger Faktor ins Spiel: ***Die Zeit!***

Eine Verbindung mit einer Person herzustellen, die gerade gestorben ist, funktioniert absolut nicht auf die gleiche Weise, wie mit jemandem, der mittlerweile seit über fünfundzwanzig Jahren das Zeitliche gesegnet hat. Viele Wesen, die ebenfalls seit längerer Zeit in einer anderen Bewusstseinsebene leben, pflegen gar keinen Kontakt mehr zu ihren Verwandten hier auf Erden. Begründungen dafür und individuelle Reaktionen darauf, können bei diesen Lichtwesen genauso vielfältig sein, wie bei den Menschen.

Aber es gibt immer Geisteswesen, die unter allen Umständen mit ihren Angehörigen Kontakt aufnehmen möchten, um sie wissen zu lassen, dass die Seele eines Menschen unsterblich ist und der Tod demzufolge nicht das Ende bedeutet:

„Hier ein neues Leben kommt!"
„Mama ich sehe Dich, höre zu!"
„Wir leben in Liebe."
„Totenfunk, wir hören. Wir leben aber."

Im Gegensatz dazu, vermitteln andere sich nicht mehr auf der Erde. Das mag in erster Linie auf persönlichen Relationen beruhen, die sie mit Menschen im Laufe ihres Lebens hatten.

Wieder andere Seelen, die ihr irdisches Leben schon beizeiten verlassen haben, verspüren immer noch den Drang sich zu melden, um etwas durchzugeben, was zu Lebzeiten nicht ordnungsgemäß klargestellt wurde, wie in unserem Fall Gerd Siebenreicher, von dem wir bereits im ersten Teil des Buches berichtet haben.

Es sind noch solche Wesen zu erwähnen, die sich komplett von der Erde abgewandt haben, weil dort niemand mehr an sie denkt. Sie folgen im Jenseits ihren eigenen Erfahrungswegen, ohne sich weiterhin der Erde mitzuteilen. Oder sie sind bereits wieder in ein neues Erdenleben hineingeboren worden; in so einer Situation wird die Verbindung in jedem Fall unterbrochen. In der Tat scheint alles von der individuellen Wahl einer jeden Seele abzuhängen, ihrem Lebensplan mit den vorbestimmten Aufgaben, und letztendlich von ihrer Beziehung zu denjenigen, die noch auf der Erde weilen. Sehr oft bringen sie sich auf folgende Weise in Erinnerung":
„Vergesst uns nicht!"

„Höre zu!
Hier sind viele Menschen, die mit Euch in Kontakt treten möchten.
Viele Kinder sind da, die ihre Eltern grüßen.
Sie freuen sich, dass Ihr gekommen seid.
Seid bitte nicht traurig, sie können nicht alle mit Euch sprechen.
Aber Ihr werdet mit Ihnen in Kontakt treten können, durch Eure Verbindung."

„Ist es denn möglich, dass sich uns auch geistig höher entwickelte Wesen mitteilen können?", dies ist eine Frage, die sich heutzutage bereits viele Menschen stellen. Sie sind nach wie vor noch davon überzeugt, dass Jenseits-Kontakte nur mit erdgebundenen Seelen oder mit Einheiten niedrigeren Ranges stattfinden.

Interessant ist hierzu ein Auszug aus einem französischen Buch mit dem Titel „Les morts nous parlent" (Die Toten sprechen zu uns), wo der berühmte Pater François Brune über die „Instrumentale TransKommunikation" spricht und sich dabei auf eine Passage einer geistigen Lehrschrift beruft, die eine Mutter von ihrem verstorbenen Sohn Roland über automatisches Schreiben erhalten hatte: *„Roland de Jouvenel teilte seiner Mutter dort mit, dass eines Tages derartige Kommunikationen wahrscheinlich sein würden. Aber er wies auch auf die Grenzen bezüglich der zu kontaktierenden Ebenen hin, unabhängig jedoch von den Mitteln, die zu einer Kontaktaufnahme verwendet werden.*

Der Okkultismus und die Metapsyche werden zu einer experimentellen Wissenschaft, die auf das philosophisch „Reale" aufbaut. Ein Tisch, der plötzlich angehoben wird und im Raume herumschwebt, ist ein Phänomen vorhandener Schwingungswellen; mediale Gespräche sind Kontakte mit Wesen, die der Erde noch sehr nahe sind. Das sind alles Phänomene der Durchdringung der einen Bewusstseinsebene in eine andere, aber diese Erscheinung ist dennoch so unendlich fern vom „Reich Gottes". Derartige Bewusstseinsüberlagerungen werden uns eines Tages genau so vertraut sein wie das Fliegen, welches für uns bereits Normalität geworden ist. [...] Genauso normal und einfach wird es dann sein, mit einer unsichtbaren Welt zu kommunizieren, aber auch diese Sphären liegen noch fernab von jeder Göttlichkeit, so weit wie wir von den Sternen. [...] Doch der Tag wird kommen, indem wir die Schwingungen der Ebenen wahrnehmen können, genau wie bei der Elektrizität, wir werden sie fühlen und in uns spüren. Aber damit ist Gott immer noch nicht greifbar... Eine mystische, spirituelle Erfahrung völlig anderer Ordnung..."

Was denkt denn unser deutscher Forscher über solche Behauptungen, oder wollen wir sie besser Vermutungen nennen?

„Mir erscheint die Denkweise, dass wir Kontakte nur mit unterentwickelten Wesen haben können, entweder Überbleibsel aus einem religiösen Glauben oder als Ideen, die in einigen Schriften gefunden oder übermittelt wurden,

es sei denn, es ist ein Weg, bei dem zunächst einmal Abstand gegenüber der ITK genommen wird. Doch meiner Erfahrung nach ist nichts falscher als das! Zu wissen, dass die Boten nicht aufhören uns mitzuteilen, dass **Alles Eins Ist**, *ist deswegen nur allzu verständlich, da selbst ein hochentwickeltes geistiges Wesen in Verbindung mit der Erde stehen kann und somit durchaus imstande ist, sich auf eine niedrigere Bewusstseinsstufe zu transformieren, um von dort aus seine wichtigen Informationen an die Menschheit zu übersenden. Christen würden dies „einen Akt der (Nächsten)Liebe" nennen.*

Was die mystische oder spirituelle Erfahrung angeht, da möchte ich mich gerne zurückhalten. Selbstverständlich habe ich meine geistigen Freunde gefragt, wie sie selbst die Frage nach Gott sehen. Dies interessierte mich ganz außerordentlich. Aber mir ist vollkommen gleich, ob ich Kontakt mit Seins-Ebenen im Rahmen einer göttlichen Ordnung haben kann oder auch nicht. Derartiges passt effektiv nicht in meine Art zu denken. Meine Forschungen basieren auf reellen Fakten mit reellen Ergebnissen. Es ist, was und wie es ist, und es liegt nicht an mir als Forscher, die Informationen, die ich erhalte, zu beurteilen oder sie so zu filtern, dass sie meinen persönlichen Überzeugungen entsprechen. Ich beobachte ein Phänomen, das ich versuche zu verstehen, sein Warum und sein Weshalb. Dabei unterscheide ich mich stark von allen, die die Schriften von anderen studieren oder über ihre Erfahrungen und ihre empfangenen Nachrichten aus dem Jenseits berichten oder sie niederschreiben. Die Forschung, die auf realen Ergebnissen basiert und die von jedem Menschen nachvollzogen werden kann, steckt noch in den Kinderschuhen, somit sollten wir darauf achten, nicht zu schnell Rückschlüsse auf einige Themen zu ziehen, von denen wir noch viel zu wenig wissen."

Der Weg über die Technik hat gezeigt, dass die Seelen, die gerade ihren physischen Körper verlassen haben, eine Zeit lang an den Gedanken festhalten, die für sie in ihrem Leben auf der Erde charakteristisch und wesentlich waren. Somit ändern sich die psychischen Strukturen nicht, weil sie keinen physischen Körper mehr besitzen, ganz im Gegenteil. Die Phase, in der wir unseren irdischen Körper ablegen, ist als ein einmaliges und völlig neues Erlebnis zu betrachten, was aber nicht bedeutet, dass sich dabei die bisher vorhandene Struktur unseres individuellen Bewusstseins verändert. Dieser Vorgang wird sich erst viel später redigieren und sich nach und nach den neuen Erfahrungen, die in den höher entwickelten Ebenen gemacht werden, anpassen. Deshalb bleiben die individuellen Charaktereigenschaften eines jeden Wesens, auch über den physischen Tod hinaus, weiterhin Bestandteil seiner Individualität.

Obwohl unser Forscher persönlich nur wenig Kontakt mit erdgebundenen Wesen hatte, die aufgrund ihres übertriebenen Materialismus an unsere Erde gekettet bleiben, weiß er, dass sie existieren, und dass sie über viele diverse Radioeinspielungen von verschiedenen Menschen empfangen wurden. Da sich bei diesen Seelen während ihres Erden-Daseins alle Gedanken einzig und allein um die Erwerbung und Erhaltung von materiellem Besitztum drehten, bleiben sie weiterhin Gefangene dieser Materie, auch nach ihrem physischen Tod. Die Zentrale machte dazu folgende Aussage:

„Höre zu!
Erdgebundene Geistwesen, wie Ihr sagt, sind Menschen, die sehr stark an irdische Güter gebunden sind!"

Menschen, die sich in ihrem ganzen Leben ausschließlich um materielle Güter und Realitäten bemühen und nur darauf bedacht sind, ihre Existenz zu genießen, werden vor großen Überraschungen stehen, wenn sie auf der anderen Seite ankommen. Die Geistige Welt unterstreicht diese Annahme:
„Bei Menschen, die nichts anderes im Sinn haben, als Ihr Dasein zu genießen, bleibt der Astralkörper so kraftlos und schwach, dass er sich in den Strahlen des Kosmos auflösen würde."

Geisteswesen sind in der Lage, in unsere irdischen Probleme einzugreifen, ohne jedoch dadurch an die Erde gekettet zu bleiben. Ihre Aktionen beziehen sich dann meistens auf eine bestimmte Person, mit der sie in einer tiefgründigen Verbundenheit stehen. Sie behüten und beschützen sie, sie geben ihr die notwendige Kraft und Inspiration, um ihr so zu helfen und beizustehen:
„Mama, ich bin bei Dir, und helfe!"

Gleichzeitig entwickeln sie sich selbst auf ihrer - nun neuen - Lebensebene weiter und widmen sich dort ihren neuen Aufgaben. Einige von ihnen können auf einem sehr hohen Entwicklungsniveau sein, so wie sie es uns erklärt haben.

„Meiner Erfahrung nach" so meint dazu der Forscher, *„sind Wesenseinheiten, die auf einer höheren Ebene der Evolution leben, imstande, sich bei Bedarf auf ein niedrigeres Schwingungsniveau zu transformieren. Eine entgegengesetzte Wirkung ist jedoch nicht möglich.*

Geistig höhere Entitäten besitzen keinen eigenen Namen mehr. Wenn sie sich mit einem Vornamen melden, dann tun sie das nur, damit die Menschen, die für jeden und alles einen Namen benötigen, sie bei ihren Treffen erkennen können. Die Ich-Form wird jedoch nicht mehr länger angewandt: Sie melden sich in der Pluralform „Wir"! Unsere täglichen Alltagsprobleme berühren diese Lichtgestalten im Allgemeinen nicht mehr, davon sind sie in ihrer geistigen Entwicklung mittlerweile zu weit entfernt. Der Inhalt ihrer Botschaften gehört immer einer höheren Ordnung an, mit Themen rein philosophischer Art und die „Menschheit im Allgemeinen" betreffend. Es ist ein Geschenk, das die Unsichtbare Welt dem hier anwesenden Auditorium bringt, wenn sie einen Kontakt über einen Experimentator herstellen, den sie sich selbst erwählen:

„Höre zu!
Einen guten Kontakt zu uns, zur Zentrale, bekommt nur der, der nicht aus persönlichem Egoismus Verbindung aufnehmen will. Es ist ein Geschenk, was wir Menschen vergeben, zu Menschen, die eine gesamtheitliche Beziehung zu allem Leben haben."

„Höre zu!
Nicht jeder kann über bestimmte, verbesserte Geräte einen guten Kontakt zu uns bekommen. Größe und geistige Reife sind die Voraussetzungen!"

„Höre zu!
Nur der Mensch wird einen guten Kontakt zu uns bekommen, der sich benötigt, die universellen Gesetze zu verstehen!"

„Wissen ist eine Kraft, die nur wenige Menschen bekommen werden!"

Es ist immer die Unsichtbare Welt, die entscheidet, das Kontakt-Fenster zu öffnen und wieder zu schließen":

„Wir machen den Kontakt!"
„Kontakt, Kontaktfeld geschlossen zu Hans König!"
„Wir schließen den Kontakt!"
„Keine Energie mehr, Kontaktende, melden uns später wieder!"

Aufgrund der konstant fortschreitenden Weiterentwicklung der technischen Anlagen, wie das Multi-Oszillations-System, die Infrarot-Anlage und ganz besonders das HRS-System mit seinen integrierten Bergkristallen, ist es möglich geworden, dass Wesen von geistig hochentwickelten Bewusstseinsebenen, die unendlich weit entfernt von unserem Planeten liegen, uns erreichen können und sich dann in langen Dialogen mit unserem Forscher unterhalten. Einige dieser Lichtgestalten haben eine Funktion von der höchsten kosmischen Ebene aus, von der Siebten Stufe, welche - wie sie uns oft beschreiben - die Schwingungen aller anderen Ebenen in sich vereint. Da sie keinen Namen mehr besitzen, benannte Hans Otto König und seine Frau Margaret diese Energiestrukturen nach ihrer Funktion der Überwachung, der Kontrolle, der Zentralisierung:

„Die Zentrale"

Ihre Botschaften an die Erde werden meistens und in aller Regel mit diesen wunderbaren Worten eröffnet:

„Höre zu!"

H.O.K.: „Welche Aufgabe und Zuordnung hat die Zentrale?"
„Es gibt hochentwickelte Menschenseelen, die engelsgleich wirken auf der Erde. Sie kommen aus den Sphären des Lichts, und stärken Euch."

H.O.K.: „Was ist für Euch die Zentrale?"
„Unfassbar, starke, geistige Zentrale."

„Höre zu!
Unsere Daseinsform ist von höchster Ebene, der kosmische Bereich der allumfassenden Liebe!
Sie nennt sich Zentrale.
Jeder, der in Liebe mit uns verbunden ist, wird weder Schaden an Leib noch Seele nehmen!"

Sie sagen, dass sie auf der Erde gelebt haben und somit die Sorgen und Nöte der Menschen kennen:

„Höre zu!
Wir kennen Eure Gedanken!"

„Höre zu!
Alle Eure Gedanken sind uns bekannt!"

„Höre zu!
Wir wollen den Menschen sagen, wir kennen all Eure Gedanken! Alle Eure Gedanken sind aufgezeichnet!"

Botschaften der Zentrale berühren das Herz, berühren den Verstand. Wie sagen sie so treffend: **„Alles ist einfach!"**

Sie dehnen dies niemals in endlos lange Diskussionen aus, es gibt keine verbotenen Fragen oder widersprüchliche Meldungen. Diese Boten aus dem Jenseits zeigen uns ihre großen Sorgen, bezüglich der Entwicklung unseres Planeten und dem geistigen Wachstum des menschlichen Verstandes. Und hier liegt das Problem:
„Wir werden Euch Eurem Verstand gemäß alle Bedeutungen und Begriffe mitteilen!"
„Wenig könnt Ihr verstehen!"

Vorläufiges Ergebnis: Wer spricht bitte?

Wir erhalten Nachrichten mit den Namen von Personen, die auf der Erde tatsächlich gelebt haben, sie sind über ihr spektrales Bild mit ihren spezifischen Frequenzen - die alle grundverschieden voneinander sind - zu verifizieren, so dass die Identität genauestens festzulegen ist.

Und dann gibt es da all diese vielen Worte und Aussagen, wo immer wieder beteuert wird, dass dieses „Etwas" oder diese „Nachrichten" von verstorbenen Personen kommen, welche nun in einer anderen Welt leben. Sie sagen, dass sie sich an bedeutsame Einzelheiten, die mit ihrem Erdenleben zu tun hatten, noch sehr gut erinnern können. Sie hören unsere Gedanken, kennen unsere Namen und sie antworten, indem sie sich ganz gezielt auf unsere Fragen beziehen. Häufig enthalten diese Antworten sogar ganz bestimmte Vorausahnungen. Und meistens geht eine solche Kommunikation, selbst über viele Jahre hinweg, regelmäßig weiter.

Dann melden sich Lichtgestalten, die uns offenbaren, dass sie von der Siebten Ebene kommen oder von der Fünften Stufe der Evolution. Andere wiederum sagen, sie kommen **aus der Zukunft,** oder wieder andere melden sich von den Fixsternen Sirius, Alpha Centauri oder Wega.

Um all den Entitäten, die dort nun aus einer anderen Welt zu uns sprechen, irgendeine Bezeichnung, einen Namen zu geben, können wir sie „Geisteswesen", „Einheiten" oder einfach nur „Engel" nennen oder mit neuen Namen wie „Lichtgestalten", „Energieformen", „psychische Strukturen", „Informationsfelder" oder einfach nur als „Seelen" bezeichnen. Aber sind diese Benennungen angemessen? Und welche Realität verbirgt sich hinter diesen Worten? Wissen wir das wirklich? Die Fragen gelten auch, wenn wir über Begebenheiten aus unserer materialistischen Welt sprechen. Wissen wir wirklich was der Mensch ist, kennen wir seine Essenz, seine Wesenheit?

Unser Forscher meint hierzu: *„Wenn wir eine Person sehen können, ihren Namen, ihr Alter und ihre Denkweise seit langer Zeit kennen, können wir dann tatsächlich behaupten zu wissen, wer dort zu uns spricht? Und wenn uns beispielsweise jemand am Telefon anruft und uns seinen Namen nennt: Können wir dann wirklich sicher sein, dass es auch derjenige ist, der am anderen Ende der Leitung mit uns telefoniert?"* Angemessene, adäquate Antworten darauf bleiben für alle Personen offen, die dem sichtbaren Bereich angehören, wie auch denen, die in den Parallelen Welten leben. Eine Wahrnehmung über die fünf Sinne oder darüber hinaus ändert im Prinzip nichts an dem Problem. Der Mensch braucht Beweise, um sich in einer Realität zurechtzufinden, der er nicht zugehört. Der Kernpunkt bleibt dennoch immer unerkennbar.

„Aus diesem Grund" so endet hierzu der Forscher, *„nehmen wir zunächst einmal Bezug auf das, was uns die Boten zusenden. Wir nehmen den Inhalt ihrer Botschaften ernst und betrachten ihn als Ausgangspunkt jeglicher Dis-*

kussionen und Forschungen über sie. Es gibt Tausende von klaren Aussagen, in denen sie bezeugen, dass es ein Leben nach dem Tod gibt. Wir sollten diese Semantik nicht abweisen, nur weil sie nicht in den bekannten Rahmen passt oder aus Angst, zum Gespött der anderen zu werden."

Natürlich ist es sehr wichtig, alles kritisch unter die Lupe zu nehmen, und nicht nur das, was aus der Sichtbaren Welt kommt, sondern auch alles, was uns aus einer Unsichtbaren Welt erreicht. Nachrichten und Botschaften so einfach als gegeben hinzunehmen, nur weil wir sie aus den subtileren Sphären empfangen, wäre ein gravierender Fehler, denn es gibt auch trügerische Geisteswesen. Wie äußert sich die Zentrale hierzu:
„Aber bedenkt, dass es bei den Kontakten verschiedene Wesensarten gibt. Das Prüfen ist wichtig!"

„Höre zu!
Seid kritisch bei Euren Kontakten! Prüft Eure Kontakte!"

Und Hans Otto König fügt hinzu: *„Die Identifizierung einer Wesensform, mit oder ohne einem Körper, hängt letztendlich von unserem eigenen Geist ab. Hier auf Erden befinden wir uns in einer mehr oder weniger langen Lernphase, die uns zu einer Urteilskraft führen soll, die wiederum Teil unseres geistigen Wachstums ist. Demnach wird jede Person ihrer Erziehung, Ausbildung und inneren Überzeugung entsprechend einige dieser Botschaften akzeptieren und andere vollkommen verweigern, zu verschiedenen Aussagen gewisse Fragen stellen und wiederum andere völlig abweisen."*

So kann jeder in Kontakt mit den geistigen Wesen kommen, die ihm angemessen sind, und das nach den Kriterien - oder sollten wir lieber sagen - nach den Gesetzen, die nur die Unsichtbare Welt kennt:
„Nur, den wir rufen!"
„Wir machen den Kontakt!"

Zu glauben, dass wir von allen geistigen Einheiten fundierte Belehrungen oder universelles Wissen erhalten werden, ist zwar eine große Verlockung, zeigt aber auch eine große Naivität auf. Dennoch ist es unbestreitbar, dass es Boten gibt, die ein größeres und erweitertes Allgemeinwissen besitzen als die anderen, wie zum Beispiel die Zentrale.

„Und denoch" so erklärt der Forscher, *„ist es immer wichtig, sein eigenes kritisches Denken beizubehalten und niemals abhängig davon zu werden, was sie uns sagen. Auf der anderen Seite jedoch wäre es geradezu überheblich, wenn wir die Lehren dieser geistigen Wesen nicht annehmen würden."* Nach einer kleinen Pause fährt er grübelnd fort: *„Sehr oft erwartet man von mir Antworten auf existenzielle Fragen, weil ich mit der Unsichtbaren Welt in ständiger Verbindung bin. Der Sachverhalt sieht jedoch ganz anders aus. Das Jenseits ist überflutet von geistigen Einheiten, oder besser gesagt von Informationsfeldern, die unter sich sehr verschieden voneinander sind und daher ihre eigenen Vorstellungen haben. Mein Ansatz hingegen ist viel bescheidener und zugleich viel offener. Ich weigere mich, Vorurteile dem gegenüber zu besitzen, von dem ich gerne eine Antwort erhalten möchte. Was auch immer durchkommt, es wird interessant und lehrreich sein, um sich eine Vorstellung von anderen Welten zu machen, ob mir diese dann gefällt oder nicht. Ich selbst habe noch so viele Fragen, die noch ohne Antwort sind! Zum Glück! Aber Tatsache ist, dass diese Forschung es uns ermöglicht, all die alten Denkmuster zu verlassen, um uns nach und nach auf ein Wissen hinzubewegen, dass auf einer absolut reellen Grundlage basiert."*

Gibt es einen Grundsatz von allgemeiner Geltung oder nur subjektive Erkenntnisse?

„Wenn ich auf alles Bezug nehmen würde, was ich während meiner Forschung entdecken konnte" so deklariert hierzu Hans Otto König, *„komme ich zu dem Schluss, dass eine universelle Wahrheit und eine Realität höheren Ranges vorhanden sein müssen! In diesen Bereichen löst sich das individuelle „Ich" vollkommen auf, um so den Weg frei zu machen für die Vereinigung mit einer universalen und reinen Göttlichen Ordnung, in der eine Gegensätzlichkeit und Unvereinbarkeit aufgehoben sind, wie es uns die Zentrale beschreibt. Aber die Strecke bis dorthin ist sehr weit! Zunächst muss man seinen eigenen Weg und seine eigene Wahrheit entdecken, das „Ich" bleibt vorerst nach dem physischen Tod erhalten. In der anderen Lebenssphäre wird dieses Selbst dann mehrere*

Tode wie auch Wiedergeburten durchlaufen, obwohl nicht in dem Sinne, wie wir es hier unten auf der Erde kennen. Die universale Realität liegt jenseits unseres Verstehens. Der Mensch ist nicht in der Lage, sie zu realisieren. Begnügen wir uns daher mit dem was wir sind, und dann machen wir uns, mit aller Demut, auf den Weg zur Selbsterkenntnis und des geistigen Wachstums. Wahres Wissen wird uns gegeben werden, wenn der rechte Zeitpunkt dafür gekommen ist. Ich möchte an dieser Stelle die Zentrale zu Wort kommen lassen:

„Höre zu!
Viele Menschen haben große Fragen und verstehen das Einfache nicht!"

Wie könnten diese höchsten, kosmischen Ebenen uns, der Menschheit, ihr gesamtes, umfangreiches Wissen und diese allumfassenden Wahrheiten vermitteln, wo wir doch gerade erst gelernt haben zu lesen?"

„Höre zu!
In uns ist das ewige Wissen!"

Was teilen sie uns mit?

Während einer Konferenz in Wesel, im Jahre 2006, stellte jemand aus dem Publikum die folgende Frage:
„Was kann uns ein Kontakt mit dem Jenseits lehren?"

„Ist doch das Eine gewiss, dass wir von Geheimnissen und ungelösten Rätseln umgeben sind, die uns Bescheidenheit lehren sollten und Demut vor jenem Unergründlichen, das hinter allem Sichtbaren ist!"

Hier ist eine kurze Einführung erforderlich, bezugnehmend auf das wirklich Essenzielle in einer Kommunikation zwischen zwei verschiedenen Welten, wobei sich hier die eine innerhalb der Raum-Zeitzone befindet, während die andere jenseits von Raum und Zeit ist. Wie schaffen es diese Wesen, die in einer Welt mit für unsere Sinne unbekannten und unbegreiflichen Realitäten leben, ihre Wirklichkeit zu vermitteln und sich uns verständlich zu machen? Eine Frage, die dem Forscher weiterhin unbeantwortet bleibt.

Die Boten haben ihm mehr als einmal bestätigt, dass viele geistige Wesen die Lebensumstände auf der Erde kennen, und dass sie unsere Gedanken wahrnehmen *„Um uns die Welt jenseits unserer Sinne zu beschreiben, verwenden sie bewusst Worte und Bilder, die für unser irdisches Bewusstsein verständlich sind, was für sie allerdings nicht immer ganz einfach ist“:*

„Es ist schwierig zu sprechen über die Kontaktbrücke.“

Im Endeffekt bringen sie es jedoch fertig, weil sie selbst einmal ein Leben auf Erden geführt haben.
Bei vielen Gelegenheiten verwenden sie Redewendungen wie:
„Wie Ihr (es) sagt.“ oder **„Wie Ihr es nennt.“**

Aber es gibt auch Lichtwesen, die nie auf unserem Planeten gelebt haben und somit das Phänomen Sprache in diesem Sinne nicht kennen.

Sie teilen sich uns mit, aus einer Sphäre, in der die Denkweise und ihre Lebensumstände so vollkommen anders und jenseits von jeglichem irdischen Verständnis sind. Auch wenn vieles für uns unbegreiflich bleiben wird, solange wir in unserem physischen Körper gefangen sind, ist es zwischenzeitlich ganz offensichtlich, dass überirdische Welten mit den Menschen in Kontakt treten wollen und zwar über Wege, die jenseits des Begreifbaren liegen. Sie sind es allerdings, die auf uns zukommen, um ihre Realität zu vermitteln und uns somit auf eine andere Denkweise leiten, von der wir - ganz objektiv betrachtet - in diesem Moment noch sehr, sehr weit entfernt sind.

Für Hans Otto König ist von allen seinen Aufzeichnungen, die er empfangen durfte, diese hier die wichtigste Botschaft: *„…dass unser persönliches Bewusstsein in anderen Welten weiterleben wird, dass wir alle in einer Struktur integriert sind, in ein System, wo **Alles Eins Ist**, dass wir unseren Frieden finden und ein Leben in Gemeinschaft führen werden, wenn wir neu geboren werden und in einem System des **SEINS**, erwachen.“*

Für ein Überleben der Erde ist es notwendig und sehr wichtig, dass wir über unser Denken und unser Handeln reflektieren, alle materialistischen und egoistischen Gedanken loslassen, um dann zu einer vollkommen neuen Lebenseinstellung und Anschauungsweise über Leben und Tod überzugehen und neue Paradigmen zur Natur, den Tieren und Pflanzen und ganz besonders zu unseren Mitmenschen zu finden. *„Verhalten wir uns entsprechend diesem neuen Leitmotiv, das auf der Grundlage der universalen Gesetze basiert und in allen Bereichen des Lebens gültig ist!"*

„Höre zu! Sagt allen Menschen, dass wir leben."

Sagt, dass **„die Informationen aus der jenseitigen Welt klar und deutlich sein können, dass die Kontakte mit irdischen Wesen realistisch sind!"**

Auf der ganzen Welt wurde von zahlreichen Boten verkündet: Der physische Tod bedeutet nicht das Ende des Lebens!

„Höre zu!
Es gibt keinen Tod, alles ist für die Ewigkeit gedacht!"

Sie versuchen, konkrete Hinweise und lesbare Zeichen in den Sturm des Lebens mit seinem tagtäglichen Lärm und Getöse zu geben. Zu vielen Gelegenheiten schickten sie daher Gedanken dieser Art an uns Menschen:
„Ich habe Beweis, Kontakt vom Tod, geboren worden."
„Ich lebe hier."
„Ich kenne das Land, wo ich gehungert habe."
„Wir sind befreit."
„Die Silke sagt, Doreen Bauer ist mit ihrem Bruder zusammen.
Sie sind glücklich!"
„Der Tod ist ein neues Leben, haben wir eine schöne Welt!"
„Albert grüßt seine Frau Ursula!"
„Ich schicke Traum bei Margaret."
„Trautmann spricht hier!"

„Höre zu!
Wir leben alle und freuen uns, wenn wir uns wiedersehen!"

Einer der ersten kleinen Dialoge mit dem Multi-Oszillations-System, von dem wir nun berichten wollen, ist hierzu besonders gehaltvoll und äußerst instruktiv. Er enthält mehrere signifikante Anhaltspunkte und einige sehr bedeutende Hinweise aus der Jenseitigen Welt, die immer wieder auftauchten, in allen Vereinen und Institutionen in Frankreich, Italien, Spanien, in Portugal und in Brasilien, in den USA, in Russland und sogar in Indien, wo Menschen begonnen hatten, derartigen Botschaften zuzuhören.

Es geschah an einem Nachmittag im Herbst 1983 in Fulda, wo in einem großen Konferenzraum die Begegnung zwischen einer Mutter und ihrer verstorbenen Tochter stattfand. Das Mädchen war, vor nicht allzu langer Zeit, bei einem tragischen Motorradunfall ums Leben gekommen. Hans Otto König hatte seine Anlage in der Mittagspause des Kongresses eingeschaltet, weil er einen kurzen Test durchführen wollte, um die Stabilisation zu überprüfen. Einige Leute blieben im Saal, darunter auch Frau Dohrmann, die erst vor kurzem ihre einzige Tochter verloren hatte, wie der Forscher später erfahren konnte.

Mit einem Mal, völlig unerwartet und ohne dass jemand irgendetwas gefragt hatte, hörte man die folgenden Worte:
„Hallo Mama!"

Hans Otto König, geistesgegenwärtig, reagierte sofort und fragte:
„Wer bist du?"

„Anja Dohrmann."

Hier wurde ein präziser Name durchgegeben und dann ein reeller Hinweis auf ein gegenwärtiges Ereignis. Das geistige Wesen nannte sogar den vollen Namen des Experimentators, der bis zu diesem Moment weder die Mutter Marlene Dohrmann noch ihre verstorbene Tochter Anja kannte.

„Ich kann Dich sehen. Hans König ist mein Freund. Über ihn kann ich mich melden. Morgen ist mein Geburtstag, aber nicht hier!"

Die Mutter war von ihren Gefühlen überwältigt, diese Worte zu hören, und als die verstorbene Tochter auch noch ihr Geburtsdatum durchgab, konnte sie sich nicht mehr halten und fing an zu weinen.

„Du musst nicht weinen" so die unmittelbare Reaktion aus dem Jenseits.

Dann kam eine bedeutsame Aussage, mit erstaunlicher Klarheit:
„Ich lebe immer noch!"

Eine derart direkte Erfahrung zu machen, und diese mit dem eigenen Kind, jenseits der Grenze von Leben und Tod, ist nahezu überwältigend. Gewöhnlich braucht es Zeit, bis sich eine Person der Eindeutigkeit dieser vier kleinen, einfachen Worte: **„Ich lebe immer noch"** voll und ganz bewusst wird:
„Höre zu!
Nehmt alles in Eure Herzen auf und setzt es in Gedanken um!"

Wir sollen also mit unserem Herzen hören?

Das ist für einen rational denkenden Menschenverstand sehr schwer nachzuvollziehen und noch weniger zu akzeptieren. Dazu die Zentrale:
„Höre zu!
Verbindet Euch mit der kosmischen Kraft! Sie ist nicht mit Eurem Bewusstsein zu erfassen! Nur Euer Herz kann es erfassen!"

Ganz genau diese innere Einstellung besaß Dina Tölke, eine Mutter und eine bemerkenswert mutige Frau, die nach dem Tode ihres geliebten Sohnes Franck, Hans Otto König und seine Frau Margaret kennengelernt hatte. Oft zog sie sich in die Stille zurück, um dann in Demut das in sich aufzunehmen und gutzuheißen, was die Unsichtbare Welt ihr mitzuteilen hatte. In der folgenden Passage spricht sie mit ihrem verstorbenen Mann Heinz, der zu Lebzeiten den Kontakt, den seine Frau mit ihrem toten Sohn aufgenommen hatte, niemals akzeptieren wollte:

Dina T.: „Heinz, hast Du unseren Franck getroffen?"
Heinz T.: **„Unser Franck lebt."**

Dina T.: „Wie fühlst Du Dich in Deinem neuen Leben?"
Heinz T.: **„Mein Tod ist mein großes Erleben."**

Dina T.: „Heinz, was denkst Du jetzt über meine Kontakte?"
Heinz T.: **„Jetzt begreif' ich es!"**

Es erfordert viel Offenheit und Geduld, um anzuerkennen, dass unsichtbare Wesen, Schwingungen und Energien unsere Häuser und deren Wände durchdringen; zu bejahen, dass diese auf unsere technischen Geräte einwirken und so zu schätzen wissen, welche wunderbaren Geschenke sie uns damit aus der Welt des Lichtes machen.

Wie bei dieser letzten Kontakteinspielung 1989, zwischen der Unsichtbaren Welt, Hans Otto König und Marlene Dohrmann:
„Kontakt."

H.O.K.: „Hallo, Freunde!"
„Kontakt für Marlene Dohrmann und Hans König."
Dann kommt eine andere Stimme durch - mit dem Spektral-Bild von Anja Dohrmann:
„Mama, Hans, könnt Ihr mich hören?"
H.O.K. und Marlene Dohrmann: „Ja wunderbar!"
Anja Dohrmann: **„Ich Euch auch. Wir sind alle hier. Alles ist mit der Technik gut. Wir warten auf Euch!"**
Dann wieder die zuerst gehörte Stimme:
„Kontaktende!"

Die Vernunft verliert sehr oft an Boden, wenn sie mit der Erfahrung des Reellen konfrontiert wird. Sie lebt mit der Angst, sie könne als Illusion bezeichnet werden. Deshalb richtet sie sich dagegen auf und verteidigt sich energisch gegen diese forcierende Intrusion, die nichts anderes tut, als den gewohnten Verlauf des Universums und das (durch eine solide Ausbildung erworbene) Wissen, zu stören. Die erste Frage lautet daher: Was sagt denn unsere Wissenschaft dazu, denn die meisten Menschen geben normalerweise den wissenschaftlichen Prinzipien mehr Zuspruch, anstatt sich auf die Subtilität ihrer eigenen Erfahrung zu beziehen. Im Gegensatz dazu sorgt die Geistige Welt sich herzlich wenig um die Autorität der Gelehrten:

„Höre zu!
Quarks, Atome und Quanten haben für uns wenig Bedeutung!
Nur Eure geistige Reife ist entscheidend! Der Geist hat andere Bedeutung.
Alles ist einfach!"

Aus der Sicht der Welt der Sterne haben die Menschen die Fähigkeit verloren, für sich selbst zu denken. Eine derart direkte, individuelle und persönliche Erfahrung mit der Wirklichkeit ist zu einer der seltensten Herausforderungen geworden. Anstatt nach der Wahrheit zu suchen, bewundern und folgen wir lieber weltlichen Leitbildern und Idolen, sei es aus Bequemlichkeit und Gewohnheit, bei manchen sogar aus Angst, aus familiären oder gesellschaftlichen Gründen. Die Zentrale fordert daher eingehend:

„Höre zu!
Ihr müsst lernen, wieder selbstständig zu denken und zu handeln!“

Es gibt nur noch wenige, die wie das Kind aus Christian Andersens Märchen *„Des Kaisers neue Kleider"* ganz erstaunt ausrufen: „Aber der Kaiser hat ja gar nichts an!" Der Kampf auf Erden ist oft hart und unbarmherzig. Und es ist bei Weitem nicht leicht, den Weg zu gehen, um einen Platz auf der großen Bühne des Lebens zu erringen. Wie so oft versperren uns gesellschaftliche Konflikte und Interessen den Zugang zurück in die Reinheit und die Ursprünglichkeit, ständiger Lärm und Gerede vermeiden ein feines Hören, und der Knüppel der Angst triumphiert vor unserem Mut zum wahrhaften Denken.

Im Laufe der Jahrhunderte besuchten geistige Wesen immer wieder die unteren Schwingungsebenen, in denen sich unsere Erde befindet, um den Menschen an das wahre Wissen zu erinnern und sein geistiges Wachstum zu stärken:

„Höre zu!
Kein Leben endet!
Jedes Leben beginnt mit neuen Erfahrungen!
Bereitet Euch auf das kommende Leben vor!
Lernen - die Gesetze des Universums - sind Voraussetzungen!"

Menschen, die wirklich bereit sind zuzuhören, beschränken sich immer noch auf eine kleine Minderheit. In unserem modernen Zeitalter scheint es hinfällig geworden zu sein, sich um die wahren Realitäten des Geistigen zu bemühen... „Ich rufe immer, niemand hört mich!" Der Mensch von heute hat wohl die Melodie des Geistes und diesen leisen Klang in seinem Herzen vergessen, stattdessen schwingt er nach wie vor mit Begeisterung das Banner des Materialismus.

Die Zentrale meint dazu:
„Traurig, wenn niemand zuhört!"
„Wir haben alles gesagt!"
„Der Körper wandelt die Seele, der Geist existiert ewig!"

In Zeiten der Trauer oder während einer schweren Krankheit beginnen sich die Menschen wieder auf die Realität des Jenseits zu besinnen. Dann tauchen auch plötzlich wieder Fragen auf, wie: „Was bedeutet denn eigentlich der Tod?"
„Nichts ist der Tod!"
„Legt ihr ein Gewand, was abgetragen ist, mit Tränen fort?"
„Den Tod, den Du betrauerst, gibt es nicht!"

Wenn wir eines Tages unseren physischen Körper verlassen und Abschied von unserem irdischen Dasein nehmen, stellt diese Situation eine Realität dar, die für die meisten von uns sicher gar nicht so leicht zu akzeptieren ist. Aber den Verlust eines geliebten Menschen zu verkraften, ist so unsagbar schmerzvoll, dass man ihn mit Worten fast nicht beschreiben kann. Es fühlt sich an wie „Ein schwarzes Nichts"! Eine abgrundtiefe Leere! Eine unerträgliche Stille! Eine unwiderrufliche Trennung! Niemand entkommt diesem, so fürchterlichen Abschiedsschmerz von einem Leben, das man bisher in liebevollem Einklang mit jemand anderem verbracht hat, der jetzt nicht mehr gegenwärtig ist. Eine warmherzige und liebevolle Verbundenheit wird durch den Tod mit einem Mal und für immer zerstört: Plötzlich scheint alles schwarz, man fühlt nur noch Kälte, Schweigen und dieses grausame Nichts. Nein, nichts ist mehr so, wie es einmal war! Aber ist es wahr, dass uns nichts bleibt, außer der Erinnerung an einen geliebten Menschen im Herzen, der nun von uns gegangen ist? Und was beweinen wir nun eigentlich? Sein Leben? Unser Zusammensein? Uns selbst? Unsere Verbindung? Unser Gefühlsleben? Unsere Gemeinsamkeit?

Die Trauer um einen geliebten Menschen ist für uns selbst ein ganz lebenswichtiger, wesentlicher und notwendiger Prozess. Es braucht Zeit, um sich in die neue Lebenssituation einzufinden, in welcher die geliebte Person nicht mehr physisch anwesend ist. Der Schmerz des Verlustes bleibt zwar gegenwärtig und unvermeidlich, aber er verliert oft an Intensität, wenn wir wissen, dass die andere Person glücklich ist und dass es ihr gut geht. Auch der oder die Verstorbene muss sich erst einmal an eine neue Lebenssituation gewöhnen. Und am Anfang wird dieses nun „Geistige Wesen" in Gedanken mit seinen Lieben sehr eng verbunden bleiben. Es fühlt ihre Trauer, ihr Leid und die Schwingungen ihrer Seelen. Es weiß, dass das Bedürfnis nach Trost für den Menschen auf der Erde sehr groß ist. So wünscht es sich oft, in Verbindung mit dieser geliebten Person zu treten, sie dann sanft mit seiner Hand zu streicheln und sie zu trösten, sie von eventuellen Schuldgefühlen zu befreien, mit ihr über Dinge zu sprechen, die noch nie gesagt wurden, oder ihr einfach nur die Kraft seiner unendlichen Liebe zu geben:

„Silke lebt, den Tränen hilft es doch!"

Oder lassen wir hier noch einmal jene Kinder zu Wort kommen, deren Eltern während der Experimente im Saal anwesend waren:

„Höre zu!
Einige sind hier und wollen ihren Angehörigen Kraft geben:
Anja, Stefan, Frank Werner, Birgit, Andre, Andi, Silke, Thomas, Helmut, Leni und Otto Josef.
Hier stehen noch viele..."

Hochentwickelte Geisteswesen haben folgende Botschaften für die Menschen:

„Höre zu!
Viele weinen um sich, nicht um Leben, was im Elend ist! Wir müssen Euch sagen. Ihr wisst, dass Eure Angehörigen in Liebe aufgehoben sind. Trauer ist ein erneutes Leid für Menschen, die ein neues Leben begonnen haben."

„Höre zu!
Ihr wisst, dass sie ihre Aufgaben im Leben erfüllt haben.
Sie haben neue Aufgaben, Ihr auch!"

Dies ist eine Motivation, eine geistige Anregung, um dem Tod auf andere Weise zu begegnen und ihn anders zu leben. Aber unsere lieben Verstorbenen werden uns niemals richten, sie werden den Menschen weiterhin ihre Kraft und Liebe senden. Liebevoll und geduldig warten sie auf seine Ankunft in der anderen Welt. Wenn wir uns diesem Moment nähern, der oft für uns sehr erschreckend ist, werden Lichtgestalten demjenigen Menschen beistehen, der nun seine Augen für immer schließen muss. Die geistigen Körper - in der Regel zu fein und transparent, um sie mit unseren Augen wahrzunehmen - werden, meist in den letzten Tagen auf Erden, für den Sterbenden sichtbar. Diejenigen, die den Verstorbenen auf der anderen Seite begrüßen werden, sind bereits mit ihm und in seiner unmittelbaren Nähe anwesend, nur einen Hauch weit entfernt. Ihre warmherzige und feinfühlige Präsenz ermöglicht es dann, die Schwelle des Todes behutsam, ohne Angst zu überwinden und die Seele zu neuen Horizonten zu tragen, durchflutet von Licht und Helligkeit.

„Höre zu!
Würdet Ihr einen Hauch der Ewigkeit verspüren! Die Wandlung der Hüllen Eures Geistes begreifen und akzeptieren, so braucht Ihr keine Angst mehr haben! Angst und Unverständnis beherrscht Euer Leben! Nur wenige unter Euch begreifen! Verstehen heißt leben!“

„Höre zu: Alles ist Eins. Versteht!”

Diese Wahrheit, Alles ist Eins, die schon zu Zeiten der alten Griechen erkannt wurde, ist eine substanzielle Harmonisierung, der Grundakkord der großen Symphonie des Lebendigen und die Ouvertüre der vereinten, friedvollen Verbindung aller Lebewesen aus verschiedenen Schwingungswelten, die sich zwischen der Erde und den entfernten Galaxien befinden:

„Erkennt, dass wir in Verbundenheit stehen! Wir sind mit Euch in Liebe verbunden. Verbindet Euch mit dem Universum! Alles ist Eins. Versteht!”

Diese vielen Botschaften lassen uns bewusst wahrnehmen, dass irdische und himmlische Reiche eine Einheit bilden, mit einer bedeutsamen Verbindung untereinander. Wir können es nicht oft genug wiederholen: Es ist die Geistige Welt, die den Kontakt mit uns wünscht und ihn herstellt!

„Höre zu!
Wir wiederholen. Wir brauchen Eure Kontakte und Eure Liebe, so wie Ihr sie braucht. Bedenkt, dass wir eine Einheit bilden!"
„Wir danken Dir, dass Du wieder antwortest!"
„Wir danken für Gebet!"
„Höre das Jenseits bitte!"

Und die Zentrale bestätigt:
„Die Gedanken sind die Sprache der Seele!"

Aber wie bewerkstelligen sie es, uns zu empfangen?
„Jede Schwingung setzt sich augenblicklich in Begriffe um!"
„Ich höre Dein Bewusstsein!"

H.O.K.: „Welcher Energieträger hilft mir, mit Euch in Kontakt zu treten?"
„Es sind kosmische Einstrahlungen!"

Die überirdische Welt wird sich von der Welt des Menschen niemals abwenden.
„Wir hören Euch und sehen Euch. Blickfeld des Denkens von Euch zu uns!"

Die Bewohner der subtilen Sphären erfassen alles das, was in unserem inneren Garten erblüht und sie hören unsere Gedanken. Alles ist Geist, aber auf diversen Ebenen und in unterschiedlichen Körpern. Unsichtbare Stufen ermöglichen dem Menschen, in die höheren Sphären hinaufzusteigen und umgekehrt den Geistigen Wesen, in tiefere Schichten hinabzugleiten, die von der dichteren Materie umhüllt sind. Diese liebevolle Verbindung, so betont die Geistige Welt, bedeutet für sie absolut kein Hindernis, um auch den anderen Aufgaben, die ihrem Entwicklungsgrad angepasst sind, nachgehen zu können. Es ist eine natürliche Verbindung zwischen Welten mit ungleicher, materieller Substanz, jedoch vereint durch die Kraft der Liebe:

„Liebe macht die Welle und die Sendung!"

Nach Ansicht der Boten stehen wir noch am Anfang einer wahrhaften Kommunikation mit der Geistigen Welt. Das Endziel der Kontaktbrücke ist noch unabsehbar:

„Höre zu!
Die Möglichkeit der Kontaktbrücke wird größer, und wir sehen einer Evolution entgegen. Wir bitten um Einsatz und Hilfe!
Es werden größere Wege vorbereitet, in den Kontakten zu uns."

In jedem menschlichen Wesen befindet sich ein konstanter, geistig reger und aktivierender Part, der niemals inkarniert. Das ist unser „Höheres Selbst", das „Über-Ich", wie die Geistige Welt es uns zu verstehen gab, das allzeit und jenseits der Welt der Sinne auf der anderen Seite unserer materiellen, greifbaren Welt existiert. Indem es dort verbleibt, ermöglicht es uns, in einen Dialog mit subtileren Sphären zu treten. Dieser Bereich lebt in überirdischen Sphären und verbindet uns auf diese Art mit der Welt der Sterne. Leider hat die Menschheit diesen übernatürlichen Teil des „Seins" vergessen und denkt kaum noch daran. Daher versteht sich ganz von selbst, dass uns die Boten sagen:
„Höre zu!
Bedenkt den Wert des Wissens! Wer im materiellen Bewusstsein lebt, wird nie einen höheren Geist erreichen!"

Im Jahre 1995 wurde folgende Meldung durchgegeben:
„Höre zu!
Ihr lebt auf einer Insel der Bewährung und Entwicklung. Dort habt Ihr zu lernen, die geistigen von den materiellen Werten zu trennen. Ihr habt die Möglichkeit, Euch mit allen kosmischen Gesetzen vertraut zu machen. Sie zeigen die Polarität des Lebens."

„Höre zu!
Die universellen Gesetze sind die Verbindungen allen Lebens! Alles ist Eins! Versteht!"

„Höre zu: Die Verbindung ist wichtig!"

Der Forscher konstatiert: *„Wahre Erkenntnisse können nicht entdeckt werden; sie werden nur demjenigen enthüllt, welcher mit den geistigen Welten verbunden ist."* Aber um dieser Realität zu begegnen, müssen wir weit über die weltlichen Begrenzungen und Erwartungen hinausgehen:

„Höre zu!
Ihr wollt vieles wissen. Versucht zu lernen, über Euer gemachtes Bewusstsein hinauszukommen! Dann werdet Ihr viel erfahren. Der Geist in seiner Freiheit verbindet Galaxien!"

Der Weg in die Innerlichkeit gewährt uns Eintritt in andere Bereiche des Wissens, wo jeder geistige Führer seinen Schützling bereits erwartet, ihn bei der Hand nimmt und ihn somit zu einem langsamen Vortasten in sein Seelenleben verhilft. Alles ist aus dem Geist geboren. Schenken wir ihm Zeit und Raum! Begegnen wir aber dann mit Achtsamkeit diesen tiefen, unsichtbaren Schichten unseres Daseins, einem Elysium, das uns zu jenen lichtumfluteten Sphären emporsteigen lässt, um dort ein klein wenig zu verweilen! Lassen wir an dieser Stelle die Zentrale zu Wort kommen:
„Höre zu!
Um eine gute und ständige Verbindung zu der anderen Seins-Ebene zu bekommen, ist eine geistige, innere Vorbereitung von größter Wichtigkeit."

Eine Verbindung mit der Geistigen Welt herzustellen, hilft nicht nur allein, um zu lernen und zu verstehen, sondern auch, um unsere Seelensubstanz zu entfalten und unsere innere Kraft zu festigen. Die Boten sagen uns oft, dass sie den Menschen immer beistehen und sogar mit ihnen zusammenarbeiten, wenn wir sie darum bitten:
„Jeder, der um Hilfe bittet, bekommt Hilfe!"
„Ruf mich zu Dir, dann werde ich ganz nahe bei Dir sein! Ich kann sehr viel für Dich tun, wenn Du bittest!"

Die Unsichtbare Welt fühlt das menschliche Leid, das Teil unserer Existenz ist.

„Wenn Ihr glücklos und ratlos seid, wenn Leid und Krankheit Euch zu Boden drücken, dann denkt daran und bittet um Hilfe!"

Auch wenn sich der Mensch vom Geistigen abgewandt hat, wird immerzu eine unsichtbare Hilfe im entscheidenden Augenblick kommen und er wird sich wieder erinnern. Meist geschieht dies in Momenten von Krankheit oder Ausweglosigkeit, in denen wir uns wieder auf diese alte Melodie besinnen können, die in unseren Tiefen schlummert.

„Die andere Welt" so erklärt der Forscher, *„gibt uns immer Hilfe, auch wenn vielleicht nicht auf die Weise, wie wir uns das vorstellen und es so gerne möchten. Die geistigen Wesen begleiten uns jederzeit, sie wissen alles von uns und können uns somit zu jedem Zeitpunkt unseres Lebens beistehen, ganz besonders in den dunkelsten und schwersten Augenblicken. Ein jeder kann diese seelische Berührung spüren, wenn er sich bemüht, die Verbindung mit der anderen Welt nicht zu verlieren."*

Ein Schmerz ist oft das, was uns erneut empfindsam werden lässt, um das Wesentliche wieder zu spüren, unser vergessenes Einfühlungsvermögen anderen Lebewesen gegenüber wieder zu erlangen, um an der lebensspendenden Quelle des Geistes wieder Kraft zu tanken.

„Höre zu!
Den Menschen fällt es schwer, Kummer und Leid zu ertragen. Es ist die einzige Möglichkeit, Zusammenhänge des Lebens zu verstehen."

Dann setzt die Zentrale diese Botschaft fort, mit Worten, die unserer besonderen Aufmerksamkeit gebühren, da sie uns wieder Einblick in einige bedeutsame Realitäten gewähren:

„Es gibt höher entwickelte Geistwesen, die sich eine Inkarnation ausgesucht haben, um anderen Menschen die Möglichkeit zu geben, durch die Situation an sich zu reifen, zum Beispiel hirn-geschädigte Menschen. Sie kommen aus der höchsten Ebene!"

Sanaedes, eine Lichtgestalt aus weiter Ferne lehrt uns:
„Zum wahren Glück gehört auch, das Leid des Lebens kennen zu lernen. Alles erfüllt sich in einem glücklichen Menschenleben. Es muss eine Seele auch die schweren Stunden des Erdenlebens tapfer ertragen können, um aufnahmefähig zu werden, für das wahre Glück, dass Ihr alle erstreben sollt!"

H.O.K.: „Viele Menschen hier im Saal würden gerne wissen, was das wahre Glück auf dieser Erde bedeutet?"
Sanaedes antwortete darauf:

„Aber Ihr sollt wissen, dass das wahre Glück ganz anders ist, als Ihr es Euch vorstellt. Es ist nicht Reichtum. Reichtum kann sogar Unglück bedeuten, er kann denen, die ihn besitzen sehr schaden, er kann sie seelisch verarmen lassen. Zum wahren Glück gehört es, das Leid des Lebens kennenzulernen!"

Jeder von uns, ob arm oder reich, jung oder alt, dumm oder klug, kann dieses Unsagbare und diese wunderbare Botschaft der Hoffnung hören, welche in unseren Herzen klingt. Den Weg des Lebens geht der Mensch niemals allein, und ist sein Weg auch oft beschwerlich, so sind es die leichten Schritte, die ihn – unbemerkt - doch immerzu begleiten. Als unser Forscher einmal Sanaedes, die hochgeistige Lichtgestalt vom Fixstern Sirius fragte:

„Kannst du mich hören?",
bekam er im gleichen Moment die Antwort:
„Ich höre Dich immer!"

Dann, zu einem anderen Zeitpunkt:
Sanaedes: **„Ich kenne Dich sehr gut!"**

H.O.K.: „Ich kenne Dich auch."
Sanaedes: **„Ich bin überall bei Dir!"**

H.O.K.: „Hilf mir, den Kontakt zu festigen. Ich habe noch so viele Fragen."
Sanaedes: **„Sei gewiss, Du hast die Hilfe des Himmels!"**

Oder dieser Dialog zwischen H. O. König und einem Geisteswesen, während einer schwierigen Lebensphase:

H.O.K.: „Kannst Du mich hören? Wer bist Du?"
„Hier ist Hubert."

H.O.K.: „Kennst Du mich noch Hubert?"
„Der Hans Otto."

H.O.K.: „Ich habe den Eindruck, Du bist immer da."
„Jede Stunde und Tag."

H.O.K.: „Das merke ich. Du weißt, dass ich für diese Einspielung meine ganze Kraft brauche. Es ist nicht so einfach."
„Ich gebe Dir meine ganze Kraft!"

H.O.K.: „Danke schön!"

Und aus einer anderen Einspielung mit der HRS-Anlage:
H.O.K.: „Hast Du mir etwas mitzuteilen?"
„Weiße Engel stehen neben Dir!"

und wiederum ein anderes Mal:
H.O.K.: „Wer bist Du?"
„Sanaedes!"

H.O.K.: „Ich grüße dich ganz herzlich!"
„Sei mir gegrüßt!"

H.O.K.: „Ich weiß, dass wir ein gute Verbindung haben."
„Ich bin Dir weit mehr verbunden, als Du erahnst."

H.O.K.: „Seit wann bist Du mit mir verbunden?"
„Du bist mir angehörig durch Deine Geburt!"

„Ein Engel wird rufen!", eine weitere Botschaft, die Hans Otto König an einem Abend während einer Einspielung über sein Radio erhielt. Die Unsichtbare Welt spricht öfter von Engeln, den geistigen Boten aus den Lichtsphären des Jenseits. Sie begleiten und sie führen uns in jeder Situation unseres Erdenlebens. Ihre sanften Bewegungen können in unserem tiefen Inneren empfunden werden, und ihr Flüstern wird uns inspirieren, wieder das zu werden, was wir wirklich sind.

„Hat jeder Mensch einen Engel oder Schutzgeist?" fragte jemand aus dem Publikum.

„So denke immer daran, dass Du eine Seele bei Dir hast, die Dich ganz tief und innig liebt."

Eine andere Person aus dem Publikum: „Manchmal habe ich nicht die Kraft!"
„Schwäche Dich nicht durch Sorgen!"

Ihre leuchtenden Flügel können die Menschen berühren, wenn... **„Ja, wenn Ihr sie anruft, wenn Ihr sie schalten lasst, wenn sie in Eurer Nähe weilen können, dann stärken sie Euch!"**

Um das wahre Glück zu finden, muss der Mensch den Pfad des Lebens bewusst und entschlossen angehen. Denn auch wenn keine Macht der Welt es fertigbringen wird, die Stimme aus dem Unsichtbaren zu kaufen oder gar zu nötigen, so kann sich aber jeder in seinem Inneren insoweit vorbereiten, sie als Geschenk zu empfangen. „Höre zu!", wie die Zentrale uns immer wieder bittet.

Engel, Wesen mit dieser energievollen Leuchtkraft werden in der Ikonographie sehr oft mit Flügeln dargestellt, ein Symbol des Fliegens und somit der Freiheit. Ein Symbol für alle, die das Sinnliche mit dem Übersinnlichen verbinden können und die Seele desjenigen berühren, der sich dafür Zeit nimmt, um sie zu hören. Ihre Anwesenheit ist eine greifbare Realität für den, der sich von der Außenwelt abgewandt hat, um der Welt des Geistigen „Raum" zu geben.

In den Momenten, wo eine Kommunikation über technische Anlagen stattfindet, verweilen die schönen Lichtgestalten direkt unter uns, und sehr sensible Menschen können ihre Anwesenheit sogar körperlich spüren. Meistens kündigt sich ihre Präsenz durch einen plötzlichen, kalten, beziehungsweise heißen Luftzug an, oder man empfindet eine ganz zarte Berührung, die einem leichten Klopfen oder einem sanften Streicheln gleicht. Manchmal durchdringt uns eine mächtige Energieform, die Körper und Seele erzittern lässt:
„Wir werden Euch berühren!"
„Ein weit verzweigtes Feld von Energie liegt über Euch.
Ihr werdet es empfinden!"

Mehr als einmal wurden Direkteinspielungen mit dem HRS-System oder mit der UDS-Anlage von der Unsichtbaren Welt durch eine potentielle Energie in Form von starken Impulsen und lauten Geräuschen beendet:

„Wir werden Euch nun eine Energieform zukommen lassen für bestimmte Menschen, die diese Kraft brauchen, als Stabilisation Ihrer Psyche und Körper."

Sie rufen uns auf, uns auf den inneren Weg zu begeben:
„Lerne es, Deine Gedanken zu beherrschen!"

und:
„Licht allein sind uns Eure Gedanken!"

Sie machen uns bewusst, welche wichtige Rolle der Mensch bei dieser Verbindung spielt, damit sie uns erreichen können, um uns Kraft zu geben, und um uns gedanklich zu inspirieren. Sie ermutigen uns, das Innen unseres Seins zu entdecken und unsere eigene, innere Reise in geistiger Freiheit fortzusetzen. Der Weg, verbunden mit der Wahrhaftigkeit der Tiefen eines jeden Wesens, ist immer einzigartig und unvergleichlich. Nicht in Unterwerfung, sondern in Freiheit, nicht durch unterwürfiges Zuhören, sondern durch Inspiration und Reflektion und nicht in Angst, sondern mit Selbstvertrauen.

„Vertraut auf Euch und Eure innere Stimme!"
„Geht nur einen Weg, Euren eigenen!
Nicht aber viele Wege, die angeboten werden!"
„Ihr müsst lernen, Euch selbst kennenzulernen!"

Viele geistige Wesen versichern uns auch, wie wesentlich die Liebe eines Menschen, der noch immer auf der Erde verweilt, ihr neues Leben dort oben unterstützen kann:
„Mama, Deine Liebe zu mir ist für mich eine große Hilfe!"

Oder sie teilen uns mit, dass die Struktur unseres Geistes in ihnen ein Kraftfeld erzeugen kann:
„Gedankenstruktur gibt Kraftfeld!"

Und sie hören nicht auf, uns immer wieder daran zu erinnern, wie sehr sie unsere Kontakte brauchen und wie sehr wir wiederum die ihren benötigen:
„Krank die Seelen, Kontakt bringt Großes!"

Wie ist es möglich, dass Geisteswesen, die ihren physischen Körper bereits verlassen haben, immer noch unsere Liebe und unsere Hilfe brauchen?

Ihre Aussagen hierzu geben uns zu verstehen, dass in der Unsichtbaren Welt die menschliche Seele nicht sofort in die Kraft des göttlichen Lichtes transportiert wird, sondern dass uns nach dem physischen Tod noch eine Weiterentwicklung erwartet. Sie sagen uns oft, dass der Mensch für Vieles mitverantwortlich ist, auch für die Entwicklung der Geistigen Welt. Deshalb spielt der Mensch eine weitaus größere Rolle, als er denkt:

„Jeder einzelne muss es begreifen, dass Ihr hier eine tragende Rolle spielt, die über das irdische Leben unendlich weit hinausgeht!"

Durch unsere Inkarnation können wir ganz anders handeln und Dinge auf eine ganz andere Weise beeinflussen, als geistige Strukturen ohne einen physischen Körper. Alle unsere Gedanken sind Teil eines großen Systems, bei dem alles zusammenwirkt.

„Das Universum muss von den Geisteskräften durchflutet und gelenkt werden. Der Mensch ist deshalb eine Notwendigkeit im göttlichen Ewigkeitsplan!"

Wenn es die Unsichtbare Welt ist, die allein entscheidet, das Kontaktfenster zu öffnen oder zu schließen, so ist es gut für den Menschen, sich für den Empfang vorzubereiten und im Geiste zu wachsen. Deshalb ist es nicht nur wichtig, sich ihrer Anwesenheit sicher zu sein und diese nicht zu verweigern, sondern sich mit dem Universum zu verbinden, wo **„ALLES EINS IST!"**

„Höre zu!
Nur der Mensch wird einen guten Kontakt zu uns bekommen, der sich benötigt, die universellen Gesetze zu verstehen!"

„Liebe ist Leben für immer!"

Nehmen wir uns die Zeit, unsere Gedanken in die Geistige Welt emporschweben zu lassen und ihr damit all unsere Liebe und Aufmerksamkeit zu senden.

Sie hören nicht auf, immer wieder zu wiederholen:
„Vergesst uns nicht!"

Und auf eine Publikumsfrage „Wie kann ich Euch erreichen?" kam folgende Antwort:

„Rufe mich zu Dir, dann werde ich ganz nahe bei Dir sein!"

Zugleich warnen sie uns:
„Denkt nicht nur an Eure Angehörigen! Sage, dass er sich blockiert von seinen Lieben in seinem Jenseits. Denke, niemand ist allein!"

oder:
**„Höre zu!
Wir alle sind das Leben. Nicht die Tochter, der Sohn, die Mutter oder was uns immer im Leben stets verbindet!"**

Dazu die Zentrale:
„Denkt nicht nur an Eure Angehörigen! Wir und Ihr sind eine Einheit des Lebens, dazu gehören auch die Tiere und Pflanzen."

Und im Jahre 1991 wurde die folgende Meldung über die Infrarot-Anlage übertragen:
**„Höre zu!
Jeder kann eine gute Verbindung zu uns bekommen, wenn er gelernt hat. Erkenntnis und Liebe ist die Voraussetzung!"**

Liebe, ein Wort, das immer wieder erscheint! Liebe? Die Zentrale gibt ihr eine ganz besondere Bedeutung, weit entfernt von großen Gefühlen und emotionalen Bedürfnissen. Sie definiert sie als eine „com-union" = ein „miteinander", als eine Vereinigung und die Realität, miteinander verbunden zu sein. Eine derartige Verbundenheit beschränkt sich nicht nur auf menschliche Beziehungen, sondern sie bestehen darauf, in unsere Liebe alles mit einzubeziehen, einschließlich der Mineralien, der Pflanzen und der Tiere:

**„Die Liebe bedeutet Gemeinschaft mit allem, was lebt!
Wir sind alle eins!"**

„Erkennt, dass wir und Ihr eine Einheit allen Lebens sind! Pflanzen und Tiere gehören dazu."

Liebe auf diese Weise zu verstehen, ist die mächtigste Kraft von allem was ist:
„Liebe ist die höchste Macht, sie ist stärker als alles andere auf der Welt!"

Diese Kraft der Liebe wird voll erblühen und die erlesensten Früchte tragen, wenn sie in Verbundenheit gelebt wird:
„Höre zu!
Die Kraft der Liebe kann nur durch eine Einheit, eine Gemeinschaft entstehen. Nur so werdet Ihr Erfolg haben in Eurem Sein. Liebe ist Leben für immer!"

Jene Wesen, die außerhalb unseres Raum-Zeit-Universums leben, betonen jedes Mal, wie bedeutungsvoll die Intensität unserer Liebeskraft ist. Von dieser innigen, tiefgreifenden Liebe allein hängt der Kontakt, die Beziehung und auch der Sinn unseres Lebens ab:
„Höre zu!
Der Sinn und der Wert des Lebens ist die Liebe und die Verbundenheit zu allen Lebensformen!"

In der Begegnung mit der Geistigen Welt ist nicht unser Wille ausschlaggebend, sondern die Wirkungskraft unserer Liebe, unseres Wissens und unserer Reinheit, im Geiste und im Herzen, unserer Geduld und unserer Ausdauer, als wachsendes Erfahren der Universalen Gesetze. Ihre Botschaften sagen immer wieder aus:
„Für jedes Leben ist der Sterbetag vorbestimmt! Der Sterbetag hat für jedes Leben eine Bestimmung, ob durch Krankheit, Krieg oder Naturkatastrophen."

„Der irdische Mensch schafft sein eigenes Schicksal!"

und auch:
„Von der universellen Sicht gibt es keine Zeit."
„Hundert Jahre für Euch ist für uns eine Sekunde!"

Die Zentrale unterstreicht ebenfalls:
**„Höre zu!
Es gibt keine Zeit! Die Zeit ist nicht vorhanden! Die Zeit habt Ihr Euch selbst gemacht!“**

„Höre zu! Der Tod ist die Geburt eines neuen Lebens!“

**„Höre zu!
Der Tod, wie Ihr sagt, ist eine Notwendigkeit, wie die Geburt! Ohne dies können wir nicht leben!”**

Der Tod, eine Notwendigkeit wie die Geburt?
**„Höre zu!
Ihr lebt, um zu sterben!”
„Euer Erdenleben ist nur ein Schatten allen Seins! Was ihr Tod nennt, ist wichtig, um zu überleben und sich im Geiste zu entwickeln!“**

Der Tod ist gleichzeitig die Geburt in eine andere Form des Lebens, wo für den Menschen der Kampf auf Erden tatsächlich endet:
„Hier beendet der Mensch wahrlich den irdischen Streit.”

Demnach werden wir das große Abenteuer unseres Bewusstseins fortsetzen und es in einer anderen Ordnung erfahren. Der Geist, befreit von der Schwere des menschlichen Körpers, setzt somit seine Reise fort und geht in subtilere, leuchtendere Sphären ein, um sich dort geistig weiter zu entwickeln:
**„Hier ein neues Leben kommt.
Mit der neuen Erkenntnis kann ich mich hier entwickeln!”**

Es gibt ein sogenanntes Ineinanderfließen aller Welten, aber sie differenzieren sich auch deutlich voneinander. Um derartige, diverse Unterschiede zu verstehen, ist es grundlegend wichtig, dies mit unserer eigenen Kraft des Geistes zu lernen. Die Erde, welche nur dem Menschen als feste Materie erscheint, gibt uns die Möglichkeit, verkörperten Wesen aus allen geistigen Ebenen zu begegnen. Jeder von uns kann lernen, die wesentlichen Unterscheidungsmerkmale zu erkennen und sie dann in sich aufzunehmen:

„Jeglicher Fehler bei der Interpretation des Menschen beinhaltet einen Fehler bei der Interpretation des Kosmos, weil der Mensch der Mikrokosmos im Makrokosmos ist!"

„Dieses Lernen, dieses Erkennen scheint nur möglich zu sein, solange wir auf dieser Erde verkörpert sind" so meint Hans Otto König hierzu... *„weil geistige Wesen mit verschiedenem geistigen Reife-Niveau danach in der Unsichtbaren Welt nicht mehr aufeinandertreffen. Sie werden nach ganz bestimmten Kriterien zusammengefasst, die uns zwar nicht bekannt, aber nach den Angaben der Zentrale effektiv vorhanden sind."*

Geistige Wesen machen Erfahrungen einer anderen Ordnung, die es ihnen erlaubt, neue Wege in ihrer spirituellen Entwicklung zu beschreiten. Das Ziel der persönlichen Bewusstseinsentwicklung strebt auf eine Gesamtverbundenheit der kosmischen Rangfolge hin, die auch gerne „Göttliche Ordnung" genannt wird:
„Höre zu!
Jeder Mensch unterliegt einer Evolution, die er von der Grundsubstanz bis zum kosmischen Reich durchmachen muss! Es gibt kein Geistwesen, das die Existenzverflechtung nicht durchgemacht hat!"

Die neue Ordnung entwickelt sich getrennt von den anderen Ordnungen, das Universum selbst ist ohne Grenzen in Raum und Zeit. Weder hat es je begonnen, noch wird es je enden, weil das Bestehende in seiner Summe weder entstehen noch vergehen kann. Die häufig gestellte Frage bleibt dann, ob die Zielsetzung dieser Entwicklung somit nicht zu einer Vollendung des Lebens in der Vereinigung mit dem Göttlichen führen könnte? Die Zentrale verwendet die Konzeption „Gott", aber meistens immer mit der Anmerkung:
„So wie Ihr es nennt, wie Ihr es sagt!"

Für sie ist Gott diese enorme Kraft der Liebe, die für jedes Leben vorhanden ist und jeden zu seinem wahren Selbst führt:
„Höre zu!
Gott ist für alles Leben da! Jeder trägt Gott in sich, das ist eine Kraft der Liebe, durch die das ganze Leben für immer ist!"

Und ein anderes Geisteswesen versichert uns:
„Wenn Gott in Dir und in mir ist, sind wir heilig!"

Denn überall dort, wo in einer Gemeinschaft der Geist der bedingungslosen Liebe umgeht, da weht der Geist Gottes, der die Liebe ist, ganz gleich wie sich diese Gemeinschaft nennt, ganz gleich, ob Gott hier als eine Person, als eine Kraft oder als eine Metapher verstanden wird. Dazu die Zentrale:
„Höre zu!
Gott existiert nach Euren Vorstellungen nicht!
Es ist eine absolute Energiekraft des ewigen und des haltbaren, veränderbaren Universums!"

Und über Religion sagte sie:
„Die Religion, die habt Ihr Euch selbst gemacht!"

Die Botschaften der Verstorbenen unterscheiden sich in ihren Überzeugungen und den inneren Bildern, sie beziehen sich immer auf das, an was die Menschen während ihres irdischen Lebens glaubten. Der Forscher erinnert sich an einen Kontakt mit einer sehr frommen Frau, die fest davon überzeugt war, dass alles, was gut und richtig ist, vom lieben Gott kommen muss, der allwissend und allmächtig ist. Aus dem Jenseits teilte sie ihm daher mit:
„Ich habe Gott gefunden!"

Jemand anderes, der während seines irdischen Lebens Zweifel an der Existenz Gottes hatte, verkündete:
„Habe Gott gesucht, nicht gefunden!"

Wie steht es aber mit den Aussagen über Gott, die über automatisches Schreiben durchgegeben wurden und an die Menschen gerichtet waren, die sich vorher von jeder Religion abgewandt hatten?

„Ich möchte mich zurückhalten, zu diesem Thema Stellung zu nehmen und meine Meinung über Mitteilungen zu äußern, die uns über automatisches Schreiben zugekommen sind" so Hans Otto König, *„...denn das ist ein anderer Weg, den ich nicht erforscht habe. Man kann vieles schreiben, aber um zu*

wissen, ob dann das Niedergeschriebene tatsächlich ein konkretes Fundament besitzt, sind tiefgründige Untersuchungen nötig. Der menschliche Geist bleibt ein großes Geheimnis! Wir wissen nicht, was in den Tiefen eines Wesens verwurzelt ist, oder auf welche Art und Weise ein Geist wirklich arbeitet, ungeachtet dessen, ob diese Person eine religiöse oder eine nicht religiöse Erziehung erhalten oder sich ganz von der Religion abgewandt hat. Gestützt auf meine persönliche Erfahrung kann ich nur weitergeben, dass, wenn der Glaube in Gestalt eines wahren Gottes den Menschen den Weg in seine tiefste Innerlichkeit ebnet, die Unsichtbare Welt genau diese Vorstellungen einsetzen wird, um ihnen bestimmte Botschaften zu übertragen. Egal, ob diese Personen diesem Glauben je angehört haben oder nicht. Wir wissen noch wenig über die Funktionsweise unseres Geistes, der Geistigen Welt und der Interaktion zwischen den beiden. Aber ich bin weit davon entfernt, diejenigen belehren zu wollen, die eine sehr innige Beziehung zu Gott pflegen. Ich respektiere voll und ganz ihre Art, so zu denken und so zu sein. Ich möchte lediglich nur das weitergeben, was ich hierzu aus der Geistigen Welt erhalten habe."

Die Jenseitige Welt: „Die Vorstellung dominiert!"

Die Erde ist **„ein Auftakt zur Symphonie des wirklichen Lebens!"** Und wie muss man sich dann die anderen Welten vorstellen?

„Wir erhalten immer nur Teilansichten, nie ein Gesamtbild" gesteht uns hierzu der Forscher ein. *„Es ist genau so, als wenn wir einen Menschen bitten würden, unsere Erde zu beschreiben. Wir werden genau so viele verschiedenartige Beschreibungen erhalten, wie wir Menschen dazu befragt haben. Das Gleiche gilt für die Darstellungen und Schilderungen der Jenseitswelt. Ich habe herausgefunden, dass jedes Wesen seine neue Welt von der begrenzten Perspektive aus beschreibt, in der es sich befindet. Aber wenn ich die Begriffe „von dort, wo es sich befindet" benutze, impliziere ich damit, dass ein Raum existieren muss! Nun, die Sachlage sieht ein wenig anders aus! Hier wird nicht von einem räumlichen Ort gesprochen, sondern von einem Bewusstseinszustand. Es existieren völlig unterschiedliche geistige Evolutionsebenen, denen demzufolge verschiedenartige - ihrer Entwicklungsstufe entsprechende - sinnvolle und angemessene Darstellungsweisen zugedacht werden. Selbst die Ausdrucksweise „Evolutionsebene" ist bereits*

ein Begriff, den sie für uns verwenden, damit wir uns eine Vorstellung davon machen können.“

Demnach kann uns eine Person, die gerade erst gestorben ist, niemals einen Gesamtüberblick der Jenseitigen Welt geben. Sie ist noch zu stark an die Art von Denkweise gebunden, die sie während ihres irdischen Lebens besessen hatte. Sie wird sie jedoch mit der Zeit verlieren und ihr Bewusstseinsniveau ihren neuen Erfahrungswerten anpassen, die sie in der anderen Welt machen konnte.

Dann sind alle Erklärungen – natürlich - auch immer auf den Experimentator und das gegenwärtige Publikum abgestimmt. Als Frau Tölke - eine enge Mitarbeiterin von Hans Otto König - einmal ihren verstorbenen Sohn fragte, ob seine Welt so ist, wie sie es in Büchern gelesen habe, antwortete er:
„Lass das Rätseln, beste Zeit kommt!”

Einem anderen wurde geantwortet:
„Ihr könnt es nicht verstehen!“

Eine geistige Energieform aus einer der höchsten kosmischen Ebenen, könnte mit Sicherheit mehr zu diesem Thema sagen. Aber Hans Otto König fährt fort: *„Ich habe herausgefunden, dass selbst diese Wesen nicht immer sofort und auf alles antworten. Bei der einen oder anderen meiner Fragen sind die Antworten erst Jahre später gekommen, als ich innerlich dazu bereit war, dies zu verstehen. Bei den öffentlichen Direkteinspielungen verhält es sich genauso. Sie antworten niemals auf alle Fragen. Sie wählen einige davon aus und passen sie dann immer dem Niveau des Publikums an. Mit Sicherheit werden sie der Welt nicht ihr gesamtes Wissen offenbaren. Über die Evolution unseres Planeten zum Beispiel, sprechen sie nur mit ganz bestimmten Leuten. Auf meine Frage, wie man sich das Jenseits vorstellen soll, kam durch:*
„Alles, was Du Dir vorstellen kannst!”

Diese Antwort hat mit wenigen Worten alles gesagt! Sie lässt uns erahnen, dass wir Menschen es selber sind, die unser zukünftiges Leben gestalten.“

Die schöpferische Kraft des Geistes - Eine große Verantwortung

„Höre zu!
Verzweifelt nicht an Dingen, die Ihr nicht versteht! Ihr seid da, um zu lernen! Seid kritisch in Eurem Handeln! Den Weg werdet Ihr Euch selbst bereiten! Denkt an die Polarität des Lebens!“

Selbst wenn die hermetischen Gesetze bereits vor langer Zeit übermittelt wurden, ist sich der Mensch immer noch wenig über die schöpferische Kraft seiner Gedanken bewusst, und das gilt sowohl für unsere Welt wie auch für die Jenseitige. Die Kraft der Gedanken der Menschen auf Erden ist jetzt schon sehr groß.

Die Zentrale sagt dazu:
„Denkt daran, dass Ihr Schöpfer und Geschöpfe Eures eigenen Lebens seid!“

In den parallelen Welten steigert sich diese Macht immens, denn alles was man denkt, wird sofort zu Realität.

Unsere neue Wirklichkeit wird daher zunächst einmal von all den wichtigen Gedanken geprägt werden, welche wir während unseres irdischen Lebens aufgezeichnet haben. Die Zentrale vergleicht das Bewusstsein mit einem Computer, wo unsere Daten erst einmal als Gesamtes abgespeichert werden. Wenn wir dann, eines schönen Tages, unseren physischen Körper zu einem - für uns bereits vorbestimmten - Zeitpunkt verlassen, werden wir auf der anderen Seite wieder mit denselben Daten konfrontiert werden. Der Mensch trägt folglich selbst eine große Verantwortung bezüglich seiner Gestaltungskraft: Seine Gedanken werden zur Realität!

H.O.K.: „Könnt Ihr mir Euer Jenseits beschreiben?“
„Die Vorstellung dominiert!“

„Einmal auf der anderen Seite angekommen, wird das, was ich denke, sofort Wirklichkeit“ erklärt hierzu der Forscher, *„und ich bin davon überzeugt, dass ich hier und jetzt bereits meine eigene Zukunft für diese Welt*

dort erschaffe. Meine Denkweise und mein Handeln auf der Erde sind daher sehr bedeutsam und extrem wirkungsvoll, denn sie werden mein zukünftiges Leben bestimmen. Wir werden ernten, was wir in dieser Welt säen!"

„Höre zu!
Kein Leben endet! Jedes Leben beginnt mit neuen Erfahrungen. Bereitet Euch auf Euer kommendes Leben vor!
Lernen, die Gesetze des Universums, sind Voraussetzungen!"

Wer glaubt, dass der Mensch nach dem physischen Tod sogleich mit der hilfreichen Hand Gottes in ein Lichtwesen verwandelt wird, der täuscht sich sehr! Im Gegenteil, bei der Ankunft in diese subtilen Sphären ist es nicht ein Gott, der den Menschen richten und über ihn urteilen wird, sondern einzig und allein das Gewissen der Person selbst.

„Wir werden unsere eigenen Richter sein", erklärt uns unser Forscher, *„wir sind es, die die alleinige Verantwortung für alle unsere Handlungen in der Vergangenheit, der Gegenwart und in unserer Zukunft tragen werden."*

„Höre zu!
Nicht Jesus Christus ist für Eure Sünden gestorben! Es ist ein Denken, sich der Verantwortung zu entziehen!"

Die Menschen sind zugleich Geschöpfe und Schöpfer ihrer eigenen Welt, ihrer eigenen Existenz, ihres eigenen Seins und somit als wichtiger Teil in einem System kosmischer Prinzipien integriert.

„Jeder hat seinen Schlüssel selbst in der Hand!", in diesem Universum, welches von einer Göttlichen Ordnung durchflutet wird. Das ist die Botschaft der Wesen, die durch die ganze Evolution gegangen sind.

H.O.K.: „Wer wird uns richten, wenn wir auf der anderen Seite ankommen?"
„Unsere Sünde ist unsere selbst geschaffene Strafe,
unser persönliches Gericht."

Was im christlichen Sprachgebrauch mit Himmel oder Hölle benannt wird, ist nichts anderes als die Auseinandersetzung mit uns und unserem eigenen Leben:

H.O.K.: „Es wird viel über die Hölle verbreitet. Und viele Leute stellen sich die Frage, ob sie tatsächlich existiert?"
„Die Selbstvernichtung des Bösen ist es, was Ihr Hölle nennt."

H.O.K.: „Sind wir denn für alle unsere Handlungen verantwortlich?"
„Du, der Macher ist für alles, was er macht, selbst verantwortlich! Jeder hat den Schlüssel selbst in der Hand!"

Frage aus dem Publikum: „Kriminelle Wesen, werden sie bestraft werden?"
„Jede Grausamkeit, jede böse Tat des Menschen fällt auf ihn zurück! Sie sind seelische Abfallprodukte, die ebenso, wie sie sich bildeten, wieder auseinander fallen."

oder weiter noch:
„Schwere Sünder oder Verbrecher werden in die Schattenwelt gebracht, oder sie bleiben noch auf der Erde gebannt, wo sie zunächst am Ort ihrer Bußetat dasselbe durchleiden müssen, was sie anderen Menschen angetan haben!"

Ein anderes Mal wurde die Publikumsfrage gestellt: „Was passiert mit den Menschen, die Selbstmord begehen?"
„Der größte Irrtum, den ein Mensch begehen kann, ist Selbstmord! Nach dieser Tat ist das Problem, dem er entfliehen wollte, keinesfalls gelöst. Er nimmt es als eine schwere Bürde mit ins Jenseits. Die Flucht aus dem Leben wird nur unter besonderen Voraussetzungen verziehen. Große Schmerzen oder geistige Verwirrung."

„Es wäre allerdings ein großer Fehler" betont der Forscher im Nachhinein, *„...diese Wesen zu verurteilen. Das ist nicht unser Recht! Die tiefliegenden Gründe, um sein Leben zu beenden, sind meist kompliziert und sehr unterschiedlich. Dasjenige Wesen, das sich auf Erden sein Leben genommen hat, wird jedoch von der anderen Seite nicht verlassen. Es erhält nicht nur Hilfe von der Geistigen Welt, sondern auch von Menschen, die mit dem Jenseits im Kontakt stehen und die zu demjenigen gesandt werden, um es wieder aus*

dieser geistigen Sackgasse herauszuholen. Die Geistige Welt sendet Hilferufe an alle aus, die sie hören können."

Der Experimentator kann mit einem solchen verzweifelten Wesen in einen Dialog treten und ihm Klarheit, Kraft und Liebe geben, die es stärken. Auch Gebete und Gedanken des Lichts und der Liebe durch die Angehörigen können sehr hilfreich sein.

Eine Welt mit unterschiedlichen Schwingungsebenen

Wir leben von Geburt an bis zum Tod unser Leben auf einer Ebene des Universums, auf der die Materie sehr dicht zu sein scheint. Wir benötigen einen physischen Körper, der aus verschiedenen Schichten gebildet ist - unser sogenanntes Zuhause auf Zeit, worin unser Geist wohnt.

„Ich war in meinem Körper gefangen, jetzt bin ich frei!"

Nach unserem großen Übergang in eine andere Welt - eine einzigartige Erfahrung, die in der Tat jeder anders empfindet **„lebt das persönliche Bewusstsein des Menschen weiter"**! Es entschwindet nicht, wenn sich unser Astralkörper von seiner physischen Hülle trennt, sondern es kehrt - von der schweren Last seines leiblichen Körpers befreit - endlich in sein Zuhause, in die Quelle seines Ursprungs zurück:
„Wir alle bleiben ja, nach dem irdischen Tod, voll im Besitz unserer Persönlichkeit. Das heißt also, dass wir auch das Erinnerungsvermögen erhalten."

H.O.K.: „Was ändert sich für uns, wenn wir auf die andere Seite hinübergehen?"
„Wir bleiben unsere Persönlichkeit!"

Der Forscher erinnert sich an einen krebskranken Mann, der es sich zu einer Gewohnheit gemacht hatte, jeden Abend einen Whisky zu trinken. Er lernte ihn erst kurz vor seinem Tod kennen. Nach einem gemeinsamen Gespräch, in dem der Mann unserem Forscher sein persönliches Anliegen

mitteilen konnte, tranken die beiden - es war bereits Abend geworden - als Zeichen der unausgesprochenen Bindung, einen Whisky zusammen. Dann verabschiedete sich der herzensgute Mensch von Hans Otto König und meinte, mit fester Stimme: „Bis bald Hans, auf den nächsten Whisky!" Zwei Tage darauf verstarb er, und kurz nach seinem Tod meldete er sich bei ihm mit seinem Namen und sagte:
„Hans verbunden."

und dann mit Humor:
„Für den Whisky hat's nicht mehr gereicht!"

Fünf Jahre später meldete sich dieser Mann noch einmal bei dem Forscher wieder, aber nicht mehr auf diese Weise. Stattdessen gab er ihm lehr- und aufschlussreiche Informationen über seine Aufgabenbereiche in dieser neuen Welt durch, wo er anderen Seelen hilft, die dort förmlich verloren ankommen und nicht verstehen, was mit ihnen geschehen ist.

Eine Frage aus dem Publikum: „Kann unsere Seele auf irgendeine Art vernichtet werden?"
„Er wird auch Astralkörper genannt. Dieser Körper ist von keiner irdischen Kraft zu beschädigen, zu verletzen oder zu zerstören!"

Der geistige Körper lebt somit weiter, wie die folgende Meldung hier aufzeigt:
„Komisch, habe zwei Körper. Einer, der begraben worden, der andere genauso, aber gesund!"

„Können wir mit diesem Astralkörper weiterhin fühlen?"
„Ja, in Eurem Seelenkörper habt Ihr wieder eine Seele, also ein feines Inneres, mit dem man fühlt und empfindet!"

Zu einem anderen Zeitpunkt sagte eine Stimme:
„Ich habe hier neue Sinne!"

Alle unsere Sinne und Wahrnehmungen sind in den geistigen Dimensionen weitaus feiner. In diese Reiche bringen wir nicht nur unser irdisches

Wissen mit hinüber, sondern auch ganz persönliche Bedürfnisse, die aber sukzessive durch neues Erleben mit der Zeit immer weniger werden:
„Jeder Mensch nimmt seine Bedürfnisse am Anfang mit hinüber, die sich mit der Zeit abbauen."

Der Forscher erläutert: *„Die Ankunft in der anderen Welt ist für jede Seele dort, wo sich die Erste Ebene, wie sie sie nennen, befindet.* ***„Viele schlafen!"*** *auf dieser ersten Ebene.* ***„Andere glauben, so weiterzuleben wie im Erdenleben".*** *Verschiedene sind auch in sogenannten* ***„Krankenhäusern"*** *untergebracht, eine Formulierung, die von der Unsichtbaren Welt mit vorangestelltem* ***„wie Ihr sagt"*** *verwendet wird, eine Bereichszone, wo ein Geist sich vollkommen regenerieren kann. Von dort aus beginnend, findet darauffolgend eine Art von Aussortierung statt. Jedes Bewusstsein verfolgt so seinen eigenen Weg zu anderen Seins-Ebenen - wie sie sie nennen - um sie uns hier verständlich zu machen. Die Höhe der Stufe, in der wir dann leben, wird den Kriterien der geistigen Reife und des spirituellen Wissens des jeweiligen Wesens zugeordnet. Geisteswesen mit gleichem Bewusstseinsgrad begegnen einander wieder und leben dann in einer Art Gemeinschaft. Abgesehen von den drei negativen Ebenen, die ebenso vorhanden sind, wird von* ***sieben Entwicklungsstufen*** *gesprochen, die sich voneinander sehr deutlich unterscheiden. Die Zentrale beschreibt sie wie folgt":*

„Höre zu!
Ihr wisst, es gibt sieben Ebenen im astralen, geistigen Bereich. Diese Ebenen unterscheiden sich in den Farbdarstellungen, wie Ihr sagt:

Die Erste Ebene: Blau!
Die Zweite Ebene: Grün!
Die Dritte Ebene: Gelb!
Die Vierte Ebene: Orange!
Die Fünfte Ebene: Rot!
Die Sechste Ebene: Violett!
Die Siebte Ebene: Weiß!

Die Siebte Ebene ist die höchste kosmische Ebene!"

„Höre zu!
Der kosmische Bereich ist der höchste Bereich, den ein Geistwesen erreichen kann. Er umfasst alle Schwingungen der Ebenen!"

„Die Gesprächspartner aus der Geistigen Welt haben versucht, diese interessante Thematik über Farbspektren zu veranschaulichen, die uns in diesem Zusammenhang gleichzeitig Informationen über die Verschiedenartigkeit der Frequenzen geben. Dennoch bleibt ihre Wirklichkeit für uns unvorstellbar und viel zu schwer zu verstehen, selbst wenn wir wissen, dass verschiedene Bewusstseinsebenen mit ihren unterschiedlichen Entwicklungsstufen effektiv existieren. Doch eine konkrete Vorstellung des Systems und dessen genaue Funktion bleibt weiterhin für unseren Geist unerreichbar."

„Höre zu!
Es gibt sieben Ebenen der Entwicklung im spirituellen Astralbereich! Sie unterscheiden sich in strengster Weise voneinander!"

„Höre zu!
Es gibt sieben positive Ebenen und drei negative Ebenen, wobei eine Inkarnation sehr schwierig wird, ohne Erkenntnis!"

„Höre zu!
Die Erkenntnis wird entscheidend sein, in welche Lebensebene Ihr eingeboren werdet!"

„Höre zu!
Es gibt verschiedene Entwicklungsstufen!"
„Ihr wisst, dass es sieben Entwicklungsstufen gibt!"

„Jede Entwicklungsstufe beinhaltet eine neue Geburt, die Ihr Tod nennt, aber nicht mit Eurem irdischen Tod in Verbindung steht!"

Aus diesen anderen Dimensionen, versichert uns hier die Geistige Welt:
„Bei uns gibt es keine Sprachschwierigkeiten. Wir sind in der Lage, uns zu unterhalten über telepathische Vermittlung."

„Bei uns gibt es keine Völker- oder Rassentrennungen! Wir sind alle gleich! Es gibt auch keine Sprach- oder Verständigungsschwierigkeiten! Ebenso gibt es keine Religion!“

Und Sanaedes beschreibt uns unentwegt:

„Eine herrliche, überirdische Welt ist es, in der wir leben! Dort gibt es kein Leid mehr, weder bei den Menschen, noch bei den Tieren. Doch es ist wohl zu schwer für Euch, dies zu begreifen!”

Konfrontiert mit der Realität der subtilen Welten verbleiben wir stumm, zurückgelassen in der Stille und der Bedachtsamkeit unseres Schweigens. **„Lebt Euer Leben, versucht nicht, unser Leben zu leben!”**

„Höre zu! Eure Inkarnation ist nicht an Euren Planeten gebunden.”

Sind es denn die Seelen selbst, die eines Tages entscheiden, die subtileren Welten zu verlassen, um sich dann wiederum in der dichtesten Materie, unserer Erde, zu verkörpern? Gibt es für uns tatsächlich die Wahl einer Wiedergeburt, einer Reinkarnation? Der Forscher erklärt hierzu: *„Wir wissen noch ziemlich wenig über eine Reinkarnation. Und da es mein Bestreben ist, meine Grundgedanken und Denkansätze nicht über das Reich des Glaubens, sondern nur als fundiertes Wissen weiterzugeben, kann ich nicht tief genug auf diese Thematik eingehen. Im Anbetracht der hier nachfolgenden Ansage:*
„Jeder Mensch unterliegt einer Evolution, die er von der Grundsubstanz bis zum kosmischen Bereich durchmachen muss!“

Somit scheint es dem zu Folge logisch zu sein, dass es eine Reinkarnation gibt. Viele Botschaften aus dem Jenseits haben mir das wieder und wieder bestätigt. Aber im Gegensatz zu all den verschiedenen Glaubenssätzen, wandelt unsere menschliche Seele nicht von einem Körper in einen vollkommen anderen, zum Beispiel von einem menschlichen Körper in den eines Insekts.”

Der Forscher holt nun die beschriebenen Seiten hervor, auf denen alle Dialoge aufgezeichnet sind, die er mit seinen Freunden aus der Geistigen

Welt über die Reinkarnation geführt hat. Hier zum Beispiel ein Auszug aus einer Einspielung in Kaarst, einer Stadt im Norden Deutschlands, auf einem Kongress im Jahre 2002:

H.O.K.: „Der Kongress läuft unter dem Namen „Reinkarnation und Karma". Könnt Ihr was dazu sagen?"
„Unendlich viele Keime menschlicher Seelen liegen noch im Garten der Erwartung."

Eine Frage aus dem Publikum: „Kommt man mit den Menschen im nächsten Leben hier auf der Erde wieder zusammen, mit denen man verbunden war?"

„Irgendwann in diesem Erdenleben oder als seelische Sünde, Reinigung und in einer anderen Inkarnation kommt er mit dem Menschen wieder zusammen."

Eine weitere Frage aus dem Publikum: „Ändern sich dann diese Probleme, oder bleibt alles so?"
„Und dann gibt es unter Umständen wieder Probleme, wieder Schwierigkeiten!"

H.O.K.: „Zu allen Euren Aussagen, hätte ich noch so viele Fragen!"
„Hier soll und kann nicht auf alle Aussagen eingegangen werden!"

Dann liest der Forscher die Botschaften und Aussagen vor, die er bei seinen Aufzeichnungen mit der Radiomethode erhalten hat. Eines Abends, als er nach einer bestimmten Person rief, wurde ihm durchgegeben:
„Sie wird inkarnieren und kommt nicht wieder!"

Oder folgender Dialog:
H.O.K.: „Warum meldet sich X nicht mehr?"
„Ihre Stimme ist vergeben!"

H.O.K.: „Wie soll man sich die Reinkarnation vorstellen?"
„Tote werden hier immer sterben!"

H.O.K.: „Könnt Ihr mir sagen, warum er wieder inkarnieren will?"
„Ein Mensch, wie er gerne sein möchte!"

H.O.K.: „Wann hat sich X wieder verkörpert?"
„Er starb hier im August."

Und hier eine weitere Konversation:
H.O.K.: „Du hast gesagt, dass Du Dich wieder verkörpern würdest."
„Auf der anderen Seite."

H.O.K.: „Und wann dann?"
„Eines Tages durch die Tür."

H.O.K.: „Was ändert sich in der Menschwerdung?"
„Das Geschlecht ändert sich, genauso wie die Rasse!"

H.O.K.: „Kannst Du Dich an ein früheres Leben erinnern?"
„Zeit ist ein Satz, bis der Mensch wieder stirbt!"

Eine Erbsünde ist somit ein Erbe, das zwangsläufig in einer Wiederverkörperung anzutreten ist. Diese Art Verpflichtung, die somit in einem anderen Leben zu erfüllen ist, unterliegt Gesetzen, die für uns zu schwierig sind, um sie zu begreifen.

„Es gibt Geheimnisse um die Wiedergeburt, Regeln, Gesetzmäßigkeiten, Reifungs- und Stabilisierungsvorgänge der menschlichen Substanz, im Rad der karmischen Verstrickung!"

...so wie sich Sanaedes zu diesem Thema äußerte.

Auch die Zentrale hat uns folgende, eindrucksvolle Botschaft der Hoffnung und Zuversicht hierzu durchgegeben:
„Höre zu!
Jede Inkarnation ist freiwillig. Sie ist eine Facette und Erfüllung für die Evolution. Die Gesetzmäßigkeiten der Evolution sind gegeben. Ihr sucht Euch Eure Eltern aus! Die Eltern geben Euch das Nötige, um diese Inkar-

nation durchzuführen. Jeder ist sich bei seiner Inkarnation seiner Situation bewusst!"

Das bedeutet also, dass eine Inkarnation nicht obligatorisch und auch nicht zwingend ist und sich nicht nur auf unsere Erde beschränkt:

„Eure Inkarnation ist nicht an Euren Planeten gebunden!"

Es gibt viele Sterne und andere Himmelskörper, wo wir uns geistig wie auch seelisch genauso weiterentwickeln können. Es ist so, wie Sanaedes hierzu antwortet, als der Forscher ihr an einem Tag diese Frage stellte: „Welche Aufgaben hat der Mensch auf der Erde?"

„Das All wächst ständig, neue Sonnen und Planeten entstehen, und überall gibt es Aufgaben zu erfüllen, von Euch Menschen, die Ihr hier geboren, gewachsen und gereift seid, auf dieser so kleinen, aber unsagbar wichtigen Erde."

Und die Zentrale präzisiert:
„Höre zu!
Das Erden-Dasein ist begrenzt. Inkarnationen auf anderen Planetensystemen sind möglich!"

„Warum wird der Mensch hier auf Erden geboren und nicht auf einem anderem Stern?" So fragte der Forscher an einem anderen Tag. Sanaedes antwortete ihm darauf:
„Darum werdet Ihr Menschen auf dieser kleinen Erde geboren, weil Ihr weiterleben sollt in herrlichsten Reichen des Lichts, wo Ihr Euch seelisch und geistig weiterentwickeln könnt."

H.O.K.: „Auf Erden haben wir eine Menge in Bezug auf Technologie und Wissenschaft, wie auch in der Medizin, entwickelt. Existiert dieser Fortschritt auch auf den anderen Planeten?"
Sanaedes: **„Der wissenschaftliche Fortschritt hat bislang der Menschheit nicht zu Einheit, Frieden und Wohlstand, zur Gesundheit und zum wahrem Glück verholfen."**

Der Mensch ist nicht die Krone der Schöpfung!

Die Erde ist einer der vielen Planeten im Universum, auf denen Leben existiert. Und auf dieser Erde ist der Mensch ein Lebewesen unter anderen Kreaturen, wie die Tiere, die Pflanzen, die Mineralien. Das erste Mal, wo sich die Unsichtbare Welt über Tiere und Pflanzen äußerte, war im Herbst 1987, während einer Konferenz in der Stadt Büdingen: Die Zentrale sprach über die Jenseitigen Welten, in der es keine geschlechtlichen Unterschiede gibt, ebenso keine Trennungen von Rassen oder Nationen und keine Probleme mit der Sprache, der Kommunikation oder der Religion. Dann fügte sie hinzu:
„Wir können alle mit Pflanzen und Tieren in Kontakt treten. Das werdet Ihr erkennen, wenn Ihr lernt!"

„Höre zu!
Euer Verhalten zu den Tieren hat karmische Folgen. Ihr werdet die Verantwortung dafür tragen müssen!"

Diese Aussage wurde im Mai 1989, wiederum in Büdingen, von der Zentrale, über die Infrarot-Anlage durchgegeben:
„Höre zu!
Erkennt, dass wir und Ihr eins sind, eine Einheit allen Lebens. Dazu gehören auch die Tiere und die Pflanzen. Ohne sie werdet Ihr auf der Erde nicht mehr existieren können."

Sie beendete dann den Dialog mit einem bedeutsamen Satz, der viele Konferenzteilnehmer schockierte:
„Höre zu!
Wenn Ihr glaubt, dass der Mensch die Krone der Schöpfung ist, ist das falsch! Eine Pflanze oder ein Tier kann weiterentwickelt sein."

Hier noch eine weitere Aufzeichnung, aufgenommen im Juli 2015, mit der UDS-Anlage:
„Die Pflanze, das Tier, der Mensch, jedes Kristall hat eine Seele!"

Innerhalb der Zeitabfolge von 1987 bis 2015 hat die Unsichtbare Welt regelmäßig das Thema der Welt, der Tiere, der Pflanzen und der

Mineralien erörtert, um so die Aufmerksamkeit der Menschen darauf zu lenken.
„Höre zu!
Der Sinn und der Wert des Lebens ist die Liebe und die Verbundenheit zu allen Lebensformen."

„Höre zu!
Alles ist Geben und Nehmen! Die Pflanze und das Tier gibt Euch Liebe und Nahrung. Ihr solltet den Tieren und Pflanzen das Gleiche geben! Aber Ihr nehmt nur alles!"

Nach ihrem Tod kommen alle Tiere und Pflanzen sofort in die dritte Ebene, wo sie dann gemeinsam in einer Welt der Liebe weiterleben. Die Zentrale bestätigt:
„Viele werden im Zuge der Rückinkarnation das zurückbekommen, was ihnen zugeführt wurde. Es ist ein großes Recht!"

Eines Tages, als das Ehepaar König in einem Wald einige Kontaktversuche mit dem Radio machte - in der Nähe eines großen Steins - hörten sie plötzlich folgende Meldung:
„Der versagte Mensch. Die ignorieren die Naturgesetze!
Traumatisches Erbe!"

dann wieder:
„So viele, viele Jahre gebe ich meine Kraft. Man nennt mich das Heil des Waldes. Alle gehen an mir vorbei!"

Wie in diesem Buch bereits schon mehrmals aufgezeigt und veranschaulicht wurde, sind Kristalle Lichtwesen und von größter Bedeutung für die Kontaktbrücke:
„Jeder, der einen Kristall besitzt, behandele ihn wie einen Bruder! Er begleitet Euch in jeder Situation."

Wenn wir die Gelegenheit haben, auf einen Bewohner des Mineralreiches zu treffen, der sich mit unserem wahren „Selbst" im Einklang befindet, so müssen wir ihn hegen und pflegen. Er wird einen positiven Einfluss auf un-

ser geistiges Wachstum nehmen und seine Energie kann uns helfen, Türen zur Unsichtbaren Welt zu öffnen:
„Kristalle sind die Schlüssel zur Verbindung!“

Sie sind lebende Wesen, die eine enorme Kraft auf den Menschen übertragen können, wenn er sich mit ihnen geistig verbindet und beginnt, sie zu hören. Bei Kontaktversuchen mit dem HRS-System konnte - dank der integrierten Kristalle - die nachfolgende Konversation zwischen Hans Otto König und Sanaedes aufgebaut werden:

H.O.K.: „Welche Stellung hat der Mensch im Universum?”
Sanaedes: **„Nach den kosmischen Gesetzen ist der Mensch der Mikrokosmos im Makrokosmos!”**

H.O.K.: „Der Mensch glaubt, die Krönung des Universums zu sein und daher eine ganz besondere Stellung auf der Erde einzunehmen.”
Sanaedes: **„Wer sich den kosmischen Gesetzen bewusst wird, wird erkennen, dass der Mikrokosmos, der Mensch, nicht nur begrenzt lebt, sondern in einem Kerker sein Dasein fristet, der seiner eigenen Wunsch- und Bedürfniswelt entspricht!”**

H.O.K.: „Du hast schon eine Menge über Tiere gesagt. Was ist mit ihrer Inkarnation?”
Sanaedes: **„Die Lebensbereiche der Tiere, auch der Tiere im irdischen Körper, entsprechen ihrem derzeitigen Bewusstseinszustand, der die weiteren Evolutionsstufen in sich trägt!”**

H.O.K.: „Was können wir tun, um die Dinge zu ändern?”
Sanaedes: **„Sehr, sehr traurig ist, dass Ihr bereits in Eurer Gier nach Reichtum und Luxus unzählige Tierarten ausgerottet habt.”**

Die Geistige Welt möchte den Menschen Mut machen und sie motivieren, die Kommunikation mit allem was lebt wieder neu zu erlernen. Wir sind dazu in der Lage, denn alles was lebt, hat auch einen Geist, eine Seele, die ausgesprochene Worte empfinden kann, wenngleich auch nicht immer nur über die Verbalsprache. Auf den anderen Seins-Ebenen verständigt man sich über die Telepathie, um uns Menschen an diese Gabe zu erinnern, die unserem Ursprung entspricht.

Dieses wunderbare Können wird sich wieder neu in uns entfalten, wenn wir uns die Zeit nehmen und uns bemühen, sich mit dem zu verbinden, was uns umgibt, ob Mensch, ob Tier, ob Pflanzen oder selbst Mineralien. Wir werden erkennen, dass alle Lebensformen ein Bewusstsein besitzen, in Korrelation mit ihrem Entwicklungsstand und ihren Lebenssituationen. Welches Anrecht nimmt sich der Mensch daher heraus, zu glauben, dass er aufgrund seiner intellektuellen Fähigkeiten weiterentwickelt ist, als alles andere Leben um ihn herum? Wie traurig, das oft grausame Verhalten des Menschen gegenüber der Natur zu betrachten, die ihn umschließt.

Eine Warnung und eine Botschaft der Hoffnung

Wir sollten bedenken, was einmal ein hochgeistiges Wesen, welches Millionen von Lichtjahre von unserem Planeten entfernt lebt, so wirkungsvoll zum Ausdruck brachte:
„Zu viel Gift dringt über die Flüsse in Eure Meere. Dadurch kommt es zur Störung der Natur, was schreckliche Folgen für Euch haben wird. Viel zu viel Gift gelangt auch in die Atmosphäre. Ihr wisst es, kennt die Folgen und unternehmt nichts dagegen!"

Diese Botschaft kommt von Sanaedes, aber sie ist nicht die einzige, die uns davon in Kenntnis setzen möchte, mit welch großer Besorgnis die Welt der Sterne über unseren Planeten wacht.

Auch die Zentrale vermittelte uns:
„Höre zu!
Was Ihr Fortschritt nennt, ist die Vorbereitung zum Untergang allen Lebens!"

Als Hans Otto König eines Tages über sein HRS-System fragte, wie die Geistige Welt unser „Tun und Handeln" hier auf der Erde sieht, bekam er zu Antwort:
„Der Mensch in seiner überheblichen „Ich-Sucht" macht alles nieder, bis er ihr habhaft wird!"

H.O.K.: „Was können wir denn tun?" Darauf wurde mehrmals wiederholt, dass die Geistige Welt ständig Rufzeichen sendet und sie unterstreichen immer wieder, wie wichtig es ist, die Ergebnisse der Forschungen an die Menschheit weiterzugeben.

H.O.K.: „Dennoch, verstehen werden es erfahrungsgemäß nur die wenigsten Menschen!"
„Große Seelen erfassen das Große, niedrige Seelen verwerfen es. Begreift es und seid glücklich darüber!"

Zu einem anderen Zeitpunkt - als Sanaedes ihm zu verstehen gab, dass sich die Leere der menschlichen Herzen auf unserer Erde immer weiter ausdehnt - meinte unser Forscher entmutigt: „Wenn das, was Du sagst, wahr ist, könnte man alles aufgeben!"
Sanaedes**: „Gebt Euch niemals der Verzweiflung hin!**
Stärkste Geisteskräfte stehen über Euch!"

Im Jahr 2015 konnten wir diese lebensbejahende Botschaft, voller Hoffnung und Zuversicht, für alle Menschen hier auf dieser Welt empfangen:
„Es bricht auf zur Zeitwende, seid zukunftsfroh, denn gewaltige Strahlen werden aus den kosmischen Sonnen zur Erde gelenkt. Wir kommen aus Eurer Zukunft! Verzweifelt nicht, es gibt Hilfe! "

Hans Otto König schließt mit dem Worten:

„Das Licht und nur das Gute und Schöne zu sehen, ohne sich der harten Realität gegenüber zu verschließen, Boten der Hoffnung zu sein, ohne sich in Illusionen zu verlieren, ist eine Paradoxie, die wir jeden Tag leben. Das ist eine schöne und wichtige Aufgabe für den Menschen!"

„Höre zu!
Wenn Ihr die Welt verändern wollt,
dann verändert Eure eigene Welt, die Welt in Euch!
Der Geist siegt über die Materie!"

Auch wenn unsere Gesellschaft
gegenteiliger Meinung ist:
„Wir wissen!
Die Zeit ist reif der Bewusstseinserweiterung!"

Epilog

„Höre zu!
Viele glauben, aber wissen nicht, dass es keinen Tod gibt. Es gibt nur ein Leben in Verbundenheit für immer! Alles ist Wandlung! Wir sagen es immer wieder: Wir leben, können Euch sehen und sprechen!"

Geistige Welten lenken unsere Aufmerksamkeit konstant und immer wieder auf den Unterschied zwischen Wissen und Glauben. Es ist für den Menschen wichtig, nicht nur zu glauben, sondern auch zu wissen, dass alles aus dem Geist geboren ist und dass der physische Tod nicht das Ende des Lebens bedeutet!

Heutzutage wird das kollektive Wissen durch die Lehren der Wissenschaft bestimmt, eine offizielle Instanz, auf die sich die meisten Menschen beziehen. Sie folgen gradlinig den vorgegebenen Wahrheiten unseres Zeitgeistes, welche konstitutiv unter einem Begriff wie „Mainstream" bekannt sind oder „Paradigmen", wie sie von den Wissenschaftlern gerne bezeichnet werden.

„Bezugnehmend auf die Forschung von Isaac Newton und auf das Zeitalter der Mechanik" so der Forscher, *„...gilt all das für richtig und realistisch, was man wissenschaftlich belegen kann. Das bedeutet, jedes Phänomen muss seiner Natur gemäß messbar und einem gewissen Schemata zuzuordnen sein, aber vor allen Dingen sollte es - unter bestimmten Laborbedingungen - reproduzierbar ein. In unserem Fall wird es wieder einmal deutlich, dass metaphysische Erscheinungen sich dieser Beweisführung entziehen, und deshalb werden sie gerne in die Bereiche der Religion und der Spiritualität verbannt. Die Auswirkungen und Folgen derartiger Denkweisen sind in unserer heutigen Konsumgesellschaft mit ihren ökologischen, wirtschaftlichen und menschlichen Katastrophen bereits deutlich sichtbar.*

In der Physik, wie auch in der Wissenschaft im Allgemeinen gibt es keine Grundwahrheiten oder dauerhafte Beweise. Es gibt nur eine Aufrechnung von Wahrscheinlichkeiten, Auffassungen, Wahrheitsannäherungen und Hinweisen.

Ich konnte in den achtundvierzig Jahren meiner Forschung genügend beweiskräftige Daten erfassen, die ein Weiterleben des persönlichen Bewusstseins über den Tod hinaus bezeugen und belegen können!"

Dazu eine Frage an den Forscher: „Glauben Sie denn wirklich, dass die Wissenschaft eines Tages die Ergebnisse Ihrer Forschung und auch die anderen herausragenden Forschungen in diesem Bereich eingliedern wird, auch wenn sie dadurch bereits bestehende Bezugsysteme aufheben würden?"

Dazu unser Forscher H. O. König: *„Progressive Bezugssysteme in der Wissenschaft können nur durch die Entstehung neuer Denkweisen entdeckt und festgelegt werden. Die Geschichte lehrt uns, dass solche Prozesse leider immer sehr lange dauern. Ich bin der gleichen Meinung wie Sanaedes, die uns hierzu sagte":*
„Glaube an die Unsterblichkeit der Seele, wissenschaftlich unhaltbar!"

„Im jetzigen Zeitalter kann meine Forschung wohl kaum aufrechterhalten werden, weil sie von uns eine grundlegend neue Weltanschauung erfordert. Ich fühle mich manchmal ein bisschen wie Don Quichotte, der mit diesen Windmühlen kämpfen muss, wenn ich einzelne Denkmuster als völlig veraltet bezeichne, die aber in unserer heutigen Zeit immer noch absolute Gültigkeit besitzen. Die Anschauungsweise müsste einfach nur umgekehrt werden, indem wir akzeptieren, dass es unser Geist ist, der die Materie beeinflusst!

Und genau an diesem Punkt könnte dann die Wissenschaft beginnen, die Untersuchung dieser Phänomene zu vertiefen, die sie bis heute einer metaphysischen oder transzendentalen Physik zuordnet. Ich bin fest davon überzeugt, dass wir uns in der Phase einer großen Umwandlung befinden, einem Änderungsprozess unseres Zeitgeistes, der Paradigmen auf der Ebene des Denkens und eines neuen Wahrnehmens. In dieser Metamorphose könnte die Quantenphysik eine Stütze von großer Wichtigkeit sein. Die Intention ist eine Erweiterung unseres Bewusstseins, um dann neue Erkenntnisse zu erzielen. So liegt es in unserer Entwicklung, noch bestehende Grenzen zwischen den einzelnen Bewusstseinsebenen zu überbrücken und das Unerklärliche als solches erst einmal mit einzubeziehen."

Die Geschichte ist hiermit bei weitem nicht zu Ende! Das Universum wird noch unzählige Silberfäden spinnen. Wir sind von einem Geheimnis umgeben und leben im Inneren eines Wunders, das Leben heißt. In jedem Wesen verbirgt sich eine alte Weise, die uns immer wieder leise klingend ruft und uns ermuntert, sich aufzumachen, um seine eigene Wahrheit zu entdecken und das einzigartige Wunder der Liebe zu empfinden. Eine Melodie der Hoffnung leuchtet dann in uns auf, ungeachtet aller menschlichen Ungerechtigkeiten, der Absurditäten und des Nichts, eines Todes, der Schmerzen und Krankheiten, der Härte, der Zerstörung und der Grausamkeit. Das Geistige atmet und lebt in uns! Manchmal kann man sogar sein Flüstern hören, seinen zarten Duft riechen oder eine seiner vielen Gestalten erkennen. Hans Otto König hörte das Flüstern und beschritt einen einzigartigen Weg, ohne sich von der Hektik und dem Getöse der Außenwelt beeinflussen zu lassen. Die Geistige Welt gewährte ihm zunehmend mehr Einlass in ihre unbegrenzten Reiche und ließ ihn dadurch erkennen, dass wir uns dort nicht nur allein der großen Macht der Liebe nähern können, sondern auch einem Wissen, das uns zu einer alles einschließenden Erkenntnis führen wird. Wenn seine Forschung es Hans Otto König erlaubte, Abertausende von Stimmen zu empfangen, den Schleier zwischen den Welten zu lüften, die wir das Diesseits und das Jenseits nennen, so ließ sie ihn auch die Demut vor jenem Unergründlichen fühlen, das hinter allem Sichtbaren ist.

Aus seinem Labor ertönt, in aller Bescheidenheit, jedoch klar, mit fester Stimme:
„Höre zu!
Helft bitte allen Menschen, dies zu vermitteln, dass es ein nachtodliches Leben gibt! Glaubt mir, es ist wichtig!"

...auf dass der Wind diese Botschaft des Lichts in die Häuser aller Menschen trägt, die den Wunsch hegen, sie zu hören, um Balsam auf ihre Schmerzen zu gießen, ihre Gedanken zu erleuchten und ihr Herz zu erwärmen, durch die Macht des Wissens, welche die Liebe ist!
„Höre zu!
Der Sinn und der Wert des Lebens ist die Liebe
und die Verbundenheit zu allen Lebensformen!
Liebe ist Leben für immer!"

Anna Maria Wauters, Antwerpen

DANKSAGUNG:

Meinen aufrichtigen Dank an Jacqueline Kelen für ihre unschätzbare Hilfe und Unterstützung beim Schreiben dieses Buches, an Evelyn Meuren und Professor Craig Hogan für ihre hingebungsvolle und professionelle Arbeit.

An meine lieben Eltern, Mia und Alfred Wauters-van Engeland, in tiefer Dankbarkeit.

KONTAKT:

Für alle weiteren Informationen über die Forschung von Hans Otto König, Seminare, Tagungen und Vorträge, Einzelsitzungen, persönliches Coaching und Teilnahme an Live-Einspielungen mit den großen Apparaturen kontaktieren Sie uns bitte per E-Mail:

annahanskoenig@gmail.com
www.hansottokoenig.de
Facebook: König Wauters

Nachtrag

Die Zukunft der JenseitsKommunikation

Modifizierte Infrarot Anlage, 8. April 2017

Infrarot Einspielung, 8. April 2017, Antwerpen:
„Wir versuchen ein Kontaktfeld zu schließen zu Anna Maria Wauters und Hans König.

Kontaktfeld geschlossen zu Anna Maria Wauters und Hans König!

(Mireille, eine der Gäste erhält eine persönliche Nachricht von Padre Pio, mit dem sie bereits seit einiger Zeit in Kontakt ist. Padre Pio meldet sich mit seinem Namen und spricht dann - auf Lateinisch - die zwei Abschlussworte der hl. Messe, sursum corda, was so viel bedeutet wie: „Empor die Herzen!")

Mireille, Padre Pio:
Sursum corda.

Höre zu!
Wir nehmen die Kraft der Gedanken der Gruppe auf.
Wir formen die Gedanken über die Technik.
Wir danken für die Möglichkeit.

Höre zu!
Ihr werdet bald weitere Kontakte bekommen,
aus Eurem Sonnensystem, von anderen Planeten.
Sie versuchen es seit einiger Zeit.
Sie werden Euch sehr wichtige Informationen geben können.
Gebt sie bitte weiter!

(Christian, eine weiterer Gast im Raum wird von Gilles, seinem Geistesführer begrüßt.)

Gilles grüßt Christian.

Die Kontakte werden immer enger.

Les objets physiques sont des formes pensées évoluées.
(Originalaussage auf Französisch)
Die physischen Gegenstände sind umgewandelte Gedankenformen.

Qu'en/ quand disent-ils cela?/. (pas assez clair)
(Originalaussage auf Französisch)
Wenn sie es so sagen, was sagen sie dann darüber?
(in einer höheren Ebene)

Ihr bringt neue Horizonte und verborgene Gedanken ans Licht!

Somit, wenn die Verbindung einmal hergestellt ist, dank der exakten Frequenz des Wesens, mit dem man kommuniziert.

Höre zu!
Wir sind mit Euren Gedanken verbunden und hören Eure Gedanken, wir nehmen sie wahr!

Höre zu!
Wir danken der Gruppe für die Teilnahme und die.......... jeden Weg!

Höre zu!
Wir sehen den neuen Weg von Hans König in seiner Forschung!

Höre zu!
Wir danken Anna Maria Wauters und Hans König für die geistige Unterstützung!
Wir verfolgen und begleiten den Weg!

Wir beenden den Kontakt!
Energiefeld löst sich auf.

Kontaktende!

Wir senden Euch ein Energiefeld und ein Kraftfeld!"

Anna Maria Wauters und Hans Otto König bei einer Konferenz

Anna Maria Wauters

Seminar in Paris, Frühling 2017

Hans Otto König

Das neue Laboratorium 2017

„Ein Forscher immer noch in seinem Labor!“
Hans Otto König , 2017